*Kreation und Leitung Hans Höfer*

APA GUIDES

# FINNLAND

Herausgegeben von Doreen Taylor-Wilkie
Fotografiert von Lyle Lawson u. a.

Redaktion Bettina Schümann

APA PUBLICATIONS

# ZU DIESEM BUCH

Der große Reiseschriftsteller Karl Baedeker riet 1914 seinen Lesern: „Man sollte sich gut einprägen, daß die Herrentoilette in Finnland *Miehille* heißt und die Damentoilette *Naisille*. Sagt ein Gentleman *Viekää minut naisille* („Führen Sie mich zu den Damen"), beschwört er ein Unglück herauf; und außerdem sind die Betten sowieso nicht sehr weich."

Wir können Ihnen heute berichten, daß die finnische Sprache zwar weiterhin zu so manchem Tritt ins Fettnäpfchen verleitet, daß jedoch die Betten inzwischen weicher geworden sind. Am stärksten beeindruckt den Besucher Finnlands damals wie heute, welche große Rolle die Natur im Alltagsleben der Finnen spielt. Selbst in Helsinki sind Seen und Wälder stets zum Greifen nah.

*Taylor-Wilkie*

Dieser Punkt faszinierte die Herausgeberin des *Apa Guide Finnland,* **Doreen Taylor-Wilkie,** als erstes, und es ist doch nicht der einzige Aspekt, den die schottische Journalistin in den Kapiteln über die klassische Dreiecksroute von Helsinki nach Turku, weiter Richtung Norden nach Tampere und zurück nach Helsinki betont. Sie beschreibt auch die unglaubliche Vielfalt des kulturellen Lebens in einem Land mit nur fünf Millionen Einwohnern sowie die interessante eigenständige politische Position Finnlands.

„Dieses nördliche Land", sagt sie, „liegt in der Nähe von Skandinavien, ist aber kein Teil davon. Im neuen Europa kann Finnland ein wichtiges Mitglied der Ländergruppe um die Ostsee werden."

*Lawson*

Für Doreen Taylor-Wilkie, die auch die Apa Guides über Norwegen, Schweden und Dänemark herausgegeben hat, war es ein leichtes, ein Expertenteam von Autoren und Fotografen zu bilden, die ihre Begeisterung für Finnland teilten.

*Lewis*

Wie alle Apa Guides besticht auch dieses Buch durch seine hervorragenden Fotos. Die meisten Bilder stammen von der Weltenbummlerin **Lyle Lawson.** Auf zwei Marathonreisen durch Finnland gelang es ihr, den Zauber der Landschaft, die Welt der farbenfroh gekleideten Samen und das Flair Helsinkis mit der Kamera einzufangen.

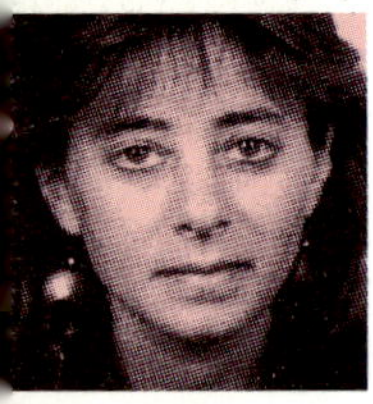

*Peltonen*

**James Lewis,** der über die Geschichte des Landes, über Ostfinnland und den Wildnisweg Richtung Norden schrieb, liebt Finnlands unendliche Weite. Nach einer Elchjagd Anfang der achtziger Jahre begann er sich für die ursprünglichen Wildnisgebiete und den Skilanglauf zu interessieren. 1990 begleitete er ein finnisch-deutsches Fernsehteam an die russische Grenze.

**Anita Peltonen** ist die ideale Autorin für die Kapitel über Politik und Wirtschaft des modernen Finnland: Sie arbeitet als Ansagerin beim finnischen Rundfunk in Helsinki, schreibt für verschiedene internationale Zeitungen und ist mit einem Finnen verheiratet. Die gebürtige New Yorkerin lebte und arbeitete bereits in Montreal und London sowie in anderen skandinavischen Ländern und hat ihren internationalen Blickwinkel nie verloren. Zum *Apa Guide Norwegen* sowie anderen Apa Guides lieferte sie ebenfalls mehrere Beiträge.

*Roston*

Auch **Anne Roston** gehört zu den erfahrenen Apa-Korrespondentinnen. Sie ist die Herausgeberin des *Apa Guide Frankreich* und des *Apa Guide Provence*. 1989 kam sie zum erstenmal zu Weihnachten zu einer

Stippvisite nach Finnland, kehrte jedoch kurz darauf für eine unbestimmte Aufenthaltsdauer zurück. „Für jemanden, der schreibt", sagt Anne Roston, „bietet Finnland unendlich viele Quellen, von denen die meisten noch nie angezapft wurden." Aus der Feder der gebürtigen Amerikanerin stammen die Kapitel über Helsinki, wo sie wohnt, und über ihr Spezialgebiet Musik.

*Nickels*

Das Kapitel über Finnlands bekannteste Filmemacher schrieb der schottische Filmkritiker **Allan Hunter,** der nachzeichnet, warum und wie die Gebrüder Kaurismäki Karriere gemacht haben.

**Sylvie Nickels** zählt die Reisen schon nicht mehr, die sie seit ihrem ersten Besuch 1956 nach Finnland unternommen hat, doch „es müssen gut über dreißig sein". Sie schrieb für Zeitungen wie die *Financial Times* und zeichnete bereits für verschiedene Reiseführer verantwortlich. Für dieses Buch verfaßte sie die Kapitel „Eine abenteuerliche Reise", „Die Seenplatte" sowie „Die Samen und ihr Land". Im Alter von fast fünfzig Jahren entdeckte Sylvie Nickels mit ihrem Mann, dem Forscher George Spenceley, den Kanusport für sich. Inzwischen sind die beiden bereits kreuz und quer durch Finnland gepaddelt.

*Spark*

Wenn **Robert Spark,** ein Skandinavienexperte, auch fast ganz Finnland kennt, so freute er sich doch über die Gelegenheit, die Kapitel über die finnische Westküste zu schreiben, ein Gebiet, das er zuvor etwas vernachlässigt hatte. An diesem Küstenstreifen werden Finnlands Vergangenheit als Seefahrernation sowie seine starke Verbindung zu Schweden deutlich. „Je mehr man dieses Land entdeckt, um so mehr fühlt man sich gezwungen, zurückzukehren."

**Kristina Woolnough** verbrachte mehr als 20 Jahre lang jeden Sommer in Finnland, was nicht verwunderlich ist, ist sie doch die Tochter einer Finnlandschwedin und sprach Schwedisch, bevor sie die englische Sprache beherrschte. In dem Kapitel „Finnen, die schwedisch sprechen" berichtet sie von diesen kulturellen Strömungen des Landes.

Auf ihren sommerlichen Streifzügen durch die dunkelgrünen Wälder Finnlands wurde Woolnough klar, wie lebenswichtig eine intakte Umwelt ist. Das Kapitel „Zum Schutz der Natur" wurde ebenfalls von ihr verfaßt.

*Borgia*

**Louis Borgia,** auch er Amerikaner, arbeitet als Korrespondent der *Travel Trade Gazette (TTG) Europe* in Stockholm. Da er mit einer Finnin verheiratet ist, überquert er die Ostsee regelmäßig mit einer der zahlreichen Fähren und ist daher genau der Richtige, um über den regen Fährverkehr zwischen den beiden Ländern zu berichten. Außerdem ist er ein großer Fan der Sauna, was in dem Kapitel „Saunafreuden" deutlich zum Ausdruck kommt.

Die Herausgeberin dankt **Marjatta Haapio** vom Finnischen Fremdenverkehrsamt in London sowie ihren Kollegen in England und Finnland.

**Jill Anderson** war für die Produktion des Buches in Apa Villa in London verantwortlich, **Mary Morton** las Korrektur und erstellte den Index, und **Maija McKinnon** prüfte die Schreibweise der finnischen Ausdrücke.

Ins Deutsche übertragen wurde der *Apa Guide Finnland* von den Übersetzern **Martin Donnevert, Barbara Regensburger** und **Jutta Winkler**, die auch den kompletten Satz erledigte. 1995 erfuhr das Buch eine umfassende Bearbeitung durch **Anne Roston.** Die Überprüfung der praktischen Hinweise am Schluß dieses Buches übernahm **Jette Böckem.**

## INHALT

**Geschichte und Kultur**



**Orte und Plätze**

# INHALT



## Karten

# KURZFÜHRER

Man sollte ein Land vielleicht nicht nach seinen großen Helden beurteilen, doch im Falle Finnlands ist dieser Gedanke äußerst verführerisch. Die Hauptpersonen im finnischen Nationalepos *Kalevala* sind patriotisch, die Krieger vollbringen wahre Heldentaten. In ihrem Privatleben sind diese starken Männer jedoch oft alles andere als heldenhaft und tun sich sehr schwer, ihrer Auserwählten mit poetischen Worten den Hof zu machen. Die Frauen in der *Kalevala* sind dickköpfig, matriarchalisch und stark familienorientiert.

Im Land tummeln sich viele Natur- und Waldgeister. Niemand würde es wagen, die Heiligkeit der Wälder anzuzweifeln. Für die Vorfahren der heutigen Finnen sind die Seen und Flüsse der Himmel auf Erden. Wenn eine Heldin ihrem Schicksal entkommen möchte, verwandelt sie sich in einen flinken, schlüpfrigen Fisch ... und schon ist sie gerettet.

Ab diesem Punkt kann man die jetzigen Bewohner Finnlands natürlich nicht mehr mit ihren Ahnen vergleichen. Doch wir ziehen es vor, mit den Helden zu beginnen, die eine Nation selbst erfunden hat, als mit den Klischees, die andere geschaffen haben.

Der finnische Charakter ist so widersprüchlich, daß man glauben möchte, die Finnen seien eine völlig schizophrene Nation. Auf jeden schimpfenden Trinker kommt ein überzeugter Abstinenzler. Auf jeden patriotischen Finnen, der an Finnland wie an seiner eigenen Seele hängt, kommt einer, der das Land auf Nimmerwiedersehen verläßt. Auf jedes bescheidene Mauerblümchen kommt ein arrogantes Großmaul, das nur dann glücklich ist, wenn es mit seinen Besitztümern prahlen und sich selbst in den höchsten Tönen loben kann.

Die finnische Mentalität wird dadurch geprägt, daß Finnland ein Land von großer Fläche ist (Europas fünftgrößtes Land), aber wenige Einwohner hat. Die fünf Millionen Menschen sind sich – verglichen mit den Einwohnern vieler größerer Länder – relativ ähnlich.

**Vorherige Seiten: Vergnügungspark Sarkenniemi. Eiszeitliche Koli-Berglandschaft. Dach der Virrat-Kirche. Petri Heil! Goldgelbes Heu in der finnischen Sonne. Skifahren in Saariselka, Lappland. Links: Flotter Karelier in Tracht. Rechts: Junge Zuschauerin beim Skirennen.**

**Nordische Verwandte:** Der heutige Finne ist das Ergebnis einer genetischen Kombination, die zu 75 Prozent mit der anderer Skandinavier identisch ist. Doch 25 Prozent seines Erbgutes stammen von Völkern, die aus Gebieten östlich des Ural kamen. Ihre orientalischen Ahnen verhalfen den Finnen zu den Gesichtszügen, die sie von ihren Nachbarn unterscheiden: leicht hervortretende Wangenknochen und kleine, graue oder blaue Augen.

Die Karelier, die im Osten des Landes leben, sind stämmiger und haben eine blassere Gesichtsfarbe als andere Finnen. Sie sind etwas kleiner als die Bewohner der Westküste, deren Vorfahren sich mit den riesigen Wikingern vermischt haben.

Bis zum Ende des Zweiten Weltkrieges war der Speiseplan der Karelier ziemlich dürftig. Sie waren sehr anfällig für Herzbeschwerden, was ihr kränkliches Aussehen vielleicht zum Teil erklärt.

Alle anderen Finnen sind größer, normalerweise blond (wenn sie auch das „dunkelhaarigste" skandinavische Volk sind) und ansonsten sehr unterschiedlich.

Einige der berühmtesten Finnen sind Sportler. Die meisten hier lieben die freie Natur und den Sport, und manche junge Leute leben nur noch für ihre athletischen Aktivitäten.

**Bestätigte Vorurteile:** Die finnische Persönlichkeit läßt sich schwer bestimmen, doch wenn Sie sich an vorgefertigte Klischees halten, werden Sie fast alle bestätigt finden.

Die Betrunkenen, deren Anblick Sie kaum vermeiden können, werden Ihnen unverhältnismäßig zahlreich vorkommen, und die berühmte nordische Zurückhaltung trifft auf die Finnen genauso wie auf andere nordische Völker zu. Es ist charakteristisch für Finnen, daß sie sehr leise sprechen. Wenn sich ein Paar in der Öffentlichkeit unterhält, flüstert es manchmal nur. Wenn Sie laut sprechen, werden Sie entsetzte Blicke auf sich ziehen. (Vielleicht trinken viele nur, um endlich mal richtig schreien zu können.) Finnen legen großen Wert auf ihre Privatsphäre. Leises Sprechen mag ein Zeichen dafür sein oder aber ein Überbleibsel aus der Zeit, als lautes Sprechen als vulgär betrachtet wurde.

Die Sommerhäuser (*kesämökki*) sind ebenfalls ein Beispiel für die Bedeutung der Privatsphäre. Sie liegen meist zwischen Bäumen etwas vom Seeufer und so weit wie möglich von anderen Häusern entfernt. Man lebt hier am liebsten mit sich allein, man begegnet niemand anderem als Mutter Natur.

Offenherzigkeit ist eigentlich keine typisch finnische Eigenschaft. Doch insbesondere junge Frauen in Helsinki begrüßen sich gegenseitig mit Umarmungen, Küssen und breitem Grinsen. Manchmal laufen sie sogar Händchen haltend durch die Straßen.

**Fremde in Finnland:** Eine der ältesten nicht finnischen Volksgruppen sind die Sinti, deren weibliche Angehörige leicht an ihren bestickten Spitzenblusen und wallenden Röcken zu erkennen sind. Die meisten sprechen heute zwar nur noch Finnisch, doch sie haben sich mit den Finnen noch nicht sehr vermischt. Ihr dunkles Aussehen und ihr wilder Kleidungsstil stehen nach wie vor in starkem Kontrast zu den hellhäutigen, unscheinbarer gekleideten Finnen. Manche stecken immer noch Messer in ihre Stiefel.

Die meisten von ihnen sind keine Nomaden mehr; sie leben in normalen Häusern oder Wohnungen. Doch manche Familien ziehen im Herbst immer noch gerne von einem Erntefest zum nächsten. Auf diesen Festen handeln die Sinti nur noch selten mit Pferden. Ihre Anwesenheit mutet wie ein Überbleibsel aus längst vergangenen Zeiten an.

In Finnland lebt außerdem eine kleine türkische Gemeinde, deren Vorfahren im frühen 19. Jahrhundert hierher kamen, um mit Fellen zu handeln. Daher ist das finnische Wort für Türkei und Pelzmantel dasselbe: *turkki*. Finnisch und Türkisch sind zwar miteinander verwandte Sprachen, doch nicht in dem Maße, daß es einem Türken leicht fallen würde, Finnisch zu lernen oder umgekehrt.

Anfang der neunziger Jahre lebten ungefähr 25 000 Ausländer in Finnland. Nur wenige von ihnen sind Flüchtlinge und noch weniger Gastarbeiter – ein Großteil arbeitet in diplomatischen Vertretungen. Finnland gelang es, in erster Linie „wünschenswerte“, das heißt gebildete und nicht bedürftige Ausländer anzuziehen. Diese gehen Tätigkeiten nach, die von Einheimischen meist nicht ausgeübt werden könnten.

Bekannt ist das Land für seine engagierte Entwicklungshilfepolitik, wobei es seine Leistungen jeweils auf wenige ausgewählte Länder konzentriert. Zu den Völkern, die Unterstützung vom Finnischen Roten Kreuz erhielten, zählen zum Beispiel die Vietnamesen und die Kurden. Ziel Finnlands war es lange Zeit, 0,7 % seines Bruttoinlandsprodukts für die Entwicklungshilfe auszugeben, was aber in den letzten Jahren aufgrund zunehmender wirtschaftlicher Schwierigkeiten im eigenen Land nicht mehr gelang.

Dieser großzügigen Haltung zum Trotz, zeigen sich die Finnen gegenüber Ausländern im eigenen Land eher zurückhaltend bis abwehrend. Als etwa 1990 uneingeladene, unerwartete und von keiner Organisation unterstützte Somalis an der sowjetisch-finnischen Grenze auftauchten, war die Reaktion nicht unbedingt gastfreundlich: Die Mühlen der Bürokratie mahlten langsam, und die Bearbeitung der Asylanträge zog sich hin. Daß zudem in der Öffentlichkeit ausländerfeindliche Stimmen laut wurden, veranlaßte die Regierung nicht, diese Asylverfahren zu erleichtern.

Laut Esa Saarinen aber, dem beliebten Philosophieprofessor und Autor, seien die meisten Finnen, die gegen den Aufenthalt der Somalis in ihrem Land waren, weder Rassisten noch von Vorurteilen behaftet. Das Problem sei, daß die Finnen ungern die Früchte ihrer Hände Arbeit mit anderen teilten. Sie könnten es sich nur schwer vorstellen, mit Menschen zusammenzuleben, die weder im Krieg an ihrer Seite gekämpft noch danach die Wirtschaft mit ihnen wiederaufgebaut hätten. Selbst Finnen, die nach Amerika oder Australien ausgewandert sind, würden argwöhnisch betrachtet, da sie das Land in dem Moment verlassen hätten, in dem sie zu Hause am nötigsten gebraucht worden wären.

Über lange Zeit hinweg wurden die Finnen entweder von Rußland oder Schweden bedrängt. In den letzten Jahrzehnten verharrten sie als kleines Volk zwischen Ost und West in Neutralität und lernten dabei, zusammenzurücken und eigene Wege zu finden.

**Links: Raus aus der Sauna und rein ins eiskalte Wasser. Rechts: Volleyball-Match.**

**Konformität und Einigkeit:** Wie sich die Finnen Ausländern gegenüber verhalten, sagt viel über sie selbst aus. Finnland ist bis heute ein provinzielles Land, in dem weitgehende Konformität herrscht. Das ist zwar für ein kleines Land nichts Außergewöhnliches, doch neigt Finnland hierbei etwas zur Übertreibung. Die Ausstattung der Häuser, den Kleidungsstil, der Ferienmonat der Finnen, welche Zeitschriften sie abonnieren und wen sie in der nächsten Wahl wählen – all diese Dinge können Sie blind erraten, wenn Sie nur kurze Zeit im Land gewesen sind.

Um sich von dieser Konformität zu distanzieren, sind viele Künstler durch Europa und nach Amerika gereist. Auf diese ihre weltbe-

kannten Künstler, Komponisten, Dirigenten, Architekten und Designer wiederum sind die Finnen daheim ausgesprochen stolz.

Viele junge Finnen teilen das Unbehagen ihrer Eltern der Welt gegenüber nicht. Sie studieren und arbeiten im Ausland und heißen fremdländische Errungenschaften in Finnland willkommen. Während einige ältere Finnen ihren eintönig grauen Kleidungsstil noch nicht abgelegt haben, schlugen ihre Enkel bereits ins andere Extrem um. Ihre Garderobe erstrahlt in fluoreszierenden Farben.

**Wettbewerbsangst:** Neben der Furcht, daß „ausländische Sprachen, Sitten und Ideen das geheiligte finnische Nationalgut verderben könnten", steckt, so Lehtinen, hinter der Abwehr Fremden gegenüber auch „die Angst vor dem Wettbewerb". Genau registrierte man in Finnland die Entwicklungen der Europäischen Union. Als deren Länder ihre Grenzen immer weiter öffneten, wuchs dort zwangsläufig auch die Zahl potentieller Einwanderer. Finnland hingegen zeigte sich lange Zeit gegenüber politisch-wirtschaftlicher Integration nach dem Beispiel der EU argwöhnisch; denn dies bedeutete, daß Ausländer Arbeitsplätze besetzen und Land erwerben dürften.

**EU-Beitritt:** Und doch hat sich die Situation Finnlands durch das Ende des Kalten Krieges grundlegend verändert. Mit dem Zerbrechen der alten weltpolitischen Strukturen steht nicht nur für Länder wie Deutschland und die Ostblockstaaten eine Neuorientierung an – etwas weniger spektakulär, aber doch tiefgreifend ist auch Finnland betroffen.

Paavo Lipponen, Sozialdemokrat und seit dem 19. März 1995 Ministerpräsident Finnlands, hatte den Beitritt seines Landes zur EU bereits zu einem Zeitpunkt propagiert, als dieser Schritt für die Mehrheit der finnischen Sozialdemokraten noch völlig undenkbar war. Nach dem Zusammenbruch der Sowjetunion stand für ihn fest, daß Finnland nur im Verbund mit Europa sicherheitspolitisch geborgen sein könnte.

Daß er – knapp drei Monate nach Inkrafttreten des neuen Status – als Regierungschef gewählt wurde, bekräftigt noch einmal die im Herbst 1994 getroffene Entscheidung des finnischen Volkes für Europa: In dem Referendum vom 16. Oktober hatten 57 % der Wähler den Beitritt befürwortet. Absichtlich war Lipponen zuvor dafür eingetreten, früher als die Schweden und somit unbeeinflußt über diese Frage abzustimmen.

Die Europäische Union bietet Finnland – bei aller Furcht vor dem Verlust an nationaler Eigenständigkeit – auch einen Raum, in dem das Land seine Rolle neu definieren, sowie ein Forum, in dem es sich Gehör verschaffen kann. Martti Ahtisaari, Präsident der Republik Finnland, schreibt hierzu: „Wir wollen an der Beschlußfassung über die Zukunft unseres Erdteils mitwirken. (...) Die sich erweiternde Union spielt eine Schlüsselrolle für die stabile Entwicklung unseres Erdteils."

**Oben: Wandern macht durstig: Kaffeepause auf dem Weg. Rechts: Freundliche Osterhexe mit Frühlingsstrauß.**

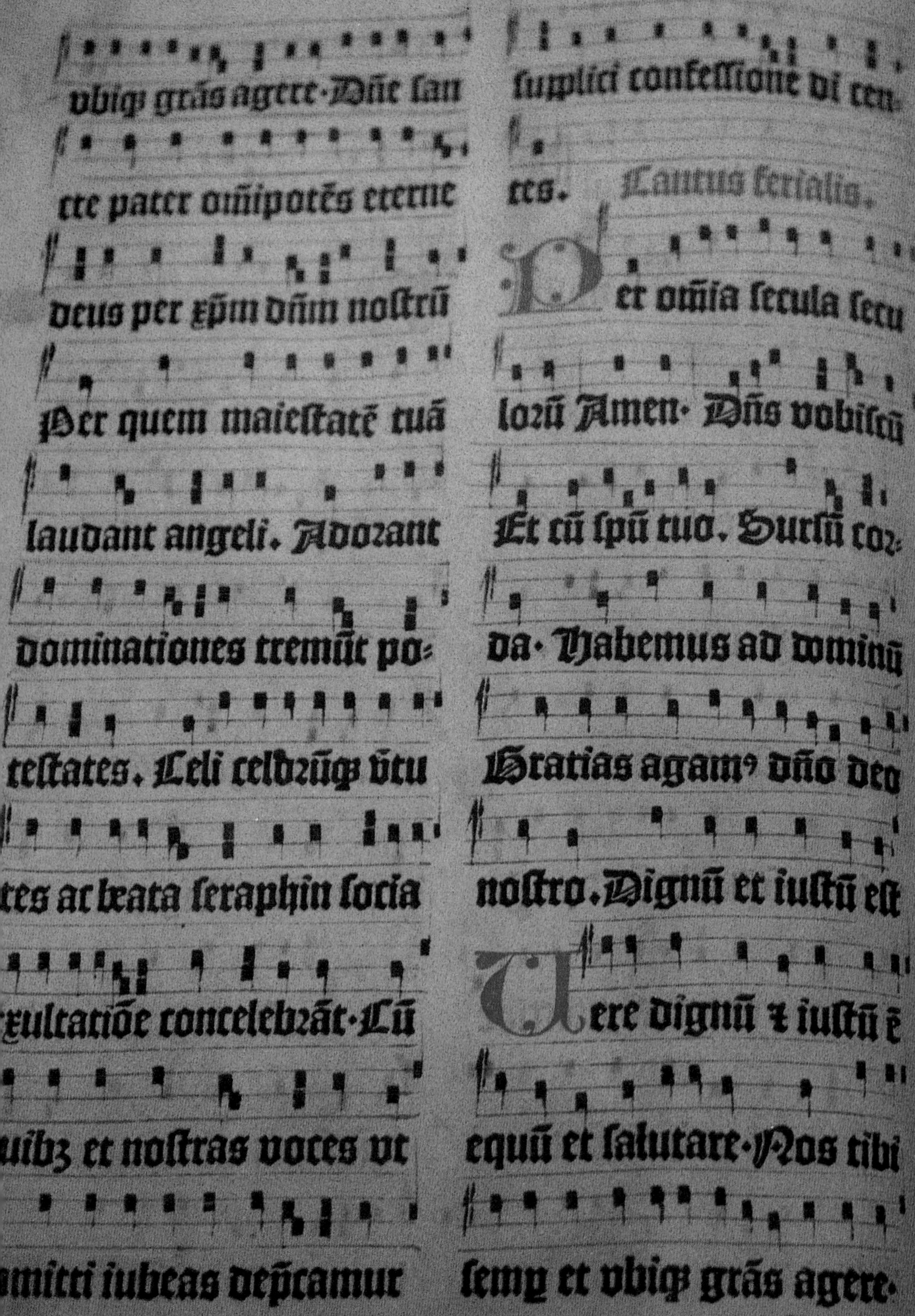
vbiq; grãs agere· Dñe san
cte pater omĩpotẽs eterne
deus per xp̄m dñm nostrũ
Per quem maiestatẽ tuã
laudant angeli. Adorant
dominationes tremũt po-
testates. Celi celorũq; vtu
tes ac beata seraphin socia
xultatiõe concelebrãt· Cũ
uibz et nostras voces vt
mitti iubeas dep̃camur
supplici confessione dicen-
tes.
Cantus ferialis.
Per omia secula secu
lorũ Amen· Dñs vobiscũ
Et cũ spũ tuo. Sursũ cor-
da· Habemus ad dominũ
Gratias agam⁹ dño deo
nostro. Dignũ et iustũ est
Vere dignũ et iustũ ẽ
equũ et salutare· Nos tibi
semp̃ et vbiq; grãs agere·

Te igitur clementissime pa-
ter per ihesum xp̄m filiū
tuū dñm nostrū supplices
rogamus ac petimus uti
accepta habeas et benedicas ✠ Hec
dona ✠ Hec munera ✠ Hec sancta
sacrificia illibata. In primis que tibi
offerimus pro ecclesia tua sancta ca-
tholica quā pacificare. custodire. adu-
nare et regere digneris toto orbe ter-
rarum una cū famulo tuo papa nr̄o. N.
et antistite nostro. N. et rege nostro.
et omnibus orthodoxis. atque catholice
et apostolice fidei cultoribus.
Memento dñe famulorū famula-
rūque tuarū. N. Memoria vivorum
et omniū circūstantiū quorum tibi fides
cognita est et nota devotio pro quib

# Woher kommen die Finnen?

Die Erforschung der Völker befand sich noch in den Kinderschuhen, als M. A. Castren 1844 verkündete: „Ich werde dem finnischen Volk beweisen, daß wir ... keine von der Welt und Weltgeschichte isolierte Nation, sondern mit mindestens 70 Prozent der Völker auf der Erde verwandt sind." Castren ging davon aus, daß ein gemeinsamer Ursprung zweier Sprachen auch eine genetische Verwandtschaft bedeutet. Seiner Ansicht nach waren die Finnen mit jedem Volk blutsverwandt, das aus dem Altai oder der Äußeren Mongolei stammte.

Es läßt sich nicht bestreiten, daß die finnische Sprache ein Ast des finno-ugrischen Sprachenbaumes ist. Doch hier endet auch bereits die Übereinstimmung von Sprachverwandtschaft und und ethnischer Zugehörigkeit. „Die Finnen sprechen eine mongolische Sprache. Daher sind sie ein mongolisches Volk." Mit seiner Theorie versuchte der patriotische Wissenschaftler Castren, eine Beziehung zwischen seinem Volk und einem Großteil der Erdbevölkerung herzustellen.

Die Vermutungen Castrens und anderer entstanden aufgrund der außergewöhnlichen Isolation der finnischen Sprache. Das Ungarische wurde und wird oft als eine dem Finnischen verwandte Sprache genannt. Doch sie haben nur sehr entfernt etwas miteinander zu tun. Finnisch und Ungarisch ähneln sich so sehr wie Englisch und Persisch. Allein die estnische Sprache ist dem Finnischen so nah verwandt, daß man eine gemeinsame linguistische Basis erkennen kann.

Die Anhänger Castrens und Millionen andere, die seinen Namen vorher vielleicht nie gehört hatten, waren von seiner Theorie begeistert. Sie glaubten, daß die Finnen eine Ethnie abseits vom europäischen Hauptstrom bildeten. Ihre Sprache verleitete zu der Annahme, daß sie asiatischen Ursprungs seien. Es wurde kein weiterer Beweis erbracht, doch selbst Nationalisten bestritten diese Theorie nicht.

**Verworfene Theorie:** Selbst heute wird diese These immer noch vom Großteil der Weltbevölkerung akzeptiert. Die Finnen selbst jedoch – zumindest die, die nachdenken und nachforschen – lehnen diese Theorie inzwischen total ab.

Ein führender Philologe schrieb: „Bis jetzt wurden keine stichhaltigen Beweise für diese Theorie erbracht." In diesem Jahrhundert begonnene Forschungen, die sich auf archäologische Funde stützen, weisen auf ein baltisches Volk hin, das sich von 1500 vor bis 400 nach Christi Geburt langsam in Finnland niederließ. Es sprechen keine Anzeichen für eine Einwanderung eines weiter im Osten beheimateten Volkes. Alle kulturellen Kontakte wurden schon immer mit Westeuropa und Skandinavien geknüpft.

Die Meinung der Anthropologen, die inzwischen von allen außer den Castren-Anhängern akzeptiert wird, besagt, daß die Finnen und ihre Vorfahren „reine Europäer" sind. Ihre Größe, ihr blondes Haar und ihre längliche Kopfform haben die Finnen mit den Schweden und Norwegern gemeinsam, die durchschnittlich größer sind, sowie mit den Deutschen und Dänen, die etwas kleiner sind.

Dennoch lebten die baltischen Einwanderer, die sich im Land der Seen und Wälder niederließen, jahrhundertelang in Isolation von Europa. Ein starkes Volk von Seeabenteurern, das es aufgrund der ungastlichen klimatischen Bedingungen seines Landes auf das Meer verschlagen hat, würde ganz gut in die frühe finnische Geschichte passen. Doch die Finnen unternahmen keine großen Fahrten. Die Wikingerboote stachen oberhalb des Bottnischen Meerbusens oder auf der anderen Seite Dänemarks in See. Die Finnen nahmen am Handel und an den Beutefahrten der Wikinger offenbar nicht teil.

**Dunkle Vergangenheit:** Da die Finnen so lange in ihrer subarktischen Heimat vom Rest der Welt abgeschnitten waren, konnte bisher wenig Licht auf ihr damaliges Leben geworfen werden. Kein Chronist tauchte aus den nebligen Wäldern auf, um den kommenden Generationen Berichte von diesem urzeitlichen Lebensstil zu hinterlassen. Gedichte, Lieder und Geschichten wurden lediglich mündlich von einer Generation an die nächste überliefert. Aus diesem Volksgut entstand auch das bekannte *Kalevala*, das finnische Nationalepos, das vom Leben der Götterhelden erzählt. Die Lieder, auf denen es basiert, waren von Volkssängern weitergegeben und ab dem 18. Jahrhundert niedergeschrieben worden. 1835 schließlich stellte Elias Lönnrot aus den einzelnen Versen das heutige Epos zusammen.

Um das Jahr 1157, zur Zeit der römisch-katholischen Kreuzzüge, lebten die Finnen in Stämmen ohne Staatsgebilde. Oft verfeindet, waren sie dennoch die Nachkommen gemeinsamer Vorfahren. Sie gehorchten Priestern, die die Natur und die Naturkräfte verehrten.

Während die finnischen Gelehrten eine Rassen- und Sprachtheorie entwickelten, entstand in akademischen Kreisen eine parallele Bewegung bezüglich der Ankunft des Christentums in Finnland. Angeblich überfielen die Finnen um das Jahr 1000 christliche Gemeinschaften im südlichen Schweden. Sie stellten eine große Gefahr für die Schweden dar und waren zudem Heiden. 1157 verlor König Erik von Schweden die Geduld und schickte einen „Kreuzzug" nach Finnland.

Nach ihrer Niederlage mußten sich die Finnen dem Willen des schwedischen Bischofs, Heinrich von Uppsala, beugen und sich taufen lassen. Auf diese Weise sollen die schwedische Herrschaft und der Katholizismus in Finnland Einzug gehalten haben. Wie die Sprachtheorie, so wurde auch diese These inzwischen verworfen.

In Rom gibt es keinerlei Aufzeichnungen über diese Ereignisse. Kirchliche Dokumente erwähnen weder König Erik noch Bischof Heinrich. Auch in diesem Fall retteten die Archäologen die finnische Integrität mit ihrer Behauptung, daß die Finnen bereits vor 1157 Christen waren. Die Schweden führten zwar den römischen Katholizismus, nicht aber einen neuen Glauben ein.

**Vorherige Seiten: Die erste Bibel Finnlands ist in der Burg von Turku zu sehen. Links: M. A. Castren. Oben: Bootsbau im 7. Jahrhundert.**

ANNO 1615.
Entw. von A. Kreling.
Ausgeführt
München
von W. Dietz.

Sechs Jahrhunderte lang (etwa von 1200 bis 1800) bildeten die Finnen einen unverzichtbaren Bestandteil von Schweden, aber Finnland wurde von den Schweden nie erobert. Statt dessen entstand zwischen Schweden und Rußland ein Wettkampf, um das Machtvakuum im Lande der Finnen zu füllen. Schweden machte das Rennen, und dazu benötigte es weder Feldzüge noch Verträge. Erstaunlicherweise war die Beziehung der beiden Länder zueinander größtenteils frei von Spannungen, zu kriegerischen Auseinandersetzungen kam es nie.

Wahrscheinlich haben die Schweden seit Jahrhunderten auf finnischem Boden gejagt, Handel getrieben und sich niedergelassen. Auf beiden Seiten des Bottnischen Meerbusens war das Land karg und bot wenig Reibungsflächen. Tatsächlich wuchsen Finnland und Schweden als zwei Teile eines größeren Ganzen zusammen, und die Geschichte der beiden Völker unter einer Krone wurde als „nahtloses Gewebe" bezeichnet.

Die Finnen waren an der Wahl des Königs beteiligt, allerdings nicht an der Auswahl der Kandidaten. In Gebieten mit gemischter Bevölkerung unterschieden sich die Menschen nur in ihrer Sprache. Burgen dienten als Verwaltungszentren, nicht als Garnisonen, um die Bevölkerung zu unterdrücken. Der Einfluß von einem Volk auf das andere war kaum wahrnehmbar, da beide Kulturen identisch waren. Nur in religiöser Hinsicht beeinflußten die Schweden die Finnen sehr stark.

Verschiedene Klosterorden sandten im 14. und 15. Jahrhundert Mitglieder nach Finnland. Die Dominikaner, Franziskaner und der St.-Brigitta-Orden stärkten die Macht und den Einfluß Roms erheblich. Es wurden reich geschmückte Kirchen gebaut. Im relativ dicht besiedelten Westen Finnlands wurden die Menschen seßhafter. Weiter im Osten des Landes lebte man weiterhin hauptsächlich von der Jagd auf die zahlreichen Wildtiere der subarktischen Tundra, die sich für Ackerbau überhaupt nicht eignet.

**Vorherige Seiten: Der Sieg Peters des Großen über Karl XII.setzt der schwedischen Vorherrschaft an der Ostsee ein Ende. Links: Gustav II. Adolf von Schweden am Totenbett seines Generals Gustaf Horn, Kathedrale von Turku. Rechts: Bischof Henrik in der Hollola-Kirche.**

Die wichtigsten Zentren, von denen die neuen Einflüsse ausgingen, waren Turku (auf Schwedisch Åbo) mit einem Bischofssitz und einer Kathedrale sowie Vyborg (jetzt Viipuri). Beide Städte pflegten enge Beziehungen zu Tallinn, Danzig und Lübeck sowie Stockholm. Neben dem Klerus erblühten das Handwerk und die verschiedensten Berufe. Im Gegensatz zur rauhen Lebensweise im Osten enstand hier eine neue Stadtkultur.

Im Jahre 1397 versuchte man, Dänemark, Norwegen, Schweden und damit auch Finnland in der Union von Kalmar zusammenzufassen. Alle Register der Macht, die zwischen Schweden und Finnland nie zur Debatte standen, wurden vergeblich gezogen, die Pläne der ehrgeizigen dänischen Königin Margarete I. scheiterten.

Im Jahre 1509 plünderten die Dänen die „Landeshauptstadt" Turku (Åbo) und brannten sie nieder. Es handelte sich hierbei nur um einen Zwischenfall mehr in einem Konflikt, der über 100 Jahre dauerte und der erst 1523 von Gustav Wasa, dem späteren schwedischen König, gelöst wurde.

**Eine Nation entsteht:** Schweden war mächtig und unabhängig. Das Mittelalter war vorüber, und die Reformation bedrohte Rom. Schweden und Finnland verließen den vertrauten Hafen, fast unmerklich veränderte sich ihr Verhältnis. In dieser Zeit entwickelten sich die ersten Ansätze einer nationalen Bewegung. Ein Grund dafür war die Übersetzung religiöser Schriften ins Finnische.

„Sie unterweisen ihre Gemeinde auf eine Art, die ebenso schändlich wie nachlässig ist", schrieb Mikael Agricola, der Bischof von Turku, 1548 an seine Geistlichen. Er überbrachte seine Kritik und die Übersetzung des Neuen Testaments ins Finnische mit der Begründung, „daß ab sofort kein einziger Prediger mehr seine Nachlässigkeit mit der Unkenntnis des Lateinischen oder Schwedischen verteidigen könne". Die Reformation Martin Luthers besaß für viele Schweden und Finnen eine starke Anziehungskraft. Auch Gustav Wasa war ihr zugeneigt, bedurfte doch die Krone höherer Steuereinnahmen, und die Kirche verfügte über die nötigen Gelder. So attraktiv war die Reformation für Schweden, daß es als erstes Land mit Rom brach.

Die Trennung erfolgte im Mai 1527. In ganz Schweden und Finnland verlor die Kirche plötzlich ihren Besitz und mußte ihre Zeremonien aufgeben. Man verbot das Weihwasser und die Letzte Ölung sowie festliche Prozessionen und den Reliquienkult. Aber der Übergang der Finnen von einem katholischen zu einem protestantischen Volk verlief nicht schmerzlos. Die frühen lutherischen Pastoren waren ein bunt zusammengewürfelter Haufen. Viele tranken und „mißachteten die Gesetze der Menschen und Gottes." Trotzdem spielten die Finnen bei dem Umwandlungsprozeß eine führende Rolle, und Pietari Särkilahti, Mikael Agricola und Paavali Juusten halfen ihren schwedischen Religionsbrüdern bei der Auflösung der Beziehung zu Rom.

**Bauernsoldaten:** In den drei Jahrhunderten vor dem endgültigen Bruch Finnlands mit Schweden führte die schwedische Krone über 80 Jahre lang Krieg. Sowohl im Dreißigjährigen Krieg als auch in den Kriegen mit Polen und Rußland mußten finnische Bauern für Schweden ins Feld ziehen. Die anfallenden Steuern trafen die bäuerliche Bevölkerung sowieso immer am härtesten. Die Finnen stellten etwa ein Drittel der Fußsoldaten und Kavallerie der schwedischen Armee.

Die Bauern trugen die Hauptlast des Krieges. Die Entwicklung der Städte verlangsamte sich, und häufig gingen sie in Rauch und Flammen auf. Turku (Åbo) wurde zwischen 1524 und 1624 von 15 Bränden heimgesucht. Auch Pori und Viipuri erlitten mehrmals dasselbe Schicksal, obwohl Feuersbrünste nicht die einzigen Gefahren für Städte waren.

In Turku, Helsinki, Porvoo und Viipuri sowie in anderen baltischen Handelsstädten lebten viele führende Kaufleute deutscher oder holländischer Abstammung. „Im ganzen 17. Jahrhundert sowie teilweise im 18. Jahrhundert wurde unsere Wirtschaftsgeschichte von den Holländern geprägt", stellt der finnische Historiker V. Voionmaa fest. Schon in früherer Zeit war Finnland mit der Hanse in Berührung gekommen, jener berühmten Vereinigung aus Hamburg und Lübeck stammender Kaufleute, welche die deutsche Handelsmacht im Norden bis ins norwegische Bergen und im Osten bis nach Nowgorod ausdehnten. Die Hanse ließ sich in Turku (Åbo) und Viipuri sowie in Riga am anderen Ostseeufer nieder.

große Nordische Krieg von 1700 bis 1721; 20 Jahre später wieder Krieg und noch einmal von 1788 bis 1790. Der Militärdienst war Pflicht außer für die Kavallerie, für die sich jedoch viele Freiwillige fanden, weil sie dadurch dem härteren Leben bei der Infanterie oder als Pikenier entgehen konnten.

**Mit Zuckerbrot und Peitsche:** Die schwedische Krone erwies sich als unfähig, Finnland gegen die russischen Angriffe zu verteidigen. Zweimal verlor sie Finnland (1721 und 1743). 1808 wurde Großbritannien zum schwedischen Verbündeten. Dadurch sahen die Russen St. Petersburg und ihren Zugang zur Ostsee bedroht. Wieder gab es zwischen Schweden und Rußland Krieg, wieder besetzte die zaristische

Im 17. Jahrhundert waren die ausländischen Kaufleute bereits gut etabliert. Ausländische Waren waren den Finnen vertraut geworden.

Schweden verlor seine Vorrangstellung. Immer wieder gab es Auseinandersetzungen mit den Russen. Die Kriege waren für Finnland vernichtend, die Daten lesen sich wie eine Litanei des Schreckens: Krieg von 1554 bis 1557; ein von Waffenruhen unterbrochener, fünfundzwanzigjähriger Krieg, der 1570 begann; zwei Kriege im 17. Jahrhundert und der

**Links: Bischof Mikael Agricola übersetzte im 16. Jahrhundert die Bibel ins Finnische. Oben: Der Bau der Burg von Häme.**

Armee Finnland. Dieses Mal blieben die Russen in Finnland und boten dem Land großzügige Friedensbedingungen an. Die jahrhundertelange Beziehung zu Schweden war schließlich zu Ende.

Schweden trat Finnland am 17. September 1809 an Rußland ab. Dabei fielen auch die Ålandinseln im Süden des Bottnischen Meerbusens an Rußland. Der Zar erkannte die innere Selbständigkeit des Großfürstentums an. In dem neu erworbenen Territorium experimentierte man also zum ersten Mal mit der konstitutionellen Monarchie – für einen absoluten Herrscher eine völlig neue Erfahrung. Der Versuch klappte immerhin 60 Jahre lang.

Gegen Ende des 18. Jahrhunderts machte sich Joseph Acerbi im Winter auf den Weg von Finnland nach Schweden. Der einzig mögliche Weg führte mit dem Schlitten über das Eis des Bottnischen Meerbusens. Die Entfernung betrug etwa 70 Kilometer. Wenn man von den Ålandinseln aus startete, verkürzte sich die Strecke jedoch auf ungefähr 50 Kilometer.

Man riet ihm, daß er für eine Reisegesellschaft von fünf Personen (davon zwei Bedienstete) die doppelte Anzahl an Pferden und mindestens acht Schlitten mitnehmen müsse. Zunächst dachte er, daß ihn die schwedischen Bauern übers Ohr hauen wollten, aber wie sich herausstellen sollte, handelte es sich wirklich um eine vernünftige Vorsichtsmaßnahme.

„Ursprünglich erwartete ich, daß ich 43 Meilen reisen würde, ohne auch nur das geringste Stück Land zu sehen. Vor mir würde sich eine gigantische, eintönige Eiswüste auftun, in der ein Kilometer dem anderen genau gleicht. Doch je weiter wir uns von unserem Ausgangsort entfernten, um so mehr wuchs mein Erstaunen.

Wir begegneten riesigen, übereinandergeschichteten Eisbergen. Manche davon schienen direkt in der Luft zu schweben, andere wiederum erhoben sich wie Pyramiden. Der Gesamteindruck war der eines heillosen Durcheinanders, das in seiner Neuartigkeit das Auge völlig überraschte. Es herrschte ein Chaos unterschiedlicher Formen, und blaugrüne Stalaktiten zierten die eisigen Ruinen.

Inmitten dieses Chaos konnten unsere Pferde und Schlitten nur mit großer Mühe einen Weg finden. Oft mußten wir Umwege machen, ja manchmal sogar in entgegensetzter Richtung weiterfahren, um einen vor uns liegenden Eisberg zu umgehen.

Die Beschwerlichkeiten und Gefahren unserer Reise wurden durch einen weiteren Umstand noch vermehrt. Wir hatten uns nämlich aus den Fellen von russischen Wölfen und Bären warme Decken anfertigen lassen. Wenn nun einer unserer Schlitten umfiel, wurden die Pferde vom Anblick und Geruch des vermeintlichen Bären oder Wolfes völlig verrückt und galoppierten in blinder Panik los, was Fahrer und Passagiere in Angst und Schrecken versetzte.

Natürlich wollte der Bauer sein Pferd inmitten der Eiswüste nicht verlieren, und so klammerte er sich am Zügel fest. Das Pferd zerrte ihn über das scharfkantige Eis, das ihn in Stücke zu schneiden drohte.

Schließlich blieb das Tier, das den Mann nicht abschütteln konnte und zudem ständig gegen Hindernisse ankämpfen mußte, die sich seiner Flucht entgegenstellten, vor Erschöpfung stehen. Erst dann konnten wir wieder in unsere Schlitten steigen, aber vorher mußte der Fahrer noch Scheuklappen vor die Augen des Tieres binden. Einmal jedoch floh unser wildestes und temperamentvollstes Pferd in blinder Furcht und kam nie mehr zurück.

Der Bauer, der das Tier geführt hatte, konnte sich vor Schmerzen nicht mehr an das fliehende Pferd klammern und ließ die Zügel los. Genau in dem Augenblick, als das Tier die Befreiung von seiner Last verspürte, verdoppelte es seine Geschwindigkeit und flog förmlich über alle Hindernisse hinweg. Der Schlitten verstörte es noch mehr und verlieh seiner Flucht neue Flügel.

Als das Tier sich schon ziemlich weit von uns entfernt hatte, tauchte es noch von Zeit zu Zeit als schwarzer Punkt am Horizont auf, der sich jedoch immer mehr in der endlosen Weite verlor und sich schließlich völlig unseren Blicken entzog.

Während der ganzen Reise trafen wir auf dem Eis weder einen Menschen noch sonst ein einziges Lebewesen. In dieser unendlichen Einsamkeit ist die Natur zu einer Wüste aus Eis und Schnee erstarrt.

Die tödliche Stille, die uns umgibt, wird nur vom Heulen des Windes unterbrochen, der um die Vorsprünge im Eis pfeift, und manchmal knackt in seiner unaufhaltsamen Ausdehnung laut das Eis. Die dabei gewaltsam abgesprengten Stücke werden häufig ziemlich weit fortgeschleudert.

Durch Risse und Spalten schimmert das Wasser aus unergründlichen Tiefen, und manchmal muß man Planken als Brücke über die Spalten legen, um mit den Schlitten darüberzugelangen."

[Joseph Acerbi: *Reisen durch Schweden, Finnland und Lappland zum Nordkap.* 1802.]

**Links: Graf Per Brahe, der berühmte Gouverneur von Turku.**

Die russische Annexion erfüllte, zumindest zu Beginn, die düsteren Prophezeiungen nicht. Zar Alexander I. schien für Vorschläge aus dem finnischen Lager offen zu sein, und eine Gruppe führender Finnen schlug für Finnland Wahlen vor. Alexander stimmte zu, und der finnische Landtag wurde gewählt. 1809 traf sich die Regierung zum ersten Mal in Porvoo. Der Zar hatte sich selbst zum „Kaiser und Alleinherrscher des russischen Reiches sowie Großfürsten von Finnland“ gekürt. Mit diesem Titel eröffnete Alexander das neue Parlament. Er versprach, die finnischen Gesetze sowie Religion und Verfassung zu achten.

Die wichtigste Säule der finnischen Verfassung war für die damalige Zeit einzigartig: Finnland stand in direkter, persönlicher Verbindung mit dem Zaren. Das bedeutete, daß die Finnen direkt mit ihrem Staatsoberhaupt verhandelten. Viel Neid und Eifersucht entwickelte sich daraus, aber diese Konstellation hielt immerhin 90 Jahre lang und bildete die Grundlage der Beziehung zwischen Finnland und Rußland. Als Nikolaus I. 1825 den russischen Thron bestieg, hatte sich bereits ein starkes gegenseitiges Vertrauen entwickelt. Den Finnen waren durch den neuen Herrn Vorteile erwachsen. Man brauchte keine Angst mehr vor Angriffen aus dem Osten zu haben. Die Finnen konnten ihre eigene Politik machen, aber wenn sie sich in ihrem kleinen Staat zu beengt fühlten, gab es immer noch die Möglichkeit, zum Militär oder in die Verwaltung Rußlands zu gehen.

Die finnische Armee wurde aufgelöst, die Offiziere erhielten jedoch großzügige Ruhegelder. Das Steueraufkommen wurde nur für nationalstaatliche Bedürfnisse verwandt. Eine derart liberale Führung diente natürlich handfesten politischen Interessen: Man wollte Finnland befrieden und von Schweden abwerben. Um den westlichen Nachbarn Finnlands friedlich zu stimmen, sagte Alexander 1812 seine Unterstützung bei schwedischen Versuchen zu, sich mit Norwegen zu vereinen.

**Neue Hauptstadt:** Man wählte einen felsigen Fischerhafen zur neuen Hauptstadt des Großfürstentums. Innerhalb von zwei Generationen wurde Helsinki eine bedeutende Stadt an der Ostsee. Ein Besucher stellte 1830 fest, daß die Finnen „einen Haufen Felsen in eine schöne Stadt verwandelt hatten“. Man entwickelte ein großzügig angelegtes Stadtzentrum. Die klassizistischen Gebäude entwarf der deutsche Architekt C. L. Engel. Die Universität von Turku zog 1828 in die geräumigen Bauten am großen Stadtplatz von Helsinki um. Turku war im Jahr davor von einer weiteren Feuersbrunst heimgesucht worden, von der es sich nicht wieder erholte.

Die Universität wurde zum Austragungsort eines Tauziehens zwischen den verschiedenen Sprachen. Innerhalb des russischen Reiches wurden die Finnen als eigenständige Sprachgemeinschaft nicht diskriminiert. Nur einige Bürokraten wollten Russisch als Schulfach einführen, aber man tat nicht viel dazu. Wer außerhalb von Finnland in die Dienste des Zaren treten wollte, mußte Russisch lernen. Um jedoch dem Großfürsten von Finnland dienen zu dürfen, mußte man noch bis zum Jahre 1870 Schwedisch beherrschen.

**Vorherige Seiten: Alexander I. eröffnet 1809 die erste finnische Abgeordnetenversammlung in Porvoo. Links: Der russische Kaiserthron in Finnland. Rechts: Zar Nikolaus II., ein Gemälde von Albert Edelfelt.**

Diese Tatsache bot Reibungsfläche. Seit Schweden seinen Zugriff auf Finnland gelokkert hatte, hegten gebildete Finnen Gedanken an eine nationale Unabhängigkeit des Landes. Henrik Porthan (1739-1804), der „Vater der finnischen Geschichte“, hatte die geistige Elite des Landes gemahnt: „Laßt uns beten, daß Rußland seine Hauptstadt nach Konstantinopel verlegt. Jetzt aber liegt die Hauptstadt (St. Petersburg) so nahe, daß Finnland früher oder später an Rußland fallen wird.“

Dennoch solle das finnische Volk nicht verzweifeln, meinte er, und das Beste aus seiner Lage machen. Geschichte, Sprache und Kultur würden bereits auf ein unabhängiges Finnland hinweisen. Doch das unkultivierte, östlich geprägte Rußland und nicht das westliche, demokratische Schweden stellte sich schließlich als das Sprungbrett heraus, um dieses Ziel zu erreichen.

**Nationale Tendenzen:** Porthan war seiner Zeit voraus, aber seine Ideen verbreiteten sich und wurden zum geistigen Eigentum folgender, national gesinnter Generationen bis hin zu der Zeit, als das Ziel eines unabhängigen Staates endgültig verwirklicht wurde. Seine Anhänger erkannten schnell, daß dann, wenn die finnische die schwedische Sprache verdrängen würde, der Kampf um Unabhängigkeit zumindest in den Köpfen der Bevölkerung zu drei Viertel bereits gewonnen wäre.

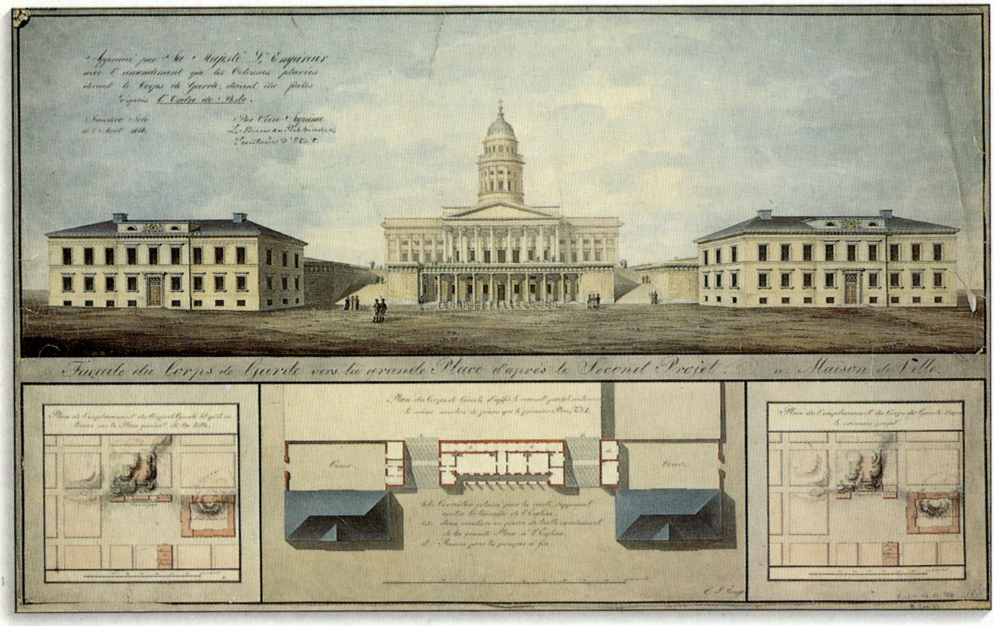


Auf dem Land sprach man die Landessprache. Aber den Bauern und Landarbeitern war nur schwer klarzumachen, welche Macht sie besaßen. Teilweise mißtrauten die Bauern sogar den Unabhängigkeitsbestrebungen.

Die arme Landbevölkerung lebte am Rande des politischen Geschehens. Im Gegensatz zur geistigen Elite hatten sie für Freiheitsideale und nationale Unabhängigkeit nur wenig übrig. Es gab sogar so etwas wie eine Klassenfeindschaft gegenüber derartigen Tendenzen. Als sich gegen Ende des 19. Jahrhunderts das Verhalten Rußlands änderte und die Autonomie Finnlands in Gefahr geriet, machten sich Propagandisten mit Flugblättern auf den Weg, um das nationale Bewußtsein wachzurütteln. Mürrische Bauern wiesen sie schroff zurück: „Diese neuen Gesetze haben mit uns Bauern nichts zu tun. Sie nehmen nur dem Adel Rechte.“

Während dieser Zeit erhielt jedoch auch dieser Teil der Bevölkerung die Möglichkeiten zu einer besseren Ausbildung. Die finnische Sprache hielt in weiterführende Schulen, Universitäten und die neuen Fachhochschulen Einzug. Russisch stand noch immer nicht zur Debatte, aber Schwedisch wurde allmählich durch die finnische Sprache ersetzt. Als die Nachfrage nach Holz stieg und damit der Preis, wurden die Bauern immer reicher. Ihre Frauen konnten sich sogar Tische, Regale und

Stühle statt Bänke und Holzkisten leisten. Seit 1864 konnten Bauern auf dem freien Markt Land kaufen. Ihre Söhne sollten eine bessere Ausbildung haben – neues Futter für die Förderung der finnischen Sprache.

**Unnachsichtiger Gouverneur:** Zar Alexander III., der die russischen Sklaven befreite, kannte sein Großfürstentum. Von seinem Sohn, dem unglückseligen Nikolaus II. (1894 bis 1917), kann man das nicht behaupten. Das Konzept eines fügsamen und zufriedenen Satellitenstaates als Pufferzone an der Nordwestflanke Rußlands war 90 Jahre lang der Eckpfeiler russischer Politik gewesen. Jetzt warf man es beiseite. General Bobrikow kam aus den rücksichtslosen Verwaltungsbehörden der baltischen Provinzen und wurde in Helsinki als Generalgouverneur eingesetzt.

Finnland verlor seine Autonomie. Zentrale Staatsangelegenheiten wie Gesetzgebung, Rekrutierung und Besteuerung, die von den bisherigen Großfürsten äußerst delikat behandelt wurden, übertrug man nun der russischen Staatsführung. Das entsprechende Manifest Bobrikows lautete etwa folgendermaßen: „Wiewohl wir die Gesetzgebung im Rahmen nationaler Interessen bei der finnischen Regierung belassen, erachten wir es jedoch für notwendig, daß wir uns in Angelegenheiten, die das ganze Imperium betreffen, das letzte Wort in der Gesetzgebung vorbehalten." Das war zuviel für die Finnen. Es war Winter, aber trotz Eis und Schnee, ganz zu schweigen von den Spitzeln Bobrikows, wurden in nur zwei Wochen 522 931 Unterschriften für eine Petition gesammelt.

Im Ausland veröffentlichte man eine weitere Petition zugunsten der Finnen. Viele bedeutende Persönlichkeiten (darunter auch Florence Nightingale) unterzeichneten die an Zar Nikolaus gerichtete Bittschrift: „Nachdem wir mit großer Anteilnahme die Petition vom 5. März von mehr als einer halben Million finnischer Männer und Frauen gelesen haben, in der sie Ihre Majestät feierlich um die Erhaltung all ihrer Rechte und Privilegien bitten, wie sie ihnen Alexander I. zum ersten Mal gewährt hatte und wie sie alle seine ruhmreichen Nachfahren feierlich erneuerten, verleihen wir unserer Hoffnung Ausdruck, daß Ihre Kaiserliche Majestät angesichts der Bitten Ihrer finnischen Untertanen dieser Petition die gehörige Aufmerksamkeit schenken wird. Es wäre sehr bedauerlich, wenn die neuesten Ereignisse im Großfürstentum Finnland das freundschaftliche Verhältnis aller Staaten der zivilisierten Welt zueinander beeinträchtigen würde, die in Ihrer Majestät einen so großherzigen Fürsprecher haben."

**Links: Engels Originalzeichnung für den Senatsplatz in Helsinki. Oben: Statue Alexanders II.**

Der „großherzige Fürsprecher" zeigte sich unbeeindruckt. Die *Times* wetterte in einem Kommentar, der finnische Landtag könne nur mit seiner eigenen Zustimmung modifiziert oder in seinen Rechten beschnitten werden. Aber auch das traf in Rußland auf taube Ohren. Die finnische Presse wurde streng zensiert. Zum einen verpflichteten sich viele junge Männer in der russischen Armee, zum anderen verstärkte sich der Widerstand. Die Pamphletisten machten sich an die Arbeit. Die Hälfte derjenigen, die sich im Frühjahr 1902 zum Militärdienst melden mußten, erschien erst gar nicht. Im Jahre 1904 wurde der Generalgouverneur von dem patriotischen Studenten Eugen Schaumann ermordet, der anschließend die Waffe sofort gegen sich richtete und Selbstmord beging. Schaumann wurde zum Nationalhelden und liegt in Porvoo begraben.

Die russische Revolution von 1905 und der russisch-japanische Krieg verschafften den Finnen eine Atempause. Sie nutzten diese Gelegenheit zu einer kühnen Tat. In der damaligen Zeit war das allgemeine Wahlrecht noch kaum verbreitet; nur Neuseeland hatte auch den Frauen das Wahlrecht zugestanden. Da schlug Finnland nicht weniger als demokratische Wahlgesetze und ein Parlament mit einem Einkammersystem vor. Zweifellos war der Zar durch die ersten Anzeichen von Unruhen im eigenen Land abgelenkt, denn er stimmte zu. Die Finnen erhielten ihr modernes Parlament. Die Wahlliste wurde um das Zehnfache vergrößert. Die anschließende Wahl gewannen die Sozialdemokraten.

**Bürgerkrieg:** „Wir sind nicht länger Schweden, wir werden keine Russen, laßt uns also Finnen sein", lautete die Parole jahrzehntelang. In seinem Wunsch nach Unabhängigkeit waren die Finnen so eng wie nie zusammengeschweißt. Der richtige Zeitpunkt ergab sich während des Ersten Weltkrieges, als die russische Armee zusammenbrach und Lenin die Macht ergriff. Man entließ Finnland in die Freiheit, und die Bolschewiken beglückwünschten die Finnen noch dazu. Endlich war das Land unabhängig, doch ein Wermutstropfen mischte sich in die Begeisterung, denn gleichzeitig brach ein Bürgerkrieg zwischen den „Weißen" und den „Roten" aus.

Da noch immer russische Soldaten in Finnland stationiert waren, schwappte die russische Revolution in den Nachbarstaat über. Die Soldaten standen auf seiten der Sowjets, daher befand sich mitten in Finnland eine Rote Armee. Glücklicherweise nahm Sowjetrußland offiziell nicht am finnischen Bürgerkrieg teil, dennoch spielte die russische Unterstützung eine erhebliche Rolle. An die finnischen Roten Garden wurden Waffen verteilt, russische Offiziere übernahmen die Führung, und die Artillerie stand völlig unter ihrem Befehl.

Eine erhebliche Rolle spielte außerdem die Unzufriedenheit der Arbeiter. Nachdem die Bolschewiken in Rußland die Macht ergriffen hatten, wollten radikale Gruppen aus den Reihen der finnischen Sozialisten ihre Position als Minderheit im Parlament durch außerparlamentarische Aktivitäten stärken. Ein Streik war der erste Schritt, doch man schreckte selbst vor Mord nicht zurück. Viele Teile des Landes waren betroffen. Nach einer Woche wurde der Streik aus taktischen Gründen abgeblasen, und die Ereignisse überstürzten sich. Ein Zentraler Revolutionsrat bildete Rote Garden. Die schlugen 1918 Ende Januar in der Hoffnung zu, daß die russische Hilfe einen schnellen Sieg ermöglichen würde.

Mitglied des Appellationsgerichtes von Turku gewesen, das Anfang des Jahrhunderts aufgelöst worden war, weil es den russischen Gouverneur von Helsinki wegen seiner brutalen Niederschlagung einer friedlichen Demonstration angeklagt hatte. Im Jahre 1917 reiste Svinhufvud nach St. Petersburg, um vor dem Rat der Volkskommissare die Unabhängigkeit Finnlands zu proklamieren.

**Ein militärischer Geniestreich:** Mannerheim war von Svinhufvud überredet worden, zur Aufrechterhaltung von Gesetz und Ordnung eine Regierungsstreitmacht aufzubauen. Am 18. Januar ging er nach Vaasa an der finnischen Westküste und plante die „weiße" Armee. Als der Krieg ausbrach, wurde Vaasa

Die finnische Regierung verfügte nicht über ausreichende Mittel, um dieser Situation Herr zu werden. Sie ernannte jedoch einen Oberbefehlshaber für nicht existierende Streitkräfte – ein Geniestreich! General Carl Gustaf Emil Mannerheim war ein genialer, militärischer Führer, durchaus vergleichbar mit Kemal Atatürk. Sein ihm ebenbürtiges Pendant im zivilen Bereich war Pehr Evind Svinhufvud. Er war lange Zeit politischer Führer und

**Links: 1904 erschießt Eugen Schaumann den verhaßten Gouverneur, General Bobrikow. Oben: Weiße Truppen exekutieren ihre roten Gegner im Bürgerkrieg von 1918.**

zum Regierungssitz. Vier Kabinettsmitglieder konnten erst kurz vor der Übernahme der Hauptstadt durch die Roten am 28. Januar aus Helsinki fliehen. Svinhufvud selbst mußte sich zunächst in Helsinki verbergen, entkam dann aber ebenfalls nach Vaasa.

Ohne die volle russische Unterstützung und konfrontiert mit dem strategischen Geschick General Mannerheims sanken die Chancen der Roten. Zunächst ging Mannerheim gegen russische Garnisonen in der Mitte sowie im Norden Finnlands vor und entwaffnete sie. Er machte die Garnisonen zu Stützpunkten, von denen aus die Regierungsstreitmacht Kämpfe gegen den Feind im Süden wagte. Tampere,

Helsinki und Viipuri wurden bis zum Frühjahr befreit. Nach einer letzten Begegnung an der Karelischen Landenge kapitulierten die Roten am 15. Mai. Am nächsten Tag zog Mannerheims „Volksarmee" triumphierend durch die Straßen von Helsinki.

Nachdem man mit dem Gedanken an einen König (aus Deutschland) geliebäugelt hatte und Svinhufvud sowie Mannerheim ein kurzes Intermezzo als Staatsoberhäupter gegeben hatten, wählten die Finnen K. J. Ståhlberg, einen Juraprofessor und entscheidenden Gestalter der neuen Regierungsform, zum ersten Präsidenten.

1920 wurde der Konflikt zwischen Finnland und der Sowjetunion im Vertrag von Tartu beigelegt. Die Sowjets erkannten Finnland als eigenständige Republik an und traten den arktischen Hafen Petsamo an die Finnen ab. Die Grenze wurde bereinigt, und Finnland verlieh seinen nahe an Leningrad gelegenen Inseln einen neutralen Status. Die Sowjets konnten den Finnen ihren bürgerlichen Sieg über die Revolution scheinbar nie verzeihen. Die Finnen dagegen entwickelten ein beinahe fanatisches Mißtrauen gegenüber den Russen. Das unabhängige Finnland entstand eingeklemmt zwischen der kommunistischen Sowjetunion im Osten, dem neutralen Schweden im Westen und einem militaristischen Deutschland im Süden.

Die Wahlgesetze von 1906 blieben jedoch in ihrer ursprünglichen Form bestehen. Wahlrecht für Männer und Frauen – das war für die damalige Zeit außerordentlich fortschrittlich. Doch die sozialen und wirtschaftlichen Ungleichheiten wurden durch Gesetze nicht sehr gemildert. Zum einen war da die plötzliche und gewaltsame Entstehung der roten Rebellion. Sie wurde zwar effektiv niedergeschlagen, aber zweifelsohne hatte sie dem Staat einen schweren Schock versetzt. Zum anderen entwickelte sich die Auswanderung zu einem gravierenden Problem.

**Landhunger:** Schon als die russische Herrschaft unangenehm wurde, begann eine erste Auswanderungswelle. Es gab jedoch noch

andere Gründe dafür, wobei der Hunger nach Land der schwerwiegendste war. „Kein Land, kein Vaterland", klagte man allenthalben. An die 200 000 Menschen lebten im 19. Jahrhundert als besitzloses Proletariat, sehr viele Landbewohner hatten nur winzige Grundstücke und mußten für ihre Herren zudem noch Dienste leisten. All diese Menschen sahen sich nach neuen Möglichkeiten um, und die Neue Welt lockte.

Sowohl vor als auch nach dem Bürgerkrieg herrschte auf dem Land fast Hungersnot. Ein Universitätsdozent sagte 1867 zu seinen Studenten: „Es scheint, als würde die Natur unserem Volk zurufen, ‚wandert aus, oder ihr werdet sterben'." Eine Zeile des Romans *Amerikkaan* lautet: „Das Herz war dagegen, der Magen dafür." Auch hinter der Revolution von 1918 steckte Hunger. Bis zu den zwanziger Jahren hatten bereits 380 000 Finnen ihre Heimat verlassen. Die Wirtschaftskrise traf Finnland 1929 ebenso hart wie andere Länder, und bis 1930 war die Zahl der Auswanderer auf 400 000 angestiegen.

In den zwanziger Jahren drifteten zwei Flügel der Arbeiterbewegung immer weiter auseinander. Aus Propagandagründen verwandelte sich die geächtete Kommunistische Partei in die Sozialistische Arbeiter- und Bauernpartei, wohingegen die Sozialdemokraten allmählich mit den bürgerlichen Parteien zusammenarbeiteten. Dies führte 1926 schließlich zu einer sozialdemokratischen Regierung.

Dennoch nahm die antikommunistische Stimmung zu und führte zur Lapua-Bewegung, die selbst vor Gewaltanwendung nicht zurückschreckte. Angebliche kommunistische Führer wurden gefangengenommen und zur Überquerung der russischen Grenze gezwungen. Die Lapua-Bewegung initiierte 1930 einen großen Bauernmarsch nach Helsinki und 1932 einen bewaffneten Aufstand.

**Links: Massenunruhen in Turku, 1905. Oben: Das zerbombte Tampere, die Hochburg der „Roten", nach dem Bürgerkrieg von 1918.**

Das glorreiche Duo aus der Zeit der Befreiung, Svinhufvud und Mannerheim, kehrte zurück. Als die Lapua-Bewegung selbst nach dem Erlaß einer antikommunistischen Gesetzgebung nicht von ihren Aktivitäten abließ, mußte Svinhufvud die Mitglieder der Bewegung überreden, sich friedlich aufzulösen. Trotz aller Belastungen behauptete sich die parlamentarische Demokratie. Die Finnen näherten sich immer mehr anderen skandinavischen Ländern an, in denen die Sozialdemokratie eine politische Vormachtstellung gewann. Es folgte eine lange Periode der Zusammenarbeit zwischen der Landwirtschaftspartei und den Sozialdemokraten, die man zu Recht als „rot-grünes" Bündnis bezeichnete.

Zwar waren die Sicherung und die Stärkung der Demokratie die vorrangigen Aufgaben der Nation, aber auch die Lebensbedingungen begannen sich zu bessern. In den zwanziger Jahren beinflußten vor allem das Kino und die neuen Verkehrsmittel das gesellschaftliche Leben. Die treibende Kraft war ein ungebremster Optimismus. Trotz der wachsenden Bedrohung (vor allem durch das militaristische Deutschland) und der Warnungen Mannerheims wurde wenig für die Verteidigung des Landes getan.

Als das Parlament 1938 schließlich drei Millionen Mark für das Militär bewilligte, war es bereits zu spät.

Im Frühjahr 1938 forderte Moskau Garantien, daß Finnland im Falle kriegerischer Aktivitäten Deutschlands russische Militärhilfe annehmen würde. Die Bahnlinie von Leningrad nach Murmansk war für die sowjetische Sicherheit von essentieller Bedeutung. Deshalb fürchtete Moskau so sehr eine deutsche Invasion über den Finnischen Meerbusen.

Die finnische Regierung zögerte mit einem Eintritt in Verhandlungen, weil sie befürchtete, dadurch ihre Neutralität aufs Spiel zu setzen. Auf das Münchner Abkommen vom September 1938 reagierte Finnland mit Aufrüstung, und Mannerheim riet der Regierung zur Teilmobilisierung. Wieder trat die Sowjetunion an Finnland mit Forderungen heran. Diesmal sollten die Finnen ihre Inseln im Finnischen Meerbusen auf 30 Jahre verpachten. Die Sowjetunion hatte Frankreich und Großbritannien vergeblich eine gemeinsame Sicherheitspolitik vorgeschlagen, und Leningrad war vom Meer aus leicht angreifbar.

Finnland waren die ehrgeizigen Pläne der Sowjets noch immer verdächtig. Hitler gelang es, in die finnische Politik der gemeinsamen Sicherheit im Norden einen Keil zu treiben. (Man sagte, Finnland fürchte sich vor Rußland, Dänemark vor Deutschland, Norwegen vor niemandem, und Schweden könne sich nicht entscheiden, wen es am meisten fürchte.) Estland, Lettland und Dänemark nahmen einen deutschen Nichtangriffspakt an, Schweden, Norwegen und Finnland weigerten sich.

**Gefährliche Zeiten:** Nachdem sich Schweden zurückgezogen und Deutschland mit Rußland den deutsch-sowjetischen Nichtangriffspakt (mit geheimem Zusatzprotokoll über die Festlegung der beidseitigen Interessensphären in Osteuropa) geschlossen hatte, befand sich Finnland in einer gefährlichen Lage. Nach dem Einmarsch der Deutschen in Polen wollte die Sowjetunion die kleinen Länder innerhalb ihres Einflußbereichs zu gegenseitigen Beistandspakten nötigen. Von Helsinki reisten Delegierte zu Verhandlungen nach Moskau. Mannerheim drängte auf eine vollständige Mobilmachung, während die Sowjetunion bereits kriegsbereit war.

Die Sowjetunion verlangte die Abtretung strategisch wichtiger Gebiete. Als Mannerheim sich weigerte, brach der Kreml seine diplomatischen Beziehungen ab und griff Finnland am 30. November 1939 an. Der „Winterkrieg" hatte begonnen.

Die sowjetischen Truppen waren den Finnen eigentlich haushoch überlegen, aber sie waren für einen Krieg unter so harten, winterlichen Bedingungen nicht ausgebildet und

schlecht ausgerüstet. Die finnischen Soldaten verfügten zwar kaum über schwere Geschütze, doch sie waren auf diese Art von Krieg vorbereitet. Sie waren es gewohnt, sich bei Schnee und Eis durch die Wälder zu schlagen, was sie äußerst beweglich machte. Auch waren die Finnen an das Klima gewohnt und verfügten über eine Kleidung, die sie selbst bei Temperaturen weit unter dem Gefrierpunkt noch wärmte. Man gab ihnen weiße Overalls, unter denen sie ihre Uniform verbargen. Der Feind konnte sie so in der Schneelandschaft nicht mehr ausmachen.

Das schwierigste Problem, nämlich wie man in der Wildnis im Winter einen Unter-

**Vorherige Seiten: Maschinengewehrschützen im Winterkrieg. Links: Feldmarschall Mannerheim. Rechts: Lotta Svarld – die Führerin der starken Frauengruppe im Zweiten Weltkrieg.**

stand findet, war bereits in den dreißiger Jahren gelöst worden. Die Finnen hatten ein Zelt für einen halben Zug (20 Männer) entwickelt, das klein zusammenlegbar und leicht zu handhaben war. Ein kleiner, tragbarer Ofen erzeugte genügend Wärme für das Zelt, selbst wenn die Temperaturen unter - 40° C sanken. Außerdem konnte man darauf leicht einen Kaffee oder etwas zum Essen kochen. Auch ohne Zelte war es den Finnen über mehrere Wochen möglich, in unbewohnten Gebieten zu operieren, indem sie sich einen Unterschlupf aus Eis und Reisig bauten.

**Kriegsvorbereitungen:** Ein weiteres Hauptproblem, nämlich das Vorrücken in den Wäldern entlang der Straßen, lösten die Finnen, indem sie es den Bauern und Holzfällern nachmachten, die mit Pferden ihr Holz aus dem Wald zogen. Zunächst mußte man auf Skiern eine möglichst hindernisfreie Spur legen. Hatten einige Pferde und Schlitten diese Spur befahren, war eine Winterstraße entstanden, auf der ein Pferd Lasten bis zu einer Tonne ziehen konnte.

Da die Armee mit allen Eventualitäten rechnete, hatte man diese Technik noch vor dem Winter bis zur Perfektion geübt. Als 1939 der Krieg begann, gab es in Finnland mehr als eine halbe Million Pferde. Die Armee verfügte über etwa 20 Prozent davon, und da die Hälfte der sich zum Kampf meldenden Reservisten Bauern oder Holzarbeiter waren, kannten sich auch genügend Soldaten mit Pferden aus. Schon im Sommer 1939 hatten die Finnen Dämme auf der Karelischen Landenge erbaut, durch die sich das Wasser staute und die ein Vordringen des Feindes erschwerten. Als die finnische Armee im März 1940 die Schleusen des Saimaa-Kanals öffnete, kamen die Russen in den überschwemmten Gebieten nur schlecht vorwärts. Versuche, den Wasserspiegel anzuheben, waren natürlich im tiefen Winter wenig erfolgreich. Doch da das Eis Unebenheiten des Geländes ausglich, konnte sich der Feind schlechter verbergen. Zu einem späteren Zeitpunkt entwickelten die Finnen spezielle Eisminen, die genau in dem Augenblick explodierten, wenn sowjetische Truppen anrückten.

Finnen und Russen kämpften in der dunkelsten Jahreszeit gegeneinander. In der Gegend von Viipuri dauerte der Tag von 8 Uhr morgens bis 5 Uhr nachmittags. Auf der Höhe von Kajaani war der Tag um einige Stunden kürzer, im weiter nördlich gelegenen Petsamo schien die Sonne gegen Ende des Jahres fast gar nicht mehr. Die finnischen Soldaten nutzten die Dunkelheit zum Be- und Entladen der Züge, für Transporte und Nachschublieferungen. Alle taktischen Truppenbewegungen wurden in den Wald verlegt, der besseren Schutz bot.

**Flaschen gegen Panzer:** Da die Finnen nicht über Panzerabwehrwaffen verfügten, füllten sie Flaschen mit Benzin und TNT. Dazu bedurfte es großen Mutes, denn damit die Flasche wirkungsvoll plaziert werden konnte, mußte der Soldat dicht neben oder hinter den Panzer gelangen. Die Finnen vernichteten auf diese Art viele gegnerische Panzer.

Die sowjetische Armee marschierte nichtsdestotrotz gnadenlos weiter gen Westen, und die Finnen waren für die klassische Kriegsführung mit Luftwaffe, Panzern und Artillerie nicht genügend ausgerüstet. Die einzige ihnen verbleibende Möglichkeit war es, die Russen unter den denkbar schlechtesten Bedingungen zum Kampf zu zwingen. Die auf dem Lande aufgewachsenen Finnen kannten ihr Gelände genau. Die sowjetischen Batallione aber mußten den Straßen folgen, sie bildeten ein oft hundert Kilometer langes Band marschierender Soldaten. Auf beiden Seiten erstreckte sich eine menschenleere Einöde mit Wäldern, Seen und Marschen, die sich für finnische Überraschungsangriffe hervorragend eignete.

Für die Angriffe trugen die Finnen ihre Munition, die Minen und Sprengstoffe zu Fuß oder zogen sie – oft auf speziell präparierten Winterstraßen – auf Schlitten, mit denen sie auch ihre Verwundeten transportierten. Des Nachts pflügten sie über größere Entfernungen für die Truppen und den Nachschub eine Straße über das scheebedeckte Eis. Bei jedem Angriff mußten die Schrecksekunde und die Überraschung des Feindes ausgenutzt werden. Die ganze Kompanie bewegte sich lautlos auf Skiern voran und sperrte die Straße. Man suchte eine Gelegenheit, bei der sich möglichst wenig Russen im Zielgebiet befanden, damit die Pioniere vor einem Gegenangriff Zeit für die Zerstörung der Brücken hatten und Minen für die Panzer legen konnten.

In diesem Krieg kämpften die Finnen tapfer gegen eine ihnen haushoch überlegene, russische Armee. Sie hatten so wenig Panzerabwehrwaffen, daß diese Waffen nur bei einem bewaffneten Angriff auf offener Straße benutzt werden durften. Feindliche Panzer wurden größtenteils mit den Benzinbomben und TNT zerstört. Die Invasionstruppen mußten schwere Verluste hinnehmen. Die unzureichend informierten und häufig schlecht gekleideten sowjetischen Truppen konnten nicht von den Straßen abweichen, und oft genug erhielten sie aus der Luft nicht genügend Waffen und Nahrung. Die weiß gekleideten, unsichtbaren „Ski-Truppen" setzten der schlecht organisierten Roten Armee zeitweise heftig zu.

**Links: Karelier verlassen während des Zweiten Weltkrieges ihre Heimat. Oben: Finnische Soldaten mit einem erbeuteten sowjetischen Panzer.**

# Der grosse General

Am 4. Juni 1867 wurde Carl Gustaf Emil Mannerheim im Landhaus der Familie in Louhisaari geboren. Das Gut der Mannerheims lag im schwedischen Villnäs, im Distrikt Turku. Sie sprachen Schwedisch und stammten ursprünglich aus Holland.

Dieser bedeutende Mann, dem Finnland vielleicht sogar seine Existenz verdankt, war, bevor er der finnischen Sache diente, 28 Jahre lang russischer Offizier. Als sich Gustaf 1882 als Kadett zur Kavallerie meldete, folgte er damit jedoch keiner Familientradition. Er wurde sogar von der Kadettenschule relegiert. Doch er erhielt eine zweite Chance und ging zur Kavallerie nach St. Petersburg. Im Jahre 1889 nahm man ihn in die zaristische Armee auf. Während er auf eine Offiziersstelle im Garderegiment wartete, wurde er als Unteroffizier zu den 15. Alexandriski-Dragonern nach Polen gesandt.

Dann versetzte man ihn zur Rekrutenausbildung nach St. Petersburg zu den Reiterregimentern. Dort begegnete er der kaiserlichen Familie. 1892 heiratete er Anastasia Arapow, eine Verwandte von Puschkin. Sie hatten zwei Töchter und einen Sohn, der bei der Geburt starb. Ihre Ehe dauerte nur sieben Jahre, geschieden wurde sie jedoch erst 1919. Baronin Mannerheim starb vor dem Zweiten Weltkrieg in Frankreich.

Im russisch-japanischen Krieg diente Mannerheim als Oberst. Zwei Jahre reiste er auf dem Pferd durch China, besuchte Japan und kehrte dann nach Polen zurück, um 1909 ein Kavallerieregiment zu befehligen. Im Ersten Weltkrieg kämpfte er in Osteuropa gegen Deutschland und Österreich, 1917 war er Generalleutnant.

Seine Karriere bei der kaiserlichen Armee wurde durch die russische Revolution unterbrochen. Als der Zar ermordet wurde, sah sich Mannerheim von seinem Fahneneid entbunden. Rußland kochte über von revolutionären Aktivitäten und brachte auch Finnland zum Brodeln. Das Land nutzte die Gunst der Stunde und erklärte sich unabhängig. Der Landtag ernannte Mannerheim zum Oberbefehlshaber der Streitkräfte. Schnellstens mußte er aus dem Nichts eine Armee aufstellen und sie dann gegen die revolutionäre finnische Rote Armee und noch im Lande verbliebene, russische Truppen mobilisieren.

Als der Bürgerkrieg gewonnen war, ernannte der Landtag Mannerheim zum Reichsverweser. Doch bei den nächsten Wahlen verlor er. In den Jahren zwischen den beiden Weltkriegen arbeitete er für das Rote Kreuz sowie für die Mannerheim-Liga für Kinder. Mannerheims große Stunde schlug im Winterkrieg, als Finnland dreieinhalb Monate unter den härtesten, winterlichen Bedingungen gegen die Sowjetunion kämpfte. Das Land überstand den Krieg, ohne seine Souveränität zu verlieren. Das war hauptsächlich dem Einsatz der äußerst mobilen „Ski-Truppen" mit ihren typischen weißen Overalls zu verdanken.

Nach dem Krieg war Mannerheim kurzfristig Staatspräsident, trat aber aus Gesundheitsgründen bereits im März 1946 zurück. Seine letzten Jahre verbrachte er vor allem in der Schweiz, wo er 1951 im Alter von 83 Jahren starb.

Sein Flügeladjutant aus Kriegszeiten erinnert sich an General Mannerheim als umgänglichen, disziplinierten und genügsamen Mann (ein Gläschen zu Mittag und zwei am Abend), der ein begeisterter Reiter war. Seine Wohnstatt in Helsinki ist jetzt ein Museum. Geführt wird es von dem pensionierten Oberst Bäckmann. Man findet dort Trophäen und Sammlungen von den Reisen Mannerheims sowie Erinnerungsstücke an die fünf Kriege, in denen er kämpfte, und ein Gemälde von weißgekleideten Soldaten auf Skiern. Ausgestellt sind auch seine Gewehre, darunter eine William Powell und eine Purdey. In der gemütlichen Bibliothek hat man das Gefühl, dem großen Mann im nächsten Augenblick gegenüberzustehen. ■

**Ehrenvoller Friede:** Die findigen Truppen Mannerheims hatten zwar alle Geländevorteile auf das geschickteste genutzt und einige bemerkenswerte Siege erzielt, aber auf Dauer konnte Finnland einem so übermächtigen Feind nicht standhalten. Man zwang die finnische Armee zur Aufgabe von Viipuri, und die Sowjetunion setzte eine Marionettenregierung auf der Karelischen Landenge ein. Aber die lange Front hielt bis Kriegsende durch. Das garantierte Vorbedingungen für einen ehrenvollen Frieden. 1940 schlossen beide Seiten einen Waffenstillstand. Die dabei ausgehandelten Bedingungen verschafften der Sowjetunion nur eine Basis im südwestlich gelegenen Hanko und die Verlagerung der Grenze, die nun etwas weiter von Leningrad entfernt in Richtung Westen gerückt war.

Dennoch verlor Finnland ein Zehntel seines Territoriums und erlitt in dieser Hinsicht eine schwere Niederlage. Andrerseits war es offensichtlich, daß Stalin in Wirklichkeit ganz Finnland hatte annektieren wollen. So wurde die Niederlage durch die Erhaltung der nationalen Unabhängigkeit etwas gemildert.

Der englische Premier Winston Churchill rühmte unablässig den finnischen Widerstand

**Links: Statue Mannerheims in Helsinki. Oben: Gasmasken aus dem Zweiten Weltkrieg im Museum von Hanko.**

während des Winterkrieges, sogar noch zu dem Zeitpunkt, als Finnland bereits, wenn auch zögernd, auf die Seite des englischen Gegners gewechselt hatte. Am 27. Januar 1940 schrieb er: „Finnland zeigt, wozu freie Menschen fähig sind."

Der Winterkrieg dauerte genau 100 Tage. Doch da die europäischen Mächte noch immer kämpften, wurde Finnland unvermeidlich in einen weiteren Konflikt hineingezogen. Am 22. Juni 1941 begann die Operation Barbarossa. Hitler griff völlig überraschend die Sowjetunion an. Russische Offiziere fragten Stalin über Funk: „Man schießt auf uns – was sollen wir tun?" Stalin antwortete, ihre Nachrichten seien Unsinn und außerdem nicht kodiert. Zwischen den deutschen und finnischen Militärs hatte es geheime Absprachen gegeben, und die Finnen mußten den Westen des Landes für Durchgangszwecke freigeben. Man befahl die Teilmobilisierung Finnlands. Aus den Frontgebieten kamen etwa 60 000 Zivilisten.

**An der Seite Deutschlands:** Am Tag vor der Operation Barbarossa verkündete Hitler, daß „finnische und deutsche Truppen an der Nordküste zur Verteidigung finnischen Bodens Seite an Seite stehen". Mannerheim war überzeugt, daß diese Aussage die Welt vor vollendete Tatsachen stellen sollte. „Das führt zu einem russischen Angriff", sagte er. „Aber andrerseits bin ich davon überzeugt, daß ein solcher Angriff sowieso stattgefunden hätte." Die Russen waren von der deutschen Invasion völlig überrascht und schlugen zunächst gegen die Finnen zurück. Russische Bomben fielen auf Finnland, noch bevor deutsche Ziele beschossen wurden.

Wieder eilten finnische Soldaten zur Fahne. Im Winterkrieg waren die Vorräte ausreichend, nur einige Truppen hatten nicht genug Kartoffeln. Als sich die Veteranen aus dem Winterkrieg wieder zum Dienst meldeten, hatten sie neben ihrem Gepäck noch ein oder zwei Sack Kartoffeln dabei!

Die finnische Armee war jetzt größer, kriegserprobter und besser ausgerüstet als zu

Beginn des Winterkriegs. Elf Divisionen standen an den Grenzen, eine andere gegenüber der russischen Basis in Hanko, und der Oberbefehlshaber verfügte über vier Reservedivisionen, die er von seinem Hauptquartier in Mikkeli aus befehligte.

Aber der Oberkommandierende der Sowjetarmee im Nordwesten, Marschall Woroschilow, befehligte eine beeindruckende Zahl von Soldaten: 13 Infanterieregimenter, zwei Panzerdivisionen, eine Division mit Fronttruppen und Spezialeinheiten. Die Hanko-Garnison zählte schätzungsweise 35 000 Mann, und die Festung verfügte über zusätzliche Einheiten.

Viele Finnen warteten auf die Eroberung Leningrads. Aber General Mannerheim ließ die Regierung wissen, daß er unter keinen Umständen eine Offensive gegen die große Stadt an der Newa riskiere. Er befürchtete, daß die Russen angesichts eines Vormarsches auf Leningrad alle Kräfte mobilisieren würden und die finnische Armee dadurch eine schwere Niederlage erleiden könnte.

Kriegsziel war die Zurückeroberung der Region um den Ladoga-See sowie der Karelischen Landenge und schließlich das Vordringen nach Karelien selbst. Alle diese Ziele wurden erreicht. Mannerheim standen zwar einige deutsche Truppen zur Verfügung, aber er hielt sie auf Distanz. Die Finnen führten zwar ebenfalls Krieg, waren aber keine Verbündeten der Deutschen. Als die Finnen alle ihre alten Grenzen zurückerobert hatten, stellte Mannerheim fest: „Hier hätten wir als neutrale Nachbarn anstatt als bittere Feinde stehen können."

Glücklicherweise kam es nie zu einem Krieg zwischen Finnland und England. Mannerheim und Churchill erwiesen sich in einem Augenblick als große Staatsmänner, in dem das Ergebnis des Krieges noch keineswegs abzusehen war. Dies dokumentiert dieser Briefwechsel:

*Persönlich, geheim und vertraulich*
*29. November 1941*

*Premierminister Churchill an Feldmarschall Mannerheim*

„Ich bin zutiefst betrübt über das, was ich kommen sehe, nämlich, daß wir aus Loyalität zu unserem Verbündeten Rußland Finnland den Krieg erklären müssen. Sicherlich sind Ihre Truppen zur Wahrung der nationalen Sicherheit weit genug vorgerückt und könnten jetzt einhalten? Man muß keine offizielle Erklärung abgeben, aber eine Einstellung der Kampfhandlungen und militärischen Operationen wäre bei der extremen Witterung sicherlich angezeigt, was de facto einem Kriegsaustritt gleichkäme.

„Ich wünschte, ich könnte Sie davon überzeugen, daß wir die Nazis besiegen werden! Ich bin mir dessen viel sicherer als damals 1917 oder 1918. Es würde die vielen Freunde, die Ihr Land in England besitzt, sehr schmerzen, wenn Finnland zusammen mit den schuldigen Nazis auf der Anklagebank säße. Die Erinnerung an unsere angenehmen Gespräche über den letzten Krieg veranlaßten mich zu dieser rein persönlichen und vertraulichen Mitteilung an Sie, bevor es zu spät ist."

*Persönlich, geheim und vertraulich*
*2. Dezember 1941*
*Feldmarschall Mannerheim an Premierminister Churchill*

„Gestern erhielt ich vom amerikanischen Minister in Helsinki Ihren Brief vom 29. November 1941. Ich danke Ihnen für Ihre Liebenswürdigkeit, mir diese geheime Botschaft zukommen zu lassen. Ich bin mir sicher, Sie werden einsehen, daß ich unmöglich die militärischen Operationen einstellen kann, bevor die Truppen eine Position erreicht haben, die meiner Meinung nach für unsere Sicherheit absolut notwendig ist.

„Es wäre äußerst bedauerlich, wenn die für die Sicherheit Finnlands unabdingbaren Maßnahmen mein Land in Konflikt mit England brächten, und ich wäre zutiefst betrübt, wenn sich England zu einer Kriegserklärung an Finnland gezwungen sähe. Es war ausgesprochen freundlich von Ihnen, mir in diesen kritischen Tagen eine persönliche Note zu senden, und ich bin Ihnen sehr dankbar dafür."

**Zahlung der Kriegsschuld:** Die Jahre von 1941-1944 werden in Finnland „Fortsetzungskrieg" genannt, weil man sie als Fortsetzung des Winterkrieges betrachtet und als den Versuch, die im Winterkrieg erlittenen Verluste wieder wettzumachen. Der Fortsetzungskrieg kostete Finnland 65 000 Tote und 158 000 Verwundete. Mehr als 423 000 Karelier verloren ihr Zuhause. Nach 1945 bestanden die Sowjets auf Schauprozessen gegen diejenigen Politiker, die den Befehl zum Kampf gegeben hatten. Diese Männer erhielten Haftstrafen, die sie jedoch nicht voll abbüßen mußten. Einige von ihnen kehrten später sogar ohne Beeinträchtigung ihrer Reputation ins öffentliche Leben zurück.

Finnland mußte an die Sowjetunion Reparationszahlungen leisten, und zwar hauptsächlich in Form von Metallerzeugnissen. Die Sowjets bestanden darauf, daß die Reparationen auf der Grundlage des Wechselkurses von 1938 berechnet wurden, wodurch Finnland fast doppelt soviel zahlen mußte, wie ursprünglich vereinbart worden war.

Doch schließlich waren die Jahre des Kampfes vorüber, und ein kriegsmüdes Finnland machte sich an den Wiederaufbau des Landes. Alle Reparationsforderungen der Sowjetunion wurden bezahlt. Das war für die Finnen Ehrensache.

Die toten Soldaten beerdigte man in allen Ehren auf den Friedhöfen ihrer Heimatgemeinden. Diese Gedenkstätten sind ein angemessener Tribut an ein Volk, das durch Beharrlichkeit siegte. Nie gab es und nie wird es für Finnland Neutralität geben, wenn die Trompete erschallt.

**Links: Kriegsgräber in Vammala. Oben: Auch Rovaniemi wurde nach dem Zweiten Weltkrieg wieder neu aufgebaut.**

Der finnische Spitzendiplomat Max Jacobson schrieb 1980, daß Außenstehende Finnland noch immer unter dem Aspekt der Beziehungen zwischen West und Ost betrachteten: „Von 1939 bis 1940 lobte man Finnland für seinen Widerstand gegen die Rote Armee; von 1941 bis 1944 verachtete man es wegen seines fortgesetzten Kampfes gegen Rußland; gegen Ende des Zweiten Weltkrieges war man ungehalten, weil das Land entgegen westlicher Empfehlungen Moskau nicht traute; 1948 wurde Finnland aufgrund der Unterzeichnung eines Vertrages mit der Sowjetunion abgeschrieben. Schließlich unterstellte man dem finnischen Volk so etwas wie Charakterlosigkeit, weil es sich mit den Sowjets so gut arrangiert hatte. Ist es denn möglich, daß die Finnen wirklich tatenlos vergeben, wofür sie im letzten Krieg zu sterben bereit waren?“

Natürlich ist die Antwort ein klares Nein. Doch hat das moderne Finnland in den Augen der Weltöffentlichkeit zwei Gesichter. Einige sehen es als aufgeklärte, friedliebende, nordische Nation, die sauber, heldenmütig und gesund ist. Andere beunruhigt die geographische wie politische Nähe des Landes zur ehemaligen Sowjetunion.

Tatsächlich verfolgte Finnland in seinen Beziehungen zum östlichen Nachbarn auch stets seine eigene politische Strategie, bis es mit seinem Beitritt zur EU 1995 – übrigens ganz bewußt auch aus sicherheitspolitischen Erwägungen heraus – eine Angleichung an den Westen signalisierte.

Im Januar 1991 noch bezeichnete Präsident Koivisto die Krise der baltischen Länder als „innersowjetische Angelegenheit“ – und das, obwohl die Finnen 1940 die Annexion des Baltikums nicht anerkannt hatten.

**Die Haltung der Balten:** Koivistos Äußerungen wurden in den baltischen Nachbarländern mit Schrecken vernommen. Am meisten fühlten sich aber vielleicht die Finnen selbst betrogen, von denen sich viele für die Unabhängigkeit der baltischen Staaten, vor allem Estlands, eingesetzt hatten. Eine Zeitung kommentierte die Situation damals folgendermaßen: „Der öffentlichen Meinung fällt es schwer, die realistische Außenpolitik dieses Landes sowie ihre Bedeutung für Finnlands eigene, nationalen Interessen zu akzeptieren.“

Befürworter der Regierungspolitik wiesen darauf hin, daß eine Einmischung von außen die Spannungen nur vergrößern würde. (Eine Woche nach der Ansprache Koivistos wurde die lettische Fernsehstation von sowjetischen Truppen angegriffen, wobei über ein Dutzend Menschen starb.) Manche vertraten den Standpunkt, andere Länder könnten leicht reden, hatten sie doch nie eine gemeinsame Grenze mit der Sowjetunion.

Man darf auch nicht vergessen, daß die finnischen Kommunisten beim Wiederaufbau der Industrie nach dem Kriege eine wichtige Rolle gespielt hatten. Während einer Regierungszeit belegten sie sogar 50 von insgesamt 200 Parlamentssitzen. Die Sowjets benutzten sie als Machtinstrument, um den eigenen Einfluß geltend zu machen. Zwei Regierungen veranlaßte die UdSSR durch ihre Einflußnahme zum Abdanken.

Außerdem wurde Finnland bis 1947 von der alliierten Kontrollkommission beaufsichtigt,

**<u>Vorherige Seiten</u>: Präsident Urho Kekkonen und Nikita Chruschtschow in der sowjetischen Botschaft, 1960. <u>Links</u>: Die Arbeiterstatue in Helsinki. <u>Oben</u>: Tragflügelboot nach Estland.**

zu der viele sowjetische Offiziere gehörten. (Zu den Aufgaben der Kommission gehörte unter anderem die strafrechtliche Verfolgung von Kriegsverbrechern.) Den antikommunistisch gesinnten Finnen war die Präsenz der russischen Offiziere ein Dorn im Auge. Die Angst vor einer dem tschechischen Schicksal von 1948 (damals übernahm die tschechische KP unter sowjetischem Schutz durch einen Staatsstreich die alleinige Macht) vergleichbaren Situation befiel selbst den sonst so mutigen General Mannerheim, so daß er vorsorglich alle Vorkehrungen für eine eventuelle Flucht traf.

Doch im Laufe der Zeit verloren die Kommunisten an Macht. Die etwas links von der

Über die Jahrzehnte hinweg gesehen, ging die langsame Entwicklung nach rechts mit dem wirtschaftlichen Wachstum Finnlands einher. Nachdem Finnland 1917 die lukrativen Handelsbeziehungen mit dem zaristischen Rußland verloren hatte, mußte es ganz völlig von vorne beginnen. Bis zum Zweiten Weltkrieg war Finnland vor allem ein Agrarstaat. Die Industrialisierung machte unter dem Druck der sowjetischen Reparationsforderungen nach dem Krieg allerdings so rasche Fortschritte, daß die Finnen sehr bald sogar zu Wohlstand gelangten. Dies wiederum beruhigte den Westen, der die enge Verbindung Finnlands mit der Sowjetunion mit Besorgnis betrachtete.

Mitte stehende Sozialdemokratische Partei (SDP) wurde schließlich zur stärksten Partei Finnlands und behielt diese Position bis 1991 bei. In den letzten vier Jahren ging die SDP mit der führenden Rechtspartei, der konservativen Kokoomus, eine sogenannte „rot-blaue“ Koalition ein.

**Rechtsrutsch:** Der Rechtsrutsch der Sozialdemokraten war symptomatisch für die Gesamtsituation des Landes. Seit dem Krieg sympathisierte ein wachsender Teil der Bevölkerung mit den traditionelleren, bürgerlichen Werten Europas. Dieses Mitte-Rechts-Bündnis war die konservativste Regierung seit Gründung der Republik.

Doch lange vor diesem Wirtschaftswunder mußte Finnland seinen politischen Standort in einer Welt bestimmen, die sich in Ost und West teilte und mit der Aufrüstung begann. Finnland wählte die Neutralität. J. K. Paasikivi, zunächst Ministerpräsident (1944 bis 1946), dann Präsident der Republik Finnland, und Urho Kekkonen, Präsident der Republik von 1956 bis 1983, verfolgten eine neutrale Friedenspolitik.

Die Neutralität war jedoch nur durch einen ständigen politischen Balanceakt zu erlangen und behalten. Dafür gewährte sie den Finnen nach dem Krieg eine relative Absicherung dagegen, daß ihr Land für die UdSSR kein

Schlachtfeld mehr werden würde. Das Mißtrauen, das in der Zeit des Kalten Krieges zwischen Ost und West herrschte, stellte eine ständige außenpolitische Herausforderung dar, die selbst für eine ältere und stärkere Nation groß genug gewesen wäre.

Das bei Kriegsende noch nicht einmal drei Jahrzehnte unabhängige Finnland beschloß, daß es aus diesem Konflikt herauswollte. Allen nach dem Krieg geschlossenen Verträgen lag dieses Ziel zugrunde. Die Sowjetunion forderte von dem Land große Zugeständnisse, und Finnland konnte nur wenig bieten. Kompromisse waren deshalb unvermeidlich.

**Sowjetische Pacht:** Der umstrittenste Kompromiß entstand 1944 im Friedensvertrag mit Moskau. Darin erklärten sich die Finnen einverstanden, die Halbinsel Porkkala (in der Nähe von Helsinki) für 50 Jahre als militärischen Stützpunkt an die Sowjets zu verpachten. Erst 1955 entschärfte sich dieser Konfliktpunkt, als sich beide Parteien auf eine Beendigung der Pacht einigten. Die Rückgabe von Porkkala war für den Westen ein gutes Zeichen. Im selben Jahr noch trat Finnland den Vereinten Nationen bei, und kurz darauf schloß sich das Land dem Internationalen Währungsfonds an.

Als Paasikivi die Grundsätze seiner Außenpolitik vortrug, betonte er die „korrekten und guten nachbarlichen Beziehungen" Finnlands zur Sowjetunion. Zwar mag dieser Satz für westliche Ohren undankbar geklungen haben, doch hielt die Mehrheit der Finnen ihn für unabdingbar, wollte man sich die Sowjetunion doch als einen wohlgesonnenen Nachbarn erhalten.

Schon 1948 unterzeichneten Finnland und die Sowjetunion einen Vertrag über Freundschaft, Zusammenarbeit und Beistand, der im Jahre 2003 ausläuft. Dieses Dokument war eine direkte Antwort auf den Angriff der Deutschen auf Rußland von finnischem Boden aus. Man vereinbarte einen gegenseitigen Schutz und versprach, keine fremden Truppen mehr ins Land zu lassen, die einen Angriff auf den Nachbarn beabsichtigten. Weiterhin sicherte Finnland zu, keine der Sowjetunion feindlich gesinnte Allianz einzugehen.

Letztere Abmachung hielten die Finnen mit ihrer bereits beschlossenen, strikten Neutralitätspolitik für vereinbar. Bereits in die Polarisierung des Kalten Krieges hineingezogene Staaten des Westen sahen das jedoch anders. Für sie galt: Wer nicht für uns ist, ist gegen uns. So begannen die Warnungen, Finnland laufe Gefahr, Teil des Ostblocks zu werden.

Jede andere durch die westlichen Verbündeten im Zweiten Weltkrieg befreite Nation

**Links: Das finnische Parlament *(Eduskunta)* in Helsinki. Oben: Parlamentssitzung.**

wurde ein Mitgliedsstaat der NATO. Lediglich Finnland – das einzige Land, das direkt an die Sowjetunion angrenzte und nicht zum Ostblock gehörte – sowie Jugoslawien wurden keine direkten Verbündeten des Ostens oder des Westens.

**Befürchtungen der Sowjets:** Als Finnland 1952 dem Nordischen Rat zur kulturellen und sozialpolitischen Zusammenarbeit beitrat, reagierten die sowjetischen Kommentatoren alarmiert: „Das bedeutet, daß Finnland auch der NATO beitreten wird!" Daß im selben Jahr auch noch die Olympischen Spiele in Helsinki abgehalten werden sollten, erregte bei den Sowjets tiefes Mißtrauen. Der Bau einer Küstenstraße im Süden des Landes war für die Sowjets ein weiteres Indiz dafür, daß Finnland in ein größeres, militärisches Konzept miteinbezogen wurde, das einen Krieg gegen die UdSSR vorbereitete.

Wie immer man die unmittelbare Nachkriegszeit auch beurteilen will, sicher ist eines: Finnland schuf sich damals durch seine Weigerung, sich in das westliche Bündnis einzugliedern, im antikommunistischen Lager nicht unbedingt Freunde. Ein einsamer Wolf ist verdächtig. Nicht einmal dem Marshall-Plan schloß sich Finnland an.

Nichtsdestotrotz ließ der wirtschaftliche Aufschwung nicht auf sich warten. In den Friedensverhandlungen mit den Sowjets von 1944 hatte man sich auf Reparationsleistungen im Wert von über 600 Millionen Dollar geeinigt. Ironischerweise half gerade diese Forderung mit zum Aufbau der neuen Wirtschaft. Nach dem Krieg verfügte Finnland nur über wenig Bargeld. Ein Teil der Schulden konnte jedoch durch im Lande produzierten Güter wie land- und forstwirtschaftliche Maschinen sowie Schiffe beglichen werden. Bei einem steigenden Wirtschaftswachstum wurden diese Produkte für Finnland schließlich zum Dauerbrenner im Exportgeschäft.

Bevor die Wirtschaft in Schwung kam, lebten die meisten Finnen jedoch in Armut. Bis heute bekommen ältere Finnen auf Reisen beim Anblick von Schokolade einen wahren Kaufrausch, weil so etwas nach dem Krieg einfach nicht zu haben war.

Hinzu kam, daß die Finnen ihre dürftigen Mittel mit etwa 400 000 enteigneten Kareliern teilen mußten, die nur mit dem kamen, was sie selbst und ihre Pferde tragen konnten. Man schenkte ihnen Land und gab ihnen von dem wenigen, das man besaß.

1950 wurde mit der UdSSR ein Handelsabkommen geschlossen. Es blieb bis 1990 in Kraft, als die Sowjets sich weigerten, einer weiteren Verlängerung zuzustimmen. Als Grund gab Moskau an, es beeinträchtige die sowjetischen Bemühungen um eine freie Marktwirtschaft. In Wirklichkeit wollten die Sowjets ihr Öl gegen harte Währung verkaufen. Der Vertrag war für die Finnen Gold wert gewesen, hatte er ihnen doch einen Absatzmarkt in Milliardenhöhe gesichert: Maschinen, Kleidung und Schuhe waren gegen sowjetisches Öl getauscht worden, das 90 Prozent des finnischen Bedarfs deckte.

Durch die Nichterneuerung des Vertrages erlitt die finnische Handelsbilanz erhebliche, wenn auch nicht genau bezifferbare Einbußen. Viele Firmen, die mit der Sowjetunion Geschäfte gemacht hatten, gingen pleite. Jetzt zahlen die Finnen das sowjetische Öl bar und warten darauf, daß die Sowjets Schulden in Millionenhöhe zurückzahlen …

**Unterstützung der UNO:** Eine weitere Errungenschaft des Landes – neben dem wirtschaftlichen Erfolg – ist das große Engagement der Finnen bei den Vereinten Nationen seit ihrem Beitritt im Jahre 1955. Marjatta Rasi, UNO-Botschafterin von 1990-1991 beschreibt die Situation folgendermaßen: „Finnland trat der UNO zu einem Zeitpunkt bei, als die Schwierigkeiten der unmittelbaren Nachkriegszeit überwunden und die Grundzüge unserer Neutralitätspolitik festgelegt waren."

Finnland unterstützt in hohem Maße die friedenssichernden Funktionen der UNO. Bis 1990 waren in diesem Zusammenhang etwa 30 000 Finnen für die UNO tätig. Das Land schickte viele Militärbeobachter und Entwicklungshelfer in Krisengebiete. Bei der Suezkanal-Krise von 1956 waren die Finnen bereits präsent. Seitdem dienen sie bei UN-Friedenstruppen und kamen im Libanon, auf dem Gaza-Streifen, den Golan-Höhen und der Halbinsel Sinai zum Einsatz. Aber die größten Anstrengungen wurden für Namibia unternommen. Aufgrund einer finnischen Initiative richtete die UNO einen Namibia-Fonds ein. Unter anderem auf das Betreiben Finnlands ist es zurückzuführen, daß der Internationale Gerichtshof 1971 zu dem Schluß kam, die Präsenz Südafrikas in Namibia sei illegal. Als Namibia schließlich 1990 in die Unabhängigkeit entlassen wurde, leitete der finnische UN-Friedenskommissar General Matti Ahtisaari den Übergang.

Zusammen mit anderen nordischen Nationen finanziert Finnland einen Großteil von Flüchtlingshilfeprogrammen. Der Gesamtbeitrag aus dem Norden bildet etwa 25 Prozent des Etats der UN-Flüchtlingskommission.

**Neue Krise:** Zwar konnte sich Finnland rasch in die UNO eingliedern, dennoch rissen die Probleme zu Hause nicht ab. Die UdSSR schickte Finnland 1961 eine Note, worin sie um militärische Konsultationen im Zusammenhang mit dem Vertrag von 1948 bat. Finnland zeigte sich vor allem von dem Begriff „militärische Konsultationen" betroffen. Beide Seiten hatten behauptet, der Freundschafts- und Beistandspakt sei kein Militärbündnis, sondern vielmehr als Zeichen der Zusammenarbeit zwischen den beiden Nachbarstaaten zu verstehen.

Nikita Chruschtschow und Urho Kekkonen konferierten unter vier Augen. Offenbar fürchtete man sich in Moskau vor allem davor, daß die Finnen nicht in der Lage sein könnten, einen potentiellen Seitenangriff des Westens auf die UdSSR abzuwehren. Worüber sich Kekkonen und Chruschtschow tatsächlich unterhielten, wurde nie vollständig veröffentlicht, aber nach der „Noten-Krise" begann Finnland mit der Stärkung seines eigenen Militärs. Für dieses Vorhaben bewog man die Briten zu einer Neuinterpretation der Pariser Friedensverträge von 1947, die den Kauf von Raketen verboten hatten.

Während der siebziger Jahre machten die Sowjets den Finnen das Leben immer wieder schwer. Ein sowjetischer Botschafter war in einen internen Streit der Kommunistischen Partei Finnlands verwickelt. Kekkonen forderte seine Rückkehr in die UdSSR. Inzwischen hatte sich in Finnland eine breitere Mittelschicht etabliert, und nur wenige Finnen behielten ihre kommunistische Gesinnung. Ein reicheres Finnland war schwerer zu „erpressen". Die Bundesrepublik Deutschland, Schweden und Großbritannien wuchsen nach und nach zu den wichtigsten Handelspartnern der Finnen heran, nicht aber die UdSSR. Die Bäume entwickelten sich zum grünen Gold des Landes. Es schien, als müsse man sich aufgrund des Erfolges der Pulpe- und Papierindustrie nicht mehr länger nach dem Nachbarn umdrehen.

1975 wurde in Helsinki die Schlußakte der Konferenz für Sicherheit und Zusammenarbeit in Europa (KSZE) unterzeichnet. Dies war ein spektakuläres Ereignis, bei dem sich Finnland der Weltöffentlichkeit so präsentieren konnte, wie es gesehen werden wollte: als Land der Diplomatie und aufgeklärten Neutralität. Seitdem wurde Helsinki so etwas wie

**Oben: Der Sonderbeauftragte der UNO für Namibia, der Finne Markuu Ulander.**

ein „Wien des Nordens“, in dem man viele Autos mit diplomatischen Kennzeichen sieht und mit plötzlichen Straßenabsperrungen zu rechnen ist.

In den siebziger und achtziger Jahren zählte das finnische Bruttosozialprodukt zu den höchsten der Welt. Der Lebensstandard und die sozialen Leistungen pendelten sich auf demselben hohen Niveau wie in Schweden ein. 1989 und 1990 war Finnland das teuerste Land der Welt. Hauptgründe waren astronomische Subventionen auf dem Agrarsektor und Absprachen der Industriekartelle, die die Preise künstlich hochtrieben.

**Hoher Lebensstandard:** Viele Finnen verdienten eine Menge Geld und gaben es großzügig wieder aus. Aber die Tatsache, daß sie so lange arm gewesen waren, ließ sich nicht ganz verbergen. Noch zu Beginn der achtziger Jahre waren in Schuhgeschäften die gleichen altmodischen Schuhe ausgestellt, mit denen man im Laufe der letzten dreißig Jahre die Sowjets beglückt hatte. Andererseits konnte man zu horrenden Preisen auch Gucci-Schuhe kaufen. Angebote mittlerer Preisklasse hingegen gab es kaum. Erst gegen Ende der achtziger Jahre begann diese Lücke sich zu schließen, doch blieben besonders importierte Waren nach wie vor sehr teuer.

In den späten achtziger Jahren schlitterte Finnland in eine wirtschaftliche Rezession. Gleichzeitig wuchs die Herausforderung durch ein „neues“ Europa. Als sich das übrige Europa wie eine große, gegenseitige Hilfsorganisation zu formieren begann, schien Finnland diese Tendenz abzulehnen. Amtliche Verlautbarungen bekräftigten, Finnland habe kein Interesse an einem Eintritt in die Europäische Gemeinschaft, man sei aber fest entschlossen, weiterhin Mitglied der Europäischen Freihandelsgemeinschaft zu bleiben. Unter diesen Umständen war es jedoch eher unwahrscheinlich, daß sich die Wirtschaft rasch erholen würde.

Bis 1990 bildeten bedürftige Einwanderer für Finnland nur ein geringes Problem. Die meisten Ausländer waren Diplomaten. Das Finnische Rote Kreuz hatte sich um eine Handvoll vietnamesischer, bulgarischer und kurdischer Flüchtlinge gekümmert. Abgesehen von einigen russischen und estnischen Tagelöhnern hatte Finnland seine Tore nie für Scharen von Gastarbeitern geöffnet.

Anfang 1990 jedoch erreichten somalische Flüchtlinge die finnisch-sowjetische Grenze. Sie waren vor dem Bürgerkrieg im eigenen Land geflohen und reisten nun mit der Aeroflot aus Moskau an. Bis 1991 warteten bereits fast 3000 Somalis durchschnittlich neun Monate lang auf die endgültige Entscheidung über ihre Asylanträge.

**Somalische Einwanderer:** Da ein umfassendes Konzept für eine gerechte Flüchtlingspolitik fehlte, begannen in Finnland die Diskussionen um die Gewährung des Flüchtlingsstatus. Die Argumente deckten das gesamte politische Spektrum von liberal bis fremdenfeindlich ab. Man drückte sich um eine politische Entscheidung und „saß das Problem aus“. Schließlich gewährten die Finnen den Somalis nach der neunmonatigen Wartezeit zumindest befristet Asyl. Die neuen Einwanderer bekamen Nachwuchs und begannen, die schwierige Sprache zu sprechen, was die fremdenfeindlich Gesinnten für unmöglich gehalten hatten.

Etwa gleichzeitig mit der Zuwanderung der Somalis wurden erste Regierungsberichte veröffentlicht, wonach etwa 10 000 ausländische Arbeitskräfte benötigt würden, um die finnische Industrie in Schwung zu halten – eine Prognose, die sich allerdings schon sehr bald nicht mehr zu halten lassen war.

**Oben: Hochtechnisiertes Abladeverfahren im Hafen von Helsinki. Rechts: Kleiner Schneehase.**

# DER WOHLFAHRTSSTAAT

Bei Ihrem ersten Besuch in Helsinki werden Ihnen bestimmt die unzähligen Kinderwagen mit pausbäckigen, schlafenden Babies darin auffallen, die unbeaufsichtigt vor Läden und Bürogebäuden stehen. Es gibt kaum Länder, wo keine Kinder geraubt werden, aber Finnland ist eines davon.

Der finnische Sozialstaat kümmert sich um fast jedes nur denkbare, gesellschaftliche Bedürfnis seiner Bürger. Es gibt großzügige Altersrenten sowie freie medizinische Versorgung und eine gute Arbeitslosenunterstützung. Die Förderung eines für die gesunde, kindliche Entwicklung geeigneten Milieus spielt eine wichtige Rolle. Eingesetzt hat sich dafür insbesondere Professor Arvo Ylppö.

Dr. Ylppö wurde über 100 Jahre alt. Er kam gegen Ende des 19. Jahrhunderts zur Welt, als es keinerlei soziale Sicherheit gab. Finnische Kinder litten durchwegs an Unterernährung und Hunger, und nur wenige besuchten die Schule.

Hundert Jahre später bringen Maija-Liisa Salonen und ihr Partner Risto abwechselnd ihren zweijährigen Sohn in eine Tagesstätte, wo sich gut ausgebildete Kräfte um ihn kümmern.

Maija-Liisa und Risto finden schnell einen Platz für ihren Sohn, weil die Nachfrage gering ist. Grund dafür ist vor allem, daß immer mehr Eltern zu Hause bleiben und sich selbst um ihre Babies kümmern. Ihre Arbeit verlieren sie deswegen nicht, denn die fortschrittlichen Gesetze Finnlands garantieren einen voll bezahlten Mutter- und/oder Vaterschaftsurlaub. Außerdem gibt es saftige Kindergelder.

Starke Familienbande haben in Finnland Tradition. In der Agrargesellschaft war die Familie der Dreh- und Angelpunkt. Die Familienmitglieder boten einander in der Einsamkeit des Lebens auf dem Land die einzige Gesellschaft. Außerdem erbten die Kinder das Land ihrer Väter.

Da die Geburtenrate niedrig ist, bemüht man sich heutzutage verstärkt um Nachwuchs. Jedes Paar bringt im Durchschnitt 1,7 Kinder zur Welt. Die Zahl der Alten steigt erheblich, während diejenige der Erwerbstätigen sinkt. Deshalb ist man sich einig: Es soll wieder attraktiver werden, Kinder zu bekommen.

Als Ylppö 1887 geboren wurde, starben von 1000 Säuglingen noch 131 vor Vollendung des ersten Lebensjahres. Heute liegt die Säuglingssterblichkeit bei sechs von 1000 und ist damit die niedrigste auf der ganzen Welt. Diese Verbesserung ist vor allem auf die intensive Vor- und Nachsorge für Mutter und Kind sowie einen neuen Kinderschutzbund zurückzuführen, aus dem das Lastelinna-Kinderkrankenhaus hervorging.

Inzwischen versorgt man in Lastelinna keine kranken und verwaisten Kinder mehr. Statt dessen sind eine neurologische und eine psychiatrische Abteilung entstanden. Berichten dort tätiger Psychiater zufolge sind viele junge Patienten unentwegt auf der Suche nach Zuwendung. In Lastelinna versucht man, die ganze Familie in die Therapie miteinzubeziehen. Diesen Ansatz vertrat schon Ylppö mit seiner Forderung: „Das finnische Klima muß auf jede nur denkbare Art und Weise gesund für das körperliche und geistige Wachstum unserer Kinder werden."

Die medizinische Versorgung für Senioren ist gut, nur stehen für chronisch Kranke oft nicht genügend Betten zur Verfügung. Die Finnen sind im Ruhestand ausreichend versorgt. Wer sein Leben lang gearbeitet hat, erhält 60 Prozent seines Gehalts als staatliche Rente. Wer nicht gearbeitet hat, erhält ab dem 65. Lebensjahr eine Mindestrente. Eine hervorragende medizinische Versorgung und die niedrige Geburtenrate führten dazu, daß hier mehr alte Menschen leben als sonstwo auf der Welt. Es gibt über 40 Prozent mehr Rentner als Erwachsene im erwerbsfähigen Alter. So setzen die Finnen alles daran, den Kinderwunsch in der Bevölkerung zu verstärken. ■

nautica 521

SWEDEN YACHTS 340

4006590
2400613
02157826
7149819
3795847
1986
VIISISATAA MARKKAA
SATA MARKKAA
100
SUOMEN PANKKI
5053193875

# FINNLAND ALS NEUES EU-MITGLIED

*„Manche Leute zücken auf Reisen häufig ihren Taschenrechner, um die Preise schnell in die eigene Währung umrechnen zu können. In Finnland kann man diese Leute dabei beobachten, wie sie immer wütender auf denselben Knopf drücken. Ungläubig schütteln sie den Kopf, dann das Gerät, bis ihnen die schreckliche Wahrheit dämmert: Finnland ist wirklich so teuer! Es müßte schon etwas ganz Außerordentliches passieren – etwa der Beitritt zur Europäischen Gemeinschaft –, damit sich dieser Zustand ändert.“*

Diese oder ähnliche Beschreibungen konnte man bisher über Finnland lesen. Erfahrene Skandinavienurlauber wappneten sich im voraus, indem sie möglichst viele Lebensmittel von zu Hause mitbrachten.

Lange schien das Land zu zögern – und doch ist das „Außerordentliche“ nun eingetreten: Seit Januar 1995 gehört Finnland zur EU. Die Gründe für seinen Beitritt sind sowohl in (sicherheits-) politischen wie in wirtschaftlichen Überlegungen zu finden.

**Finnlands Wirtschaft vor 1995:** Luxusgüter, vor allem Importwaren wie Marken-T-Shirts und Autos, waren in Finnland bisher nur für sehr viel Geld zu erstehen, und für den Genuß von Alkohol zahlte man hier die höchsten Preise auf der ganzen Welt.

Im Bereich der Grundbedürfnisse sah es nicht viel besser aus. Zwar waren die Einkommen hoch, aber die Lebenshaltungskosten ebenso. Für den Inhalt des statistischen „Warenkorbs“, der in Deutschland 65 Mark kosten würde, mußte man in Finnland 100 Mark zahlen. Helsinki war die teuerste Stadt der Welt. Auch so grundlegende Einrichtungen wie beispielsweise das Telefon waren extrem kostenintensiv. Um an das Telefonnetz von Helsinki angeschlossen zu werden, mußte man einen Anteil an der Telefongesellschaft in Höhe von 5000 Finnmark erwerben.

Mieten und die Einkommenssteuer bewegten sich zwar auf dem europäischen Durchschnittsniveau, doch waren die Grundstückspreise in und um die Hauptstadt ebenfalls die höchsten weltweit.

**Vorherige Seiten: Finnlandfähre hinter dem Yachtclub von Helsinki. Links: Finnisches Geld. Oben: Einkaufszentrum in Helsinki.**

Dennoch lebten 65 Prozent der Finnen in ihren eigenen vier Wänden. Wie war das möglich? Zum einen nahm man Kredite auf. Gleichzeitig gewährte der Wohlfahrtsstaat soviel Sicherheit, daß man für das Alter oder für Arzthonorare nichts zurücklegen mußte.

Noch in den achtziger Jahren lebten die Finnen trotz dieser Verhältnisse in Wohlstand. Seit Beginn der neunziger Jahre aber durchläuft die finnische Volkswirtschaft eine schwere Krise, die nicht nur konjunkturell, sondern auch strukturell bedingt ist: Zu den

grundlegenden Problemen zählen das stetige Anwachsen des öffentlichen Sektors, die hohe private Pro-Kopf-Verschuldung und das relativ hohe Leistungsbilanzdefizit: Das Land importiert mehr, als es exportieren kann.

Ein großes Problem ist in Finnland die Situation der Landwirtschaft. Der Staat zahlt seinen Bauern hohe Subventionen, was jeden Finnen teuer zu stehen kommt. Patrick Humphreys, Wirtschaftswissenschaftler und Finnlandkenner, beurteilt denn auch den Versuch, das Einkommen der Landwirte auf gleichem Niveau zu halten wie das der Industriearbeiter, als völlig verfehlt; denn dadurch arbeite die Agrarpolitik so ineffizient weiter wie bisher:

Man bezahle die Bauern lediglich für ihre Überschußproduktion.

Humphreys ist Autor des *Jahrbuchs der Wirtschaft Finnlands* und einer der kenntnisreichsten Analytiker der finnischen Agrarpolitik. Laut den Statistiken der OECD subventionierte die finnische Regierung die Landwirtschaft zuletzt mit 50 Millionen Finnmark pro Tag. Diese staatlichen Gelder decken jedoch nur ein Viertel der tatsächlich für die Unterstützung der Bauern anfallenden Kosten. Den Rest zahlen die Verbraucher in Form von Steuern und erheblichen saisonal bedingten Preiserhöhungen.

Neben diesen hausgemachten Problemen hat Finnland auch mit der Umbruchsituation, die mit dem Zerfall des Ostblocks einhergeht, zu kämpfen. Noch 1989 hatte man euphorisch vorhergesagt, daß das Land 10 000 ausländische Arbeitnehmer bräuchte, um die Wirtschaft in Gang zu halten. Ein Jahr später sah die Situation bereits ganz anders aus.

Das einst mit der UdSSR geschlossene Handelsabkommen wurde 1990 plötzlich von den Sowjets aufgekündigt. Den Finnen wurde nicht einmal die erhoffte Gnadenfrist gewährt. Der Vertrag hatte jedes Jahr viele Millionen eingebracht. Finnland bezog damals Rohstoffe wie Öl und hatte dafür einen sicheren Abnehmer für alle Arten von Industrieerzeugnissen, von Schiffen bis zu Schuhen. Auf das plötzliche Ende des Vertrages waren die Finnen nicht vorbereitet. Viele im Tauschgeschäft tätige Firmen gingen bankrott. Im Frühjahr 1993 lag die Arbeitslosenquote bei 17 %, im März 1995 sogar bei 20 %. Ein Drittel der Arbeitslosen waren Jugendliche.

Die 1991 gewählte Zentrumspartei begann unter der Führung von Esko Aho mit großen Plänen zur Wiederbelebung der Wirtschaft – jedoch ohne durchschlagenden Erfolg. Sie fuhren einen harten Sparkurs mit Steuererhöhungen und geringeren Sozialleistungen, der die sozial Schwächeren belastete.

Was der Sozialdemokrat und jetzige Regierungschef Paavo Lipponen bereits frühzeitig befürwortete und die Regierung Ahos in die Wege leitete, ist seit 1995 neue Realität in Finnland: Es gehört zur EU.

**Finnland in der EU:** Abgesehen davon, daß Finnland angesichts seiner jetzigen wirtschaftlichen Situation Finanzhilfen aus dem EU-Strukturfonds erhalten wird, ist die konkreteste und für den Verbraucher am deutlichsten spürbare Folge des Beitritts der Preisrutsch im Lebensmittelbereich. Die meisten Nahrungsmittel wurden bereits kurz nach dem EU-Beitritt um 10–15% billiger – Eier, Mehl und Margarine sogar um 25–30 %! Dies ist auf den Wegfall von Importlizenzen und die Senkung der Mehrwertsteuer zurückzuführen. Zuvor wurden auf alle importierten Güter, sogar auf solche, die in Finnland gar nicht erzeugt wurden, hohe Schutzzölle erhoben, damit einheimische Produkte bevorzugt blieben. Zahlte man im Sommer etwa nur 15 Finnmark für ein Kilo Auberginen, kletterte der Preis im Winter auf stolze 35 Finnmark, weil die Ware dann importiert wurde. Längerfristig wird sich hier auch die Neuregelung der Agrarsubventionen positiv auswirken.

Ohne die Schutzzölle haben die finnischen Erzeuger heute mit der Konkurrenz aus dem Ausland stark zu kämpfen und versuchen, sich zu behaupten, indem sie die Qualität der importierten Produkte anzweifeln.

Eine weitere Folge der Erweiterung des Binnenmarkts ist eine Kostenminderung beim finnischen Warentransfer mit anderen EU-Ländern um 1,5 %. Sie entsteht allein durch den Wegfall der Zollformalitäten – ein Effekt, den man zwar nicht „übertreiben, aber auch nicht bagatellisieren" sollte, so der Kommentar der Fachleute.

Bereits vor 1995 hatten sich die EU-Länder zu Finnlands wichtigsten Handelspartnern entwickelt, allen voran die Bundesrepublik Deutschland. Die bedeutendsten Exportgüter Finnlands sind Schiffe (der größte Teil der Passagier- und Luxuskreuzfahrtschiffe weltweit wird auf finnischen Werften gebaut) und Produkte der Holzverarbeitung wie Pappe, Papier, Zellstoff, Schnitt- und Sperrholz.

So hegte die Forstindustrie denn auch mancherlei Bedenken gegen den EU-Beitritt – hatte man doch bis jetzt durch kartellartige Preisabsprachen das Prinzip des Wettbewerbs weitgehend unterlaufen können.

**Neue Anregungen für die EU:** Gerade in der Forstwirtschaft zeigt sich jedoch auch Finnlands Vorreiterposition im Bereich des Umweltschutzes. Denn trotz intensiver wirtschaftlicher Nutzung hat sich der Baumbestand des Landes nicht verringert, sondern seit den fünfziger Jahren sogar um 25 % erhöht. Dies ist unter anderem auf das „Waldgesetz" zurückzuführen, das dem Prinzip der Nachhaltigkeit folgt. Schon vor Jahren hatten Wasser- und Luftverschmutzung durch die Papierindustrie zu Diskussionen geführt. Weitreichende Gesetze sowie ehrgeizige Zielvorgaben zur Schadstoffminimierung waren die Folge. Viele dieser Vorgaben wurden bereits vor den gesetzten Fristen erfüllt.

Es ist zu hoffen, daß Finnland in dieser Richtung – wie auch auf dem Gebiet des Verbraucherschutzes – seinen Einfluß in der EU wird geltend machen können. Für die Gemeinschaft kann dies nur eine Bereicherung bedeuten.

**Links: Kupferschmelzhütte in Harjava. Oben: Baumstämme auf ihrem Weg zu den zahlreichen Holz- und Papierfabriken Finnlands.**

EDELFELT

# KUNST, ARCHITEKTUR UND DESIGN

Als Diagilew, der Gründer des russischen Balletts, die finnischen Maler der neunziger Jahre des letzten Jahrhunderts in zwei Lager teilte – „diejenigen mit einer nationalistischen Anschauung und solche, die dem Westen ... folgen" –, beschrieb er ein Spannungsverhältnis, das seit dieser Zeit in Finnland besteht.

Man ging so weit, daß man Künstler entweder Europa oder Finnland zuordnete. Paradoxerweise gelang gerade denjenigen, die eine speziell finnische Handschrift entwickelten, der internationale Durchbruch, und sie eroberten sich ihren Platz auf dem Weltmarkt. Heute sind finnisches Design und finnische Architektur in der ganzen Welt bekannt, zum Teil wohl deshalb, weil hier Modernität und hohe Qualität eine ganz besondere Verbindung eingegangen sind.

Da Finnland noch eine relativ junge Demokratie ist, entstand ein Großteil der Kunst in den letzten 100 Jahren auf der Suche nach einer nationalen Identität. In den achtziger und neunziger Jahren des 19. Jahrhunderts wurde die neu entstehende finnische Kulturlandschaft vor allem von ihren Herren geprägt, das heißt zunächst von Schweden und dann vom zaristischen Rußland. Die wenigen finnischen Künstler, die von ihrer Arbeit leben konnten, studierten und lebten in Stockholm oder St. Petersburg.

Die erste Saat einer spezifisch finnischen Kultur wurde 1830 mit der Gründung einer Kunstschule in Turku gesät. Daraufhin fand 1845 die erste finnische Kunstausstellung statt. 1846 wurde die Finnische Kunstgesellschaft gegründet. Aber erst gegen Ende des 19. Jahrhunderts fand Finnland zu seinem eigenen künstlerischen Ausdruck. Langsam erhielten finnische Künstler Anerkennung im eigenen Land und um die Jahrhundertwende auch im Ausland. Der Einfluß der europäischen Kunst war groß. So standen beispielsweise Maler wie Albert Edelfelt (1854-1905) ganz unter dem Einfluß der französischen Naturalisten. Obwohl der Stil importiert war, versuchte er sich jedoch verstärkt an Themen, die speziell finnische Züge trugen.

**Vorherige Seiten: Karelierinnen vor der Kirche in Ruokolahti, 1887, Albert Edelfelt. Links: Finlandia-Halle in Helsinki.**

**Identitätssuche:** Etwa ab 1880 begann ein bunt gemischter Haufen von Malern mit der Suche nach einer kulturellen Identität, die mit der Entwicklung des finnischen Nationalismus und dem Wunsch nach politischer Unabhängigkeit einherging. Zu diesen Künstlern gehörten Akseli Gallen-Kallela (1865-1931), Pekka Halonen (1865-1933), Eero Järnefelt (1862-1937), Juho Rissanen (1873-1950) und Helena Schjerfbeck (1862-1946). Für sie bildeten die finnische Landschaft und das einfache Volk die zentralen Themen. Vom kraftvollen Realismus bis zur mythologischen Bearbeitung, von bürgerlicher Manier bis hin zum unbestechlichen Naturalismus – die verschiedensten Stilrichtungen dienten der finnische Bauer und nur auf dem Land finde man die wahre finnische Landschaft. Städte seien unter dem Einfluß von ausländischen Herrschern geplant und gestaltet worden.

Auf ihrer Suche nach dem, was das Finnische im tiefsten Inneren ausmacht, kamen einige Maler auch nach Karelien. Zu ihnen gehörte Gallen-Kallela, der oft neben dem norwegischen Maler Edvard Munch als außergewöhnlichstes Talent der nordischen Kunst bezeichnet wird. Seine Expedition im Jahre 1890 war der Beginn einer „Karelien"-Bewegung, die bildende Künstler und Schriftsteller scharenweise in diese Region pilgern ließ. Gallen-Kallela folgte den Spuren Elias Lönnrots, dem Verfasser des finnischen Na-

Behandlung dieses Stoffes. Während einige Maler wie Hugo Simberg (1873-1917) den verschlungenen Pfaden der europäischen Symbolisten folgten, entstand gleichzeitig eine Gruppe von Künstlern, die später unter dem Begriff finnische Nationalromantiker zusammengefaßt wurden. Da sich diese Künstler so sehr mit Finnland beschäftigten, wurden sie in ihrer Heimat schnell beliebt. Einige von ihnen zogen zu Menschen, deren Muttersprache Finnisch – zu jener Zeit sprachen viele städtische Intellektuelle Schwedisch – und deren Lebensweise von schwedischen und russischen Einflüssen noch relativ unberührt war. Sie behaupteten, der echte Finne sei der tionalepos *Kalevala*. Zwischen 1889 und 1897 suchte der Maler nach einer charakteristischen Ausdrucksweise für eine Reihe von Szenen aus der *Kalevala*. In *Aino, Die Verteidigung des Sampo (Sammon puolustus)* und *Joukahainen's Rache (Joukahaisen kosto)* kann man seinen Wandel vom Naturalismus hin zu einer stilisierten Bildersprache nachvollziehen, die seiner Meinung nach der *Kalevala* eine heroischere Kraft verlieh.

Zweifelsohne war Gallen-Kallela eine äußerst schöpferische Gestalt der finnischen Kulturszene. Er half, den Grundstein für das finnische Design zu legen, für die neuen Möbel, Skulpturen und Holzschnitzereien.

**Katerstimmung:** Das Erbe der Nationalromantik wurde fast zu einem Alptraum, der auf den nachfolgenden Generationen lastete. Für sie war auch das städtische Finnland interessant. Man wollte sich für europäische Strömungen öffnen oder abstrakte Stilrichtungen verfolgen. Der allgemeine Geschmack wird in Finnland auch heute noch von einer national und naturalistisch geprägten Stilrichtung beherrscht. Diese konservative Gesinnung hat schon viele, progressive Künstler frustriert.

Gruppierungen wie die Oktobergruppe, deren Motto „Verteidigung der Modernität gegen den Nationalismus" lautete, wandten sich heftig gegen das, was häufig als „Goldenes Zeitalter" der finnischen Kunst bezeichnet wurde. Sakari Tohka (1911-1958) war ein Gründungsmitglied der Oktobergruppe. Er ließ die klassizistischen Vorfahren hinter sich und goß seine Figuren in Zement. Eine weitere Gegenbewegung bildeten die „Fackelträger", die sich für das urbane Finnland interessierten. Berühmte Mitglieder waren Väino Kunnas (1896-1929), Sulho Sipilä (1895-1949) und Ragnar Ekelund (1892-1960).

Denselben Weg wie die bildende Kunst, nämlich vom Klassizismus zum Modernismus, nahmen auch künstlerische Ausdrucksweisen wie Architektur, Design und Kunsthandwerk. So wandten sich die Architekten Herman Gesellius (1874-1916), Armas Lindgren (1874-1929) und Eliel Saarinen (1873-1950) als Vertreter der Nationalromantik vom klassizistischen Stil des in Helsinki so eifrigen Baumeisters C. L. Engels (1778-1840) ab und besannen sich auf die ländlichen Ursprünge einer Architektur aus Holz und Granit.

Ein weiterer führender Repräsentant der Bewegung war Lars Sonck (1870-1956). Nationalromantische Gebäude wie das Nationalmuseum in Helsinki (entworfen 1901) und die Kathedrale von Tampere (entworfen 1899) sind von einer plumpen Häßlichkeit. Glattes Holz oder symmetrische Dachziegel kontrastieren scharf mit roh behauenem Granit. Doch das Architektentrio Gesellius, Lindgren und Saarinen nahm mit der Zeit auch die schwungvollen Einflüsse des Jugendstils auf. Ursprünglich hatten sie den Bahnhof von Helsinki zu dritt entworfen, doch bis zur Endfassung nahm Saarinen noch viele Veränderungen vor. Das heutige Gebäude trägt eher Züge des Jugendstils als der Nationalromantik.

**Internationaler Architekt:** Nach der Unabhängigkeit im Jahre 1917 stand nicht mehr die Suche nach einer nationalen Identität im Vordergrund als vielmehr die Notwendigkeit des Wiederaufbaus des Landes. Da tauchte der Name des finnischen Architekten Alvar Aalto

**Links: Alvar-Aalto-Museum in Jyväskyla. Oben: Marimekko-Textilien in Helsinki.**

(1898-1976) auf. Ihm gelang es, etwas typisch Finnisches mit Modernem zu kombinieren und damit die Architektur der ersten Hälfte des 20. Jahrhunderts zu revolutionieren. In Finnland war Aalto der Vorkämpfer, als es galt, im eigenen Land eine Lanze für die Moderne zu brechen. Nachdem das gelungen war, wandte er sich mit seinen beiden finnischen Pavillions in der Pariser Ausstellung von 1937 und der New Yorker Weltausstellung von 1939 an die Weltöffentlichkeit. Er bewies, daß Finnland einen Beitrag von internationaler Bedeutung leisten konnte.

Aalto praktizierte eine „organische" Architektur, das heißt, er entwarf Gebäude, die sich sowohl harmonisch in ihre Umgebung einfügen als auch funktionell sein sollten. Einige seiner Gebäude (so das Enso-Gutzeit-Gebäude in Helsinki) gehören zu den viel geschmähten Betonklötzen, aber abgesehen von ästhetischen Kriterien schätzt man sie dennoch, weil hier zum ersten Mal unverbrämt moderne Materialien verwendet wurden. Aaltos „Haus der Kultur" in Helsinki (1958) ist umwerfend zeitgenössisch und verblüfft durch eine beschwingte Eleganz. Die relativ neue Nation Finnland hat sich nach dem Zweiten Weltkrieg der Moderne mutig gestellt und sie in ihren Wiederaufbau integriert.

**Hervorragendes Design:** Für den Bereich Design gilt dasselbe. Sei es ein Wasserhahn, ein Telefon, eine Schüssel oder ein Stuhl – wenn die Formen fließend sind, ein modernes Material wie Plastik oder Chrom ganz selbstverständlich verwendet, Glas oder Holz neu eingesetzt wurde und das Ganze seinem Zweck optimal angepaßt ist, dann handelt es sich höchstwahrscheinlich um ein finnisches Erzeugnis.

Die großen Firmen der Plastikindustrie (Neste) sowie der Branchen Keramik (Arabia), Textil (Finlayson, Marimekko), Glas (Iittala-Nuutajärvi) und Schmuck (Kalevala Koru, Lapponia) bringen jede Saison neue Entwürfe heraus. Textildesigner entwerfen für ihre Firmen Stoffe mit gewagten Farben und geometrischen Formen. Sie gehören zusammen mit den Erzeugnissen eines hoch entwickelten Kunsthandwerks zu einer typisch finnischen Produktpalette, wie sie schon von Nationalromantikern gepriesen wurde.

Die finnische Kunst bedient sich heute großzügig all der traditionellen, bäuerlichen, modernen und städtischen Elemente und mixt sie je nach Bedarf. Man hat ein Gespür für das Finnische entwickelt, und auch auf internationaler Ebene kann Finnland zu Recht auf seine kulturellen Leistungen stolz sein.

**Oben: Finnische Designerprodukte – zum Teil noch Handarbeit. Rechts: Der Filmemacher Aki Kaurismäki bei der Arbeit.**

# DIE BRÜDER KAURISMÄKI

Zwar hat Finnland so renommierte Regisseure wie Risto Jarva, Jörn Donner und Rauni Mollberg hervorgebracht und zeitweilig internationale Erfolge mit Filmen wie *Das weiße Rentier* (1952) und *Der unbekannte Soldat* (1955) erzielt, aber erst die eigenwilligen Produktionen der Brüder Kaurismäki brachten eine bis dato stagnierende, einheimische Filmindustrie richtig in Schwung.

In den letzten zehn Jahren war man auf eine durchschnittliche Jahresproduktion von etwa 17 Filmen gekommen, aber dem zeitgenössischen, finnischen Film wurde nicht viel Aufmerksamkeit geschenkt. Diese Situation änderte sich erst mit den Brüdern Aki und Mika. Ihre Filme wurden bereits in 65 Ländern der Erde gezeigt und gewannen zahlreiche internationale Preise. Das Museum für Moderne Kunst in New York widmete Aki – als dem jüngstem Regisseur bisher – sogar eine Retrospektive.

1957 kam Aki in Helsinki zur Welt. Er verdiente sich sein Geld als Postbote und Filmkritiker, bevor er als Drehbuchautor, Regieassistent und Schauspieler im Film seines älteren Bruders *Valehtelija (Der Lügner)* (1980) mitwirkte. Im Jahr darauf gründeten die beiden Brüder eine Produktonsfirma namens Villealfa, sozusagen als Hommage an den Sciencefiction-Krimi *Alphaville* von Jean-Luc Godard. Außerdem gehören ihnen ein Filmkunst-Verleih und zwei Kinos inmitten von Helsinki.

Aki arbeitete zusammen mit Mika an dem Dokumentarfilm *Saimaa-Ilmiä* (1983), bevor er sich mit einer sehr freien Verfilmung von *Schuld und Sühne* (1983) selbständig machte. Der verschlossene Aki vermittelt einen schwermütigen Eindruck. In seiner lakonischen Art, die auch für seine Filme typisch ist, bezeichnete er sich selbst als den „größten Trinker der Welt". Sein Faible für die Verfilmung literarischer Stoffe rechtfertigt er unter anderem damit, daß es leichter sei, die Bücher von anderen zu verarbeiten, weil man dann mehr Zeit am Tresen habe.

Die Darsteller in Akis Filmen zeigen kaum Gefühle. Sie schütten Alkohol in sich hinein und versuchen, der drückenden Schwermut eines Landes zu entkommen, das ihnen wenig Anreize zum Bleiben bietet. (Vom finnischen Fremdenverkehrsamt werden seine Filme wohl kaum ausgezeichnet werden.) Die Dialoge werden auf ein Minimum reduziert, und kaum ein Film dauert länger als 80 Minuten. Das Werk Aki Kaurismäkis umfaßt die absurde Komödie *Calamary Union* (1985), in der 17 Männer einen Zug kidnappen, bis hin zur modernen Shakespeare-Verfilmung *Hamlet Liikemaailmassa* (1987). *Ariel* (1988) beginnt mit einem Selbstmord. Der Regisseur selbst beschreibt den Film als „eine Dokumentation der Zerstörung Finnlands. Heutzutage versucht Finnland so zu sein wie Florida. Es zählt nur noch der Profit."

Der um zwei Jahre ältere Mika studierte an der Filmhochschule in München. Er produzierte so unterschiedliche Streifen wie den Straßenfilm *Helsinki Napoli* (1987), die verrückte Komödie *Cha Cha Cha* (1988) und *Amazonas* (1990), ein aufregendes Dschungelabenteuer am Amazonas.

Vor kurzem siedelte Aki nach Portugal um. Entkommen möchten auch die Menschen in seinen Filmen, wie Iris in *Tulitikkutehtaan Tyttö (Das Mädchen aus der Streichholzfabrik,* 1989). Aber Hoffnungslosigkeit und Selbstzerstörung holen alle ein. Akis Auswanderung und sein Bemühen um internationale Anerkennung werden das Interesse am finnischen Film wieder sinken lassen, denn seine Arbeiten tragen zu sehr seine Handschrift, als daß sie stilbildend für finnische Filmemacher wirken könnten. Auf die Frage nach seinen Zukunftsplänen antwortete er: „Ein Jahr Pause. Vielleicht ganz mit dem Filmen aufhören." Und in einem Anflug von Gesprächigkeit fügte er hinzu: „Es ist ein langweiliger Job." ■

# MUSIK

Der finnische Dirigent Esa-Pekka Salonen hebt seine schwarzgekleideten Arme, dann sein jugendliches Gesicht, und plötzlich ist der Konzertsaal erfüllt von reichem Klang.

Handelt es sich etwa um ein finnisches Orchester? Schon möglich, aber genausogut könnten es auch die Londoner Sinfoniker, das Philharmonieorchester von Los Angeles oder das schwedische Radiosinfonieorchester sein, denn dieser außerordentliche junge Mann dirigiert sie allesamt. Salonen wurde erst 1958 geboren und gehört bereits zu den bekannteren Persönlichkeiten auf dem Gebiet der klassischen Musik.

Die meisten Menschen denken bei finnischer Musik jedoch zunächst an Jean Sibelius; denn schließlich avancierte dieser Musiker zu einem der berühmtesten Komponisten. Doch die moderne, finnische Musik hat mehr zu bieten als nur Sibelius – worauf inzwischen auch das internationale Publikum aufmerksam geworden ist. Erstaunlich viele finnische Musiker gewinnen regionale und internationale Wettbewerbe.

**Komponisten in rauhen Mengen:** Die Gesellschaft finnischer Komponisten hat derzeit über 100 Mitglieder. Von jedem wurden bereits Kompositionen in der Öffentlichkeit aufgeführt, und viele haben eine ganze Reihe von hervorragenden Schallplatten und CDs aufgenommen. Dreizehn Berufsorchester, 18 halbprofessionelle oder Kammerorchester und zahlreiche kleinere Ensembles spielen die Musik finnischer Komponisten. Allein in Helsinki sind zwei Sinfonieorchester zu Hause: das Finnische Radiosinfonieorchester und das Philharmonische Orchester von Helsinki.

Für ein Land mit fünf Millionen Einwohnern ist das außerordentlich viel. Aber der offenbar überproportional hohe Anteil an Musikern in Finnland ist kein Zufallsprodukt. Die Finnen lieben die Musik und praktizieren eine großzügige Förderpolitik. Es existieren fast 130 Musikschulen mit etwa 50 000 Studenten. Der Besuch dieser Schulen ist kostenlos, und wer besonderes Talent zeigt, erhält ein Stipendium für eines der sieben Konservatorien oder für die berühmte Sibelius-Akademie in Helsinki.

**Esa-Pekka Salonen in Aktion.**

In Finnland steht Musikern auch ein großes Einsatzgebiet zur Verfügung. Zur Konzertsaison im Sommer kommen außergewöhnlich viele Musikfestspiele hinzu, die Musiker aus dem In- und Ausland anziehen. Zwei Schallplattenfirmen konzentrieren sich speziell auf finnische Musiker.

Viele der begabtesten finnischen Musiker werden ins Ausland abgeworben, so daß man sie in Ländern der ganzen Welt antrifft. Besonders beliebt sind finnische Dirigenten: Leif Segerstam, Paavo Berglund, Okko Kamu, Jukka-Pekka Saraste und Salonen zählen zu den fünf besten einer ganzen Reihe hervorragender Dirigenten.

**Cello-Tradition:** Auch finnische Instrumentalmusiker haben weltweites Aufsehen erregt. Besonders zu erwähnen sind in diesem Zusammenhang die Cellisten. Arto Noras, der Gewinner des Tschaikowski-Wettbewerbs von 1966, und Erkki Rautio sind als renommierte Virtuosen bekannt. Lorbeeren verdienen sich inzwischen auch Anssi Karttunen und Martti Roussi, beide Jahrgang 1960. Aber es gibt nicht nur hervorragende Cellisten. Der klassische Gitarrist Timo Korhonen (geboren 1965) ist zwar noch nicht so bekannt, aber er scheint fest entschlossen, in die Fußstapfen des legendären André Segovia zu treten. Der Pianist Ralf Gothoni hat sich seinen Platz in europäischen Konzertsälen bereits erobert. Der Pianist und Komponist Olli Mustonen (geboren 1967) wurde als der „finnische Mozart" bekannt: Im Alter von zwölf Jahren komponierte er bereits sein erstes Konzert, das vom Radiosinfonieorchester unter seiner Leitung uraufgeführt wurde.

Auch eine beachtliche Zahl finnischer Sänger gelangte zu internationalem Ruhm. In den fünfziger Jahren begeisterte die Baßstimme Matti Lehtinens das Publikum auf der ganzen Welt, Martti Talvela sang bis zu seinem frühzeitigen Tod im Jahre 1989 (Baß), und heute beeindrucken Matti Salminen und Jaako Ryhänen (beide Baß). Die Baritonsänger Jorma Hynninen, Tom Krause und Walton Grönroos geben Gastspiele in so großen Häusern wie der Metropolitan-Oper in New York, und der Tenor Peter Lindroos singt im Londoner Covent Garden und der Berliner Staatsoper. Die Sopranistinnen Ritva Auvinen, Anita Välkki, Taru Valjakka und Karita Mattila sind ebenfalls weltberühmt, und Soile Isokoski, Gewinnerin des Elly-Ameling-Wettbewerbs von 1988, eifert ihnen nach.

Daß Finnland viele seiner Musiker – vor allem Sopranistinnen – ans Ausland verlor, liegt in nicht unbeträchtlichem Maße an der früheren Nationaloper in Helsinki, die weder in Hinsicht der Kapazitäten noch der Akustik den zeitgenössischen Anforderungen entsprach. Man setzt nun allseits große Hoffnungen in das neue Opernhaus, das unlängst eröffnet wurde.

Wenn auch finnische Sänger häufig im Ausland nach Ruhm streben, leidet die Finnische Nationaloper nicht allzusehr darunter – wurde sie doch 1983 sogar als erstes ausländisches Opernensemble zu einem Gastspiel an die New Yorker Met eingeladen.

**Berühmtes Festival:** Doch selbst die abtrünnigste Sopranistin kommt einmal im Jahr zum Savonlinna-Opernfestspiel nach Hause. Savonlinna findet in einem 500 Jahre alten Schloß statt und gehört zu den stimmungsvollsten Opernfestspielen der Welt.

Schon immer war der Gesang das Rückgrat der finnischen Musiktradition gewesen. Vielleicht wurden deshalb allein seit 1970 mehr als 60 finnische Opern geschrieben. Drei davon wurden bereits in den bedeutendsten Häusern außerhalb von Finnland aufgeführt: *Ratsumies (Der Reiter)* und *Punainen Viiva (Die rote Linie)* von Aulis Sallinen sowie *Viimeiset kiusaukset (Die letzten Versuchungen)* von Joonas Kokkonen.

Diese Werke beweisen, daß die Finnen nach Sibelius auch heute bedeutende Komponisten hervorbringen. Joonas Kokkonen könnte man als den größten unter ihnen bezeichnen, doch fällt die Wahl bei so vielen Talenten schwer. Erik Bergman und Einojuhani Rautavaara zum Beispiel gehören zu den renommierten Komponisten der älteren Generation.

Selbstverständlich verfügt Finnland auch über hoch talentierte Nachwuchskomponisten. Magnus Lindberg (geboren 1958) und Kaija Saariaho (geboren 1952) ragen besonders hervor. Lindbergs *KRAFT* (1985) gewann sowohl den Musikpreis des Nordischen Rats als auch den Kussewitzki-Schallplattenpreis. Nach der Premiere von *JOY* im Jahre 1991 bezeichnete ihn *Le Monde de la Musique* als „zweifellos einen der weltbesten Komponisten in dieser Altersgruppe".

In diesem kleinen Land gedeihen neben der alles überstrahlenden Größe von Sibelius viele musikalische Talente, und es ist nur eine Frage der Zeit, wann ein neuer Sibelius zutagetritt – oder als solcher erkannt wird.

# SIBELIUS

Es ist sicherlich nicht einfach, wenn man plötzlich zur Leitfigur eines Landes wird, das sich gerade auf der Suche nach der eigenen Identität befindet. Und doch war es genau diese Eigenschaft, die die meisten Finnen – mehr noch als seine Musik – mit ihrem berühmtesten Komponisten, Jean Sibelius (1865-1957), in den Jahren vor der finnischen Unabhängigkeit verband. Besonders seine Sinfonie *Finlandia* stand für das Finnische schlechthin.

Sibelius vereinte in sich viele verschiedene finnische Aspekte. Sogar seine Ahnen stammten aus den unterschiedlichsten Gegenden Finnlands: aus der fast an der russischen Grenze gelegenen Küstenstadt Loviisa, aus dem schwedisch geprägten Turku und aus der etwas zentraler gelegenen Provinz Häme, wo er im Dezember 1865 das Licht der Welt erblickte. Jean Sibelius war der erste Sohn des Arztes Christian Gustaf Sibelius und seiner Frau Maria.

Wenn auch die Familie seines Vaters reich war, kannte man Doktor Sibelius vor allem als guten Arzt und weniger als Mann mit Sinn fürs Geschäft. Er starb, als er seine Patienten während einer Typhusepidemie versorgte.

Die Familie blieb in Hämeenlinna, einem Ort mit nur 3000 Einwohnern. Die Musik wurde hier allerdings sehr gepflegt, da Künstler aus Helsinki die Stadt für Konzert- und Liederabende leicht erreichen konnten. Alle drei Kinder waren musikalisch begabt. Wenn sie bei der Verwandtschaft in Loviisa zu Gast waren, musizierten sie oft. Im Elternhaus hängt noch ein Foto aus jener Zeit, das Jean mit der Violine, seine Schwester Linda am Klavier und Christian am Cello zeigt.

Es wäre zu einfach, das gesamte Schaffen von Sibelius auf den Einfluß der finnischen Landschaft zurückzuführen. Fest steht jedoch, daß die Künstler und Intellektuellen des ausklingenden 19. Jahrhunderts mit ihrer Begeisterung für das einfache Volk und die Vergangenheit des Landes Sibelius stark beeinflußten. Dennoch gestattete Sibelius nach der Uraufführung der Kullervo-Sinfonie, die sich stark an der finnischen Volksmusik zur Blütezeit der nationalromantischen Bewegung orientierte, keine weitere Aufführung dieses Werkes.

Gegen Ende des 19. Jahrhunderts reiste Sibelius nach München und Bayreuth. Er arbeitete an einer Oper, die er allerdings nicht vollendete. Ein Teil dieser Kompositionen floß jedoch in die sinfonische Dichtung *Der Schwan von Tuonela* mit ein. Er schrieb seine *Erste Sinfonie* kurz vor der Jahrhundertwende, und 1902 folgte die beliebte *Zweite Sinfonie*. Damals hatte er bereits mit dem *Violinkonzert* begonnen, das viele als sein größtes Werk bezeichnen. Die Erstaufführung erfolgte etwas übereilt, da der anspruchsvolle Sibelius in Geldnöten war.

Kurz darauf zog die Familie in das Haus Ainola in der Nähe von Järvenpää. Entdeckt wurde Ainola (benannt nach Sibelius' Frau Aino) von dem Maler Eero Järnefelt. Der Architekt Lars Sonck entwarf das Holzhaus. Im Herbst zogen der Komponist, seine Frau und seine drei Töchter ein. Hier komponierte Sibelius an die 150 Werke, darunter seine restlichen Sinfonien.

Sibelius lebte 53 Jahre lang – bis zu seinem Tode im Jahre 1957 – in Ainola. Zum Komponieren brauchte er keine Instrumente. Manchmal spielte er zum Vergnügen auf einem Flügel, einem Geschenk seiner Freunde zum 50. Geburtstag. Seine Musik jedoch kam von innen. Wenn er komponierte, herrschte absolute Stille, seine Kinder gingen zu Freunden, und die Bediensteten schlichen auf Zehenspitzen durch das Haus.

Gegen Ende seines Lebens wurde der Komponist selbst still. In seinem letzten Lebensjahr versiegte seine Kreativität. Bis zu seinem Tode hielten sich Gerüchte, Sibelius schreibe an einer weiteren Sinfonie, doch die *Siebte Sinfonie* sollte seine letzte bleiben. ■

# Vom Helden zum Normalsterblichen

„Die Literatur ist die Interpretin eines Landes. Literatur ist der Spiegel einer Nation. Ohne Literatur geht es der Nation wie einem Blinden oder einem Taubstummen."

– *Eino Leino, Poet und Schriftsteller, 1910.*

Die finnische Literaturgeschichte der letzten zwei Jahrhunderte ist die Geschichte Finnlands in seinem Streben nach Selbstfindung und nationaler Unabhängigkeit. Wie die politische Entwicklung des Landes so ist auch die Literaturgeschichte von Höhen und Tiefen, großen Erwartungen und herben Enttäuschungen gekennzeichnet. Die Schriftsteller schwenkten von einer übertriebenen Romantik zu Realismus und Desillusionismus um. Das dabei entstandene Porträt der Finnen wandelte sich vom edlen Helden zum betrunkenen Witzbold.

Zunächst kamen die großen Erwartungen. Die Literaturgeschichte war erst einmal ein unbeschriebenes Blatt, denn bis zu Beginn des 19. Jahrhunderts wurde die literarische Tradition vor allem mündlich weitergegeben. Da es also keine Vorbilder gab, hatten die Schriftsteller sozusagen freie Hand. Sie konnten „den Finnen" auf Papier entwerfen, und viele machten ihn dabei zum Helden.

Finnlands Nationaldichter, Johan Ludvig Runeberg (1804-1877) hatte genau diese romantische Vorstellung von seinen Landsleuten. In seinen drei Gedichtsammlungen in schwedischer Sprache *Dikter I-III (Gedichte)* und seinen patriotischen Balladen *Fänrik Stål Sägner I-II (Die Erzählungen des Fähnrichs Stål)* schuf er aufrechte und edle Finnen.

Um 1820 begann Elias Lönnrot (1802-1884) ein Projekt, das Öl in die Flammen des Nationalstolzes goß. Er reiste durch Finnland, sammelte einheimische Volkspoesie und schrieb sie nieder. So entstand die *Kalevala* (jetzt üblicherweise als „Alte Kalevala" bezeichnet), die 1835 erstmals veröffentlicht wurde und 1849 überarbeitet und erweitert ein zweites Mal erschien.

Die *Kalevala* wird oft als das „epische Gedicht Finnlands" bezeichnet. Mit der Odyssee oder der Ilias ist sie allerdings nicht zu vergleichen. Vielmehr handelt es sich bei der *Kalevala* um eine Sammlung von Erzählungen, wovon einige aus Gedichten entstanden sind. Andere wiederum bilden kleinere Intermezzi, deren Funktion vor allem die Vermittlung von alten Sitten und Liedern ist. Im Handlungsaufbau bestimmen öfter eine oder mehrere Leitvarianten den Motivablauf, der von poetischen Zaubersprüchen aus dem Mittelalter unterbrochen wird.

Die eigentliche Leistung Lönnrots besteht nicht so sehr in der literarischen Qualität des Heldengedichts als vielmehr in der Aufwertung der Finnen als Volk. Der legendäre Finne hat bei Lönnrot Anteil an der Schöpfung der Welt. Die übermenschlichen Gestalten erinnern an antike Helden, haben jedoch speziell finnische Eigenarten. Die gesamte Umwelt – das Meer, die Seen, die Wälder, die Bauern – ist typisch finnisch.

Die Geschichte des finnischen Volkes wurde geschickt in die *Kalevala* eingeflochten. Sie geht zwar bis zu den Anfängen der Menschheitsgeschichte zurück, läßt aber die Erniedrigungen des alltäglichen Lebens unerwähnt – beispielsweise die endlose Vorherrschaft fremder Völker. Im mythischen Finnland Lönnrots halten die Guten und Gerechten die Macht in Händen. Lönnrot stellte das Epos zwar Mitte des 18. Jahrhunderts zusammen, aber es liest sich wie ein antiker Klassiker oder zumindest wie eine alte, nordische Saga. Eine weitere Besonderheit ist die Tatsache, daß das Werk ausschließlich auf mündlicher Überlieferung beruht und sein Wahrheitsgehalt deshalb nicht überprüfbar ist.

Zur selben Zeit priesen andere finnische Schriftsteller wie der Dichter, Romanautor und Dramatiker Aleksis Kivi (1834-1872) die Tugenden des ländlichen Lebens und machten den einfachen Menschen zum Helden: Der echte Finne führte in den Wäldern ein tugendhaftes Leben im Einklang mit der Natur.

Zu Beginn des 20. Jahrhunderts begannen die geschichtlichen Ereignisse Schatten auf den unbefleckten Nationalcharakter zu werfen. Die Freude über politische Errungenschaften, vor allem über die nationale Unabhängigkeit, wurde schnell durch die nachfolgenden Entwicklungen vergällt. Den Schriftstellern oblag es nun, Ereignisse zu analysieren, die das Gewissen der Nation belasteten. Dazu gehörten zum Beispiel der Bürgerkrieg oder die Folgen der Industrialisierung.

Obwohl ihre Vorfahren den Grundstein für eine finnische Literatur gelegt hatten, entfernten sich die schwedischsprachigen Schriftsteller zu jener Zeit von der finnischen Hauptströmung. Sie isolierten sich und waren weniger politisch orientiert.

Einige von ihnen, wie beispielsweise die Dichterin Edith Södergran (1892-1923), deren Bücher in Skandinavien viel gelesen wurden, waren dennoch recht beliebt. Andere Schriftsteller wie Christer Kihlman, der die Bücher *Den Blå Modern (Die Blaue Mutter)* und *Dyre Prins (Süßer Prinz)* verfaßte, oder Tove Jansson belegen, welch unterschiedliche Wege die schwedischsprachige Literatur in Finnland beschreitet.

des, woben die Schriftsteller dieser Gruppe sozialistische Prinzipien in ihre Stoffe mit ein. Viele sperrte man während des Zweiten Weltkrieges aus sogenannten „politischen Gründen" ein. Was war jetzt aus der Vision des tadellosen, finnischen Helden geworden?

Die Jahre nach dem Kriege dienten der Reinigung des Gewissens. Das Schicksal von Hunderttausenden karelischen Flüchtlingen war eines der literarischen Themen. Unverhüllte Kritik am Krieg übte Väinö Linna in seinem erfolgreichen Roman *Kreuze in Karelien (Tuntematon sotilas)* sowie der Schriftsteller Antti Hyry. Bei Linna ist der einfache Soldat ein fast unschuldiges Opfer der politischen und militärischen Obrigkeit.

**<u>Oben</u>: Die *Kalevala*, das finnische Nationalepos, wurde bereits in viele Sprachen übersetzt.**

Im ganzen 20. Jahrhundert beschäftigte sich ein Großteil der finnischen Autoren mit Ereignissen von weltweiter Bedeutung. Der Aufstieg der Nazis und der Pakt der Finnen mit den Deutschen im Zweiten Weltkrieg drückten das literarische Gewissen. Im Jahre 1936 bildete sich eine Gruppe finnischer Literaten namens „Der Keil" *(Kiila),* zu deren Mitglieder unter anderem die Dichter Viljo Kajava und Arvo Turtiainen sowie der Prosaschriftsteller Elvi Sinervo gehörten. Eingebunden in die literarische Tradition des Lan-

Es ist nicht verwunderlich, daß eine nationale Therapie in so einer öffentlichen Form Zorn und heftige Dikussionen ausgelöst hat. Bis zum Ende der sechziger Jahre glich der allgemeine Tenor in der Literatur demjenigen des übrigen Europa: Protestlyrik, Arbeiterromane, Angstliteratur der Mittelschicht und – aufgrund der Landflucht – eine genauere Analyse des bäuerlichen Lebens.

Heute sind die finnischen Helden längst keine strahlenden Vorbilder mehr. Vielmehr werden sie von ebenso vielen Zweifeln und Ängsten geplagt, sind sie ebenso lächerlich und menschlich wie die Helden in den Literaturen anderer Länder.

Schwedischsprechende Eltern werden in Finnland vor eine schwere Wahl gestellt. Wenn die schwedische Muttersprache erhalten bleiben soll, muß das Kind zweisprachig aufwachsen. Soll das Kind in einen finnischsprachigen Kindergarten gehen? Auf ein schwedischsprachiges Gymnasium? Manchmal sind die Plätze in Schulen jedoch auch begrenzt, so daß man gar keine Wahl hat.

Einige Eltern geben nach. Schließlich sei Finnisch die offizielle Sprache, die Sprache der Macht, und deshalb sollten ihre Kinder auch nur Finnisch sprechen. Möglicherweise ziehen auch ihre Kinder Finnisch dem Schwedischen vor, weil das die Sprache ihrer Jugendklubs und der weiterführenden Schulen ist – oder einfach nur, weil die meisten ihrer Freunde Finnisch sprechen.

Für Besucher des Landes ist das etwas verwirrend, denn die Finnlandschweden sind weder Einwanderer noch Schweden. Sie sind Finnen mit schwedischer Muttersprache, die aber auch Finnisch sprechen, was sich in der Arbeit und außerhalb der eigenen vier Wände meist nicht vermeiden läßt. Wenn man Finnland als „zweisprachige Nation" beschreibt, heißt das im Klartext, daß die Finnlandschweden sowohl finnisch als auch schwedisch sprechen. Die finnischsprechenden Finnen sind jedoch häufiger der englischen als der schwedischen Sprache mächtig.

Auf den ersten Blick möchte man meinen, daß für die sprachliche Minderheit gut gesorgt ist. Finnlandschweden können finnische Schulen besuchen und auf schwedisch unterrichtet werden. Es gibt finnische Zeitungen in schwedischer Sprache, und das finnische Radio überträgt auch schwedische Programme. Dennoch gibt es Probleme. Schwedischsprachige Schulen gibt es nur wenige, und oft liegen sie weit vom Wohnort entfernt.

**Sprachliche Wurzeln:** Die Finnlandschweden sind eine Reminiszenz an die 700 Jahre schwedische Fremdherrschaft. Damals, und sogar noch als Finnland russisches Großfürstentum war (1808-1917), war Schwedisch Amtssprache sowie Sprache der Gebildeten und Besitzenden. Im Süden und Westen des Landes sprach auch ein Großteil der ländlichen Bevölkerung schwedisch.

Vor allem das kulturelle Leben Finnlands wurde von den schwedischsprachigen Intellektuellen bestimmt. Erst im Jahre 1828 gab es an der Universität von Turku die erste Dozentenstelle für die finnische Sprache, und es dauerte bis 1850, ehe man eine entsprechende Professur einrichtete.

Da sich das Schwedische auf diese Art seine Vorrangstellung sicherte, war es gegen Mitte des 19. Jahrhunderts, in der Zeit des aufstrebenden politischen und kulturellen Lebens in Finnland, die wichtigste Sprache. Es entstand die paradoxe Situation, daß gerade politische Aktivisten wie die Fennomanen, die für die Emanzipation der finnischen Sprache kämpften und denen die Liebe zu ihrem Land über alles andere ging, selbst Schwedisch sprachen. In der Kulturszene des 19. Jahrhunderts gab es eine ganze Reihe von schwedischsprechenden Dichtern und Malern, die um einen künstlerischen Ausdruck für den finnischen Nationalismus rangen.

Da überrascht es kaum, daß die nach der nationalen Unabhängigkeit 1919 verkündete Verfassung Finnisch und Schwedisch als gleichberechtigte Sprachen vorsieht. Zu jener Zeit machten die Finnlandschweden etwa zwölf Prozent der Gesamtbevölkerung aus. Heute ist diese Zahl auf sechs Prozent gesunken. Es gibt noch etwa 300 000 Finnlandschweden, deren Muttersprache Schwedisch ist und die zu Hause schwedisch sprechen.

Die Stadt Porvoo (Borgå auf schwedisch) war und ist das Zentrum der Finnlandschweden. Auf dem städtischen Friedhof liegt der Student Eugen Schaumann begraben, der den verhaßten russischen Gouverneur General Bobrikov 1904 ermordete. Porvoo ist die Geburtsstadt eines der ersten und erfolgreichsten finnischen Maler, dem Finnlandschweden Albert Edelfelt (1854-1905). Der Schwedisch sprechende und schreibende Nationaldichter Finnlands, Johan Ludvig Runeberg (1804-1877), unterrichtete hier 20 Jahre lang. Das erste Gedicht der Sammlung *Vårt Land (Unser Land),* enthalten in dem berühmten Band epischer Gedichte *Fänrik Stål Sägner (Die Erzählungen des Fähnrichs Stål),* ist zur finnischen Nationalhymne geworden. Runeberg ist das Musterbeispiel dafür, daß sich Finnlandschweden ebenso als Finnen fühlen wie die finnischsprachigen Finnen selbst.

Der Verfasser des epischen Gedichts *Kalevala*, Elias Lönnrot (1802-1884), wurde in Nyland, im Südwesten des Landes geboren und trägt einen schwedischen Namen. Dennoch war er ein großer Vorkämpfer für das finnische Traditionsbewußtsein. Schließlich wurde er Professor für die finnische Sprache an der Universität Helsinki. Er ist auch der Verfasser eines schwedisch-finnischen Lexikons, das entscheidend zur Entstehung des Finnischen als Schriftsprache beitrug.

Im Jahre 1863 erklärte Zar Alexander II. Finnisch zur offiziellen Sprache. Allmählich verbreitete sie sich und wurde zur Sprache der Macht. Gelegentlich entzündeten sich politische Auseinandersetzungen an den beiden Sprachen, vor allem in den zwanziger und dreißiger Jahren des 20. Jahrhunderts. Jahrzehntelang bezichtigte man die Finnlandschweden eines überproportionalen Reichtums und Einflusses. In finnischen Geschichtsbüchern wird der politische und kulturelle Beitrag der Finnlandschweden bei der Entstehung der finnischen Nation jedoch häufig heruntergespielt.

**Links: Der Völkerbund spricht die Ålandinseln 1921 Finnland zu. Oben: Gallen-Kallelas Illustrationen der *Kalevala* im Nationalmuseum.**

**Endgültiger Niedergang:** Leider sind die Finnlandschweden am Aussterben. Es mehren sich die Anzeichen dafür, daß die Säulen der finnlandschwedischen Kultur einstürzen. So gab es beispielsweise 1960 noch 21 schwedischsprachige Zeitungen (im Vergleich zu 182 finnischen), 1988 waren es nur noch 14 (die finnischen Veröffentlichungen stiegen auf 374 an). Die in Helsinki erscheinende, finnische Zeitung *Helsingin Sanomat* hat eine Auflage von 457 000 Stück, das schwedischsprachige Pendant dazu, *Hufvudstadsbladet*, bringt es hingegen gerade noch auf 67 000 Exemplare.

Da sich die Finnlandschweden von den übrigen Finnen mehr in sprachlicher als in kultureller Hinsicht unterscheiden, ist man nicht sehr besorgt, daß die finnlandschwedische Bevölkerung vielleicht bald ganz von der Bildfläche verschwindet. Mischehen beschleunigen diese Entwicklung, weil finnischsprechende Partner meist nicht bereit sind, Schwedisch zu lernen. Sie nehmen lieber Englischunterricht, um englische Filme und Popsongs verstehen zu können.

Die verbleibenden Finnlandschweden leben vor allem in den westlichen und südwestlichen Küstenregionen (in Nyland, Åboland, Turku und Österbotten). Hier machen die Finnlandschweden ungefähr 20 Prozent der Gesamtbevölkerung aus. Darauf weisen die zweisprachigen Straßenschilder hin. Aber auch in finnischen Großstädten wie Helsinki und Tampere denkt man in dieser Hinsicht an die schwedisch sprechenden Mitbewohner.

**Einzigartige Situation:** Die im Südwesten Finnlands gelegenen Ålandinseln sind ein besonderer Fall. Als Finnland 1917 unabhängig wurde, waren Kultur und Geschichte der Åländer eindeutig von Schweden geprägt. (Dies ist auch heute noch so.) Dementsprechend entschied sich ein Großteil der Inselbewohner bei einem Volksentscheid für einen Anschluß an Schweden. Nach einem endlosen Tauziehen wurde die Angelegenheit zu Beginn der zwanziger Jahre von den noch in den Kinderschuhen steckenden Vereinten Nationen entschieden. Die Ålandinseln blieben finnisch, der Erhalt der schwedischen Sprache wurde jedoch gewährleistet.

Deshalb ist die Amtssprache der Inseln Schwedisch. Die 24 000 Åländer haben für innenpolitische Angelegenheiten ihr eigenes Parlament und ihre eigene Regierung. Außerdem erhalten sie einen festen Etat vom finnischen Gesamthaushalt. Auch senden sie ein Mitglied an das Hauptparlament in Helsinki.

Politisch werden die Finnlandschweden vor allem durch die 1906 gegründete Schwedische Volkspartei (SFP) vertreten. In den letzten Jahren blieb ihr Wählerpotential relativ konstant. So gewann sie bei den Parlamentswahlen im Jahre 1987 5,5 Prozent der abgegebenen Stimmen (13 Sitze), 1991 waren es 5,4 Prozent (11 Sitze).

**Kabinettsposten:** Durch die häufigen Koalitionsregierungen erlangten einige Mitglieder der SFP im Parlament größere Bedeutung. Ole Norrback hatte einige Ministerämter inne, unter anderem wurde er 1991 Verkehrsminister. Mit einiger Neugier beobachtet man Elisabeth Rehn, die erste weibliche Verteidigungsministerin des Landes. Selbstverständlich müssen die beiden ihren Amtsgeschäften auf finnisch nachgehen.

Wenn man sich mit Finnlandschweden über ihre Zweisprachigkeit unterhält, klagen sie oft darüber, daß sie sich weder in der einen noch in der anderen Sprache ganz zu Hause fühlen. Obwohl sie technisch Schwedisch und Finnisch perfekt beherrschen, suchen sie oft verzweifelt nach einem bestimmten Wort, das ihnen partout nur in der anderen Sprache einfällt. Doch dieses Problem kennen alle, die zwei Sprachen sprechen. Ein großer Vorteil für die Finnlandschweden ist, daß sie durch das ständige Umschalten von der einen in die andere Sprache quasi im Handumdrehen auch noch andere Sprachen, wie zum Beispiel Deutsch, Englisch, Französisch, Dänisch und Norwegisch, ohne allzu große Mühe erlernen.

**Oben: Ole Norrback, der Vorsitzende der Schwedischen Volkspartei. Rechts: Straßenschild mit schwedischem und finnischem Hinweis.**

GÄLLER EJ
KYRKOBESÖKARE
EI KOSKE
KIRKOSSA KÄVIJÖITÄ

Am liebsten kümmern sich die Samen (Lappen) um ihre eigenen Angelegenheiten und hoffen, daß sich andere ebenso verhalten. Die zweite Hälfte des 20. Jahrhunderts brachte diesem Volk gleichermaßen Segen und Fluch. Einerseits wächst die Bedrohung durch das labile ökologische Gleichgewicht, andrerseits hat sich durch die gewaltigen Veränderungen ein neues Identitätsbewußtsein entwickelt.

Die meisten Experten sind sich darüber einig, daß die Samen von einem Volk abstammen, das im letzten Jahrtausend vor Christus nach Finnland und Ostkarelien kam. Durch den Kontakt mit der urlappischen Bevölkerung entstand die lappische Kultur. Später kamen die Finnen hinzu, die ebenfalls zur finno-ugrischen Sprachgemeinschaft gehören. Diese Völker können daher auf ein gemeinsames sprachliches Erbe mit Ursprung im Uralgebirge zurückblicken.

Kern früher Gesellschaftsformen der Samen bildete die *siida*, eine Gemeinde mit mehreren Familien, die in einem bestimmten Gebiet gemeinsam jagten, Fallen stellten und fischten. Ortsnamen in Süd- und Mittelfinnland geben genügend Hinweise auf blühende Siedlungen der Samen bis hin zum Mittelalter. Doch in dem Maße, wie die finnischen Siedler vordrangen, wichen die Samen Richtung Norden zurück. Im heutigen Finnland leben sie vor allem im Norden von Lappland. In Finnisch-Lappland leben etwa 5700 Samen, das sind beträchtlich weniger als im benachbarten Schweden oder Norwegen.

Die Heimat der Samen ist Lappland, die nördlichste Provinz Finnlands. Sie bedeckt etwa ein Drittel der Gesamtfläche des Landes und liegt größtenteils nördlich des Polarkreises. Weit entfernt von den wenigen Städten und Gemeinden liegt die außergewöhnliche Schönheit des Landes vor allem in seiner ursprünglichen Wildnis. Ausgedehnte Moore und riesige Birkenwälder kontrastieren mit kahlen Hügeln, deren größter 1300 Meter hoch ist. Die ganze Landschaft wird von Flüssen und Bächen durchzogen, die sich immer wieder zu Seen und Tümpeln stauen.

**Vorherige Seiten: Samen beim Mittagessen im Freien. Links: Ältere Skoltsamin in der Nellim-Kirche. Oben: Sommerlich gewandet.**

Zunächst mag man bei Lappland an das Land der Mitternachtssonne denken, die (bei gutem Wetter!) an fast 70 Sommertagen zu sehen ist. Aber die sonnenlose Zeit im Winter ist ebenso lang, und nur gelegentlich erhellt dann das flackernde Nordlicht die Dunkelheit der Nacht; gegen Mittag dämmert die unsichtbare Sonne zaghaft, und ein wenig mildert das alles durchdringende Weiß des Schnees die tiefe Nacht. Ein zartes Grün folgt im Frühling auf die große Schneeschmelze. Der Herbst leuchtet in so unglaublichen Farben, daß die

Finnen dafür ein besonderes Wort geprägt haben: *ruska*.

Vielleicht denken Sie bei diesem Land auch zunächst an die Lappen. Die aber nennen sich selbst lieber Samen, denn so heißt ihr Volk in ihrer Sprache. Heute erstreckt sich das Gebiet der Samen über den ganzen Norden Norwegens, Schwedens und Finnlands bis in die nordwestlichste Ecke Rußlands.

**Frühe Entwicklung:** Es war unvermeidlich, daß die Samen mit ihrer losen, schwach strukturierten Gesellschaftsform von den straff organisierten, finnischen Neuankömmlingen im Kampf um Rohstoffe und nicht zuletzt durch die zahllosen Kriege der Finnen immer stärker bedroht wurden. Das unter den in Norwegen und Schweden lebenden Samen verbreitete Nomadentum war bei den finnischen Samen nie so ausgeprägt. Sie gingen allmählich von einer fast ausschließlich auf Jagen und Fischen beruhenden Wirtschaft auf die Rentierzucht über. Die ursprünglich heftig gejagten Wildtiere wurden halb domestiziert. Dadurch übernahmen die Samen relativ früh die seßhaftere Lebensform der Finnen. Oft hielten sie sich einige Tiere und bestellten ein Stück Land, um Hafer und Kartoffeln anzubauen – das einzige, was in diesen Breitengraden noch gedeiht. Die im Norden lebenden Finnen haben ihrerseits häufig die Rentierhaltung übernommen.

Das Rentier war immer schon mehr als eine Fleischration auf vier Beinen. Das Fell spendet Decken und warme Kleidung, und aus Geweih und Knochen lassen sich Werkzeuge und Gebrauchsgegenstände herstellen. Als Lasttier zog es schwere Schlitten durch den Schnee, eine Aufgabe, die erst vor kurzem vom lauten und häßlichen Motorschlitten übernommen wurde. Aber auch heute noch bestimmt der jährliche Rentierzyklus – die Brunft, Zucht, Trennung, Schlachtung, Kalben und Markieren – den Kalender im Norden Lapplands. Zu den farbenprächtigsten Ereignissen in ganz Europa gehört das Zusammentreiben der Rentiere im Winter.

Aus der Kultur der Samen ist der tief in den Geheimnissen einer allmächtigen Natur verwurzelte, schamanistische Glauben nicht wegzudenken. Alles, ganz egal ob es belebt oder unbelebt war, hatte demnach eine Seele, und die geistige Welt war ebenso real wie die materielle. Der Weise, der die eine Welt für die andere verständlich machte, hieß *noaide*. Sein magisches Instrument war eine Trommel mit bildhaften Symbolen, mit der er sich in einen Trancezustand versetzte, um Zugang zur Geisterwelt zu erlangen.

**Feuer und Schwerter:** Da überrascht es kaum, daß Missionare auf ihrer Wanderschaft durch diese einsamen Lande alle Anstrengungen unternahmen, derartige Praktiken zu unterbinden. Doch trotz Zwangsverbrennungen von Trommeln und anderen Abschreckungsmanövern überlebte der Schamanismus bis ins 19. Jahrhundert. Die endgültige Unterwerfung schaffte erst Lars Levi Laestadius, der Feuer und Schwerter vom Himmel herabregnen ließ und damit bei den Samen offenbar einen vertrauten Ton angeschlug. Die alten Götter wichen dem neuen Gott, und heute zählen Kirchenfeste zu den wichtigsten Ereignissen des Jahres. Vor allem an Mariä Verkündigung und Ostern geht es hoch her: An diesen Tagen feiert man gerne Hochzeiten, traditionelle Wettbewerbe wie Lassowerfen und Rentierrennen werden ausgetragen, und nicht zuletzt gibt es oft ein Wiedersehen mit weit entfernt lebenden Familienmitgliedern.

Außer Gott brachten die Missionare auch die Schulbildung. Die mündliche Überlieferung der Samen gewährleistete die Weitergabe von zahlreichen Legenden sowie das gesammelte Wissen von Jahrhunderten über Generationen hinweg. Ganz typisch für die Kultur der Samen ist ihr Ruf, der bis heute praktiziert wird. Dieser dem Jodeln vergleichbare Gesang verleiht einem Ereignis Ausdruck, einer Landschaft oder einem Gefühl.

Der Kultur der Samen fehlte es immer an frühen, schriftlichen Quellen. Ihre ersten Bücher beschäftigten sich nur mit religiösen Themen. Später kamen Grammatiken und Lexika hinzu und schließlich im 20. Jahrhundert die Anfänge einer samischen Literatur.

Kein Jahrhundert prägte Lappland stärker als dieses. Der Wiederaufbau nach den Verwüstungen des Zweiten Weltkrieges markierte den Beginn einer Entwicklung, die das Gesicht des Landes für immer veränderte. Seit 1945 ist die Bevölkerungszahl auf fast

200 000 (vor allem Finnen) hochgeschnellt, aber verteilt auf eine Fläche von etwa 100 000 Quadratkilometern kann man wohl kaum von einer Überbevölkerung sprechen.

Die Verwaltungsstadt Rovaniemi wurde praktisch neu aufgebaut und entwickelte sich zum kulturellen und wirtschaftlichen Mittelpunkt Lapplands. Eine ganze Reihe umliegender Dorfgemeinden ist inzwischen zu modernen Kleinstädten erblüht. Ein Netz neuer sowie ausgebauter Straßen dringt in Gebiete vor, die noch vor einigen Jahrzehnten nur zu Fuß oder auf Skiern erreichbar waren. Die Flüsse werden inzwischen für die Wasserkraft genutzt. Die Seen Lokka und Porttipahta wurden von Menschenhand geschaffen.

Regierung eine Staatskommission für die Angelegenheiten der Samen, und 1973 erhielt das Volk der Samen in Finnland zum ersten Mal ein eigenes Parlament, das von ihnen gewählt wurde. Zwar ist sein Einfluß gering, da es über keine gesetzgebende Gewalt verfügt, aber die Belange der Samen haben damit ein öffentliches Forum gefunden. Vor allem geht es um ihre Landrechte und die traditionelle Nutzung des Landes im Norden Lapplands – uralte Rechte, die im Laufe der Jahrhunderte untergraben wurden (wenn auch nicht de jure).

Es klingt wie eine Ironie des Schicksals, daß die größte Bedrohung der Kultur der Samen gerade mit den besseren Bildungsmöglichkeiten einherging. Die jungen Leute interessieren sich nicht mehr für die Arbeit ihrer Vorfahren und ergreifen andere Berufe. Andrerseits haben die Samen in Finnland ihre eigene Zeitung (*Sápmelia*, gegründet 1934), ein Theater sowie samische Kunst- und Handwerksverbände. 1991 erhielt zum ersten Mal ein samischer Schriftsteller, Nils-Aslak Valkeapää, den Literaturpreis des Nordischen Rates.

Vielleicht bedauern Sie die unvermeidliche Bedrohung einer Kultur, die zunehmend unter den Zivilisationsdruck des herannahenden 21. Jahrhunderts gerät. Aber vielleicht dämmert dem Rest der Welt auch erst dadurch, welche Bereicherung von der alten Kultur der Samen ausgehen könnte.

**Zusammenarbeit:** Die ersten samischen Organisationen wurden etwa um die Jahrhundertwende gegründet, aber bis in die fünfziger Jahre waren ihre Bemühungen noch relativ unkoordiniert. 1956 gründete man den Nordischen Rat der Samen, um „die Zusammenarbeit der Samen aus Finnland, Norwegen und Schweden zu verbessern". Diese Organisation schuf das erste Mal für alle Samen eine Basis, um die gemeinsamen Ziele zu verwirklichen und die Weltöffentlichkeit zu informieren. Einige Jahre später gründete die finnische

**<u>Links</u>: Same in bunter Tracht. <u>Oben</u>: Im Winter werden die Rentiere zusammengetrieben.**

# Von Rallyefahrern und Läufern

Immer wenn Sie auf eine Gruppe von Rallyefahrern und -fahrerinnen treffen, die sich ihre Wege durch unwegsames Gelände bahnen, ist ein überdurchschnittlich hoher Anteil von Finnen dabei. Die finnischen Rallyestars Ari Vatanen, Hannu Mikkola und Markku Alen sind vielleicht nur Fans des Motorsports ein Begriff, und dennoch kennen Ausländer häufig eher einen von ihnen als den derzeitigen Premierminister Finnlands.

Die britische Zeitschrift *Motoring News* bezeichnete die finnischen Rallyefahrer als „Teufel aus dem Hinterwald“. Sowohl ihre Fans als auch ihre Wettbewerbsgegner sind begeistert, wie sich die Finnen in diesem Sport einsetzen.

Bisher konnte niemand eine befriedigende Erklärung dafür finden, weshalb sich die Finnen auf diese Art profilieren. Eine mögliche Antwort gilt vielleicht für den Erfolg aller finnischen Sportler: Sie kommen aus einem stillen, unscheinbaren Land der nördlichen Hemisphäre und wollen in der Welt Zeichen setzen. Ein weiterer Grund ist die Landschaft. Wer sich in der finnischen Wildnis zurechtfindet, hat bereits einen hervorragend ausgeprägten Orientierungssinn, was Fahrern aus „zivilisierteren“ Ländern gegenüber natürlich von Vorteil ist.

Schließlich gilt es, jenseits aller materiellen Bedingungen die finnische Persönlichkeit etwas genauer zu betrachten. Ein charakteristisches Merkmal der Finnen ist das, was die Finnen selbst als *sisu* bezeichnen. Man kann diese ganz besondere Qualität kaum übersetzen. Grob gesagt bedeutet sie eine unglaublich zähe, freie Persönlichkeit. Dazu gehört auch ein unerschütterliches Standvermögen selbst unter den widrigsten Umständen.

Sicherlich spielte *sisu* eine wichtige Rolle bei dem bedeutendsten Anliegen Finnlands überhaupt: der Unabhängigkeit selbst. Seit Anbeginn der Republik – und eigentlich schon vorher – waren Sport und Freiheit untrennbar miteinander verknüpft.

Außergewöhnliche sportliche Leistungen sind, spätestens seit den Olympischen Spielen in Stockholm im Jahre 1912, als Finnland noch zu Rußland gehörte, eine Sache des Nationalstolzes. Während dieser Spiele übertrafen die Finnen die Russen bei weitem: Sie bekamen 23 Medaillen verliehen, die Russen dagegen nur drei – doch offiziell hatte man unter derselben Flagge gekämpft.

Schon während der Spiele von 1912 bezogen die finnischen Wettkämpfer bereits Position, indem sie bei der Eröffnungsfeier zwischen sich und den Russen einen Abstand von 50 Metern hielten. Außerdem wagten sie es, bei der Siegerehrung die finnische Flagge zu hissen, das erste Zeichen dafür, daß die finnische Sehnsucht nach Unabhängigkeit ernst zu nehmen war. Und die Welt empfing die Botschaft. Fünf Jahre danach war Finnland eine unabhängige Republik.

Ein Glanzbeispiel für die finnische Ausdauer war der Läufer Jalmari Kivenheimo, der sogar noch nach seinem hundertsten Geburtstag jeden Tag trainierte. Sein berühmterer, nicht ganz so alt gewordener Kollege Hannes Kolehmainen gewann 1912 eine Goldmedaille. Einer der berühmtesten Läufer des 20. Jahrhunderts war der finnische Läufer Paavo Nurmi, der 1912 noch zu jung war, um an den Olympischen Spielen teilzunehmen. Die Stunde des Erfolgs schlug für den mehrfachen Weltrekordbrecher und Medaillengewinner (darunter viermal Gold) zum ersten Mal bei den Olympischen Spielen 1920. Er starb in den siebziger Jahren. Man kannte ihn unter verschiedenen Namen: der fliegende Finne, der Phantom-Finne oder auch der phänomenale Finne. Unvergessen sind jedenfalls sein außergewöhnlicher Laufstil, sein Tempo und seine Ausdauer. Ein großer Liebhaber der Olympischen Spiele, Avery Brundage, sagte einmal: „Wer Nurmi Paavo nur ein einziges Mal laufen sah, wird das nie vergessen. Sein Laufrhythmus war das Geheimnis seiner Ausdauer. Er überwand die Grenzen von Raum und Zeit."

John Virtanen, einer der Biographen Nurmis, stellte fest, daß Nurmi beim Laufen die Gesetze der Schwerkraft nicht zu beachten schien. Er hatte einen enorm langen Schritt. Bei einem Tausendmeterlauf wurde eine Schrittlänge von 225 Zentimetern gemessen.

**Links: Hannu Mikkola, der Gewinner der ersten Rallye in China. Oben: Skispringer Matti Nykänen schwebt über der Zuschauermenge.**

Nurmi lag das Laufen seit frühester Kindheit im Blut. Sein Vater, ein frommer Mann, billigte die Neigungen seines Sohnes nicht, schienen sie ihm doch nur leichtfertige Vergnügungen zu sein. Trotzdem lief Nurmi in jeder freien Minute mit den Kindern aus der Nachbarschaft um die Wette. Er lief bei Sportfesten in der Schule, aber auch alleine durch die Wälder. John Virtanen vertritt die These, daß der sportliche Wettbewerb zwischen finnisch sprechenden und schwedisch sprechenden Finnen in Turku, der Heimatstadt Nurmis, besonders ausgeprägt war.

Sollte es wirklich stimmen, daß die Konkurrenz zwischen den beiden Gruppen für die

Entwicklung Nurmis zum Leistungssportler mitverantwortlich war, ist es interessant, die spätere Haltung Nurmis zu betrachten. Nach Virtanen „hätte kein Botschafter erfolgreicher tätig sein können als Nurmi". Er habe den wohlwollenden Blick der Weltöffentlichkeit auf die junge, finnische Republik gelenkt und sogar Investitionen angelockt, während das Land um den Aufbau seiner politischen und wirtschaftlichen Autonomie rang.

Sein Vater starb, als Nurmi etwa zehn Jahre alt war. Ab diesem Zeitpunkt mußte der Junge, obwohl er noch zur Schule ging, zum Lebensunterhalt der Familie beitragen. Aber während Nurmi unter den härtesten Bedingungen schwere Lasten schleppte, sagte er sich immerzu, daß körperliche Arbeit seinem Traumziel als Läufer nur dienlich sei.

Als man Nurmi später über die Beziehung zwischen der finnischen Unabhängigkeit und den Leistungen der finnischen Sportler im frühen 20. Jahrhundert befragte, meinte er: „Je höher der Lebensstandard in einem Land ist, desto schwächere Ergebnisse werden oft in denjenigen Bereichen erzielt, die Arbeit und Anstrengung verlangen. Ich möchte die junge Generation warnen: Paßt auf, daß euch das angenehme Leben nicht verweichlicht! Laßt euch von den neuen Transportmitteln euren Drang nach körperlicher Betätigung nicht nehmen. Zu viele junge Menschen benutzen das Auto selbst für kurze Entfernungen. Ich glaube, ich verdanke es dem Sport, daß ich ein unabhängiger, genügsamer Mann bin."

Trotz oder gerade wegen seiner Mahnungen sind die Finnen noch immer erstaunlich gute Sportler. Da gibt es den Skispringer Matti Nykänen, den Speerwerfer Seppo Räty und den Ruderer Pertti Karppinen, alle Goldmedaillengewinner der letzten Olympischen Spiele. Und dennoch sind einige Konservative der Meinung, daß die junge Generation aufgrund ihrer Bequemlichkeit keinen Spitzensportler von der Qualität eines Nurmi mehr hervorbringen wird.

Es ist jedoch völlig unwahrscheinlich, daß die sportliche Tradition der Finnen ausstirbt, weil sie geachtet wird und fester Bestandteil des finnischen Lebens ist. Kinder wachsen von Anfang an mit Sport auf; schon im zarten Alter von zwei Jahren stellt man sie auf Skier.

In den Jahrhunderten vor der Erfindung des Autos entwickelten die Finnen häufig sportliche Methoden, um die riesigen Entfernungen durch ihre weiten Wälder und über ihre großen Seen schneller und leichter zurücklegen zu können. Am bekanntesten war das Kirchbootrennen, ein Ruderwettbewerb zwischen den Dorfbewohnern, bei dem es darum ging, als Erster die Kirche zu erreichen.

Auch bei anderen Gelegenheiten wurde Sport mit Religion in Verbindung gebracht. So gab es an Ostern Wettbewerbe im Tauziehen. Weihnachten hingegen war die Zeit des Kräftemessens für Gewichtheber und Pflugzieher. Finnland war immer schon mit vielen Skilangläufern gesegnet. Auch heute noch ist der Skilanglauf eine ebenso praktische wie beliebte Fortbewegungsart.

In finnischen Schulen wird Sport ganz groß geschrieben. Wie es die offiziellen Stellen in Finnland so schön ausdrücken: Sport ist die größte Jugendbewegung des Landes. Unabhängig davon, ob das nun stimmt oder nicht, wird es jedem Besucher auffallen, wie viele Sportanlagen selbst in den entlegendsten Gebieten des Landes zu finden sind, ganz zu schweigen von den Skifahrern, die im Sommer auf Rollen ihrem Sport frönen, und Windsurfern, die ihre Bretter im Winter zu Eissurfbrettern umfunktionieren.

**Oben: Eero Mäntyranta, dreimaliger Goldmedaillengewinner bei den Olympischen Spielen von 1960, 1964 und 1968. Rechts: Paavo Nurmi entzündet die olympische Flamme 1952 in Helsinki.**

Vor nicht allzu langer Zeit sagte man, der Salat der Finnen sei die Wurst. Wenn sich die finnische Kost in den letzten Jahrzehnten auch stark verändert hat, so erscheinen frisches Obst und Gemüse doch erst seit kurzem auf dem Tisch. Abgesehen von den wenigen Beeren und Pilzen des kurzen Sommers muß fast alles importiert oder in Gewächshäusern gezogen werden.

Wenn Sie Glück haben, wird Ihnen in Privathäusern und Restaurants frisches Wild serviert. In der unendlichen Weite der finnischen Wildnis werden Rentier, Fasan, Schneehuhn und Feldhase gejagt. In den Wäldern und auf den Feldern wachsen Wildbeeren und Pilze, aus denen unzählige Saucen, Kompotte und Salate zubereitet werden. Neben wilden Himbeeren, Erdbeeren und Heidelbeeren werden im Sommer auch Morcheln, Rotkappen und Röhrenpilze auf dem Markt verkauft. Im Spätsommer sprüht die finnische Küche geradezu vor Kreativität, wenn die Erde und das Meer endlich warm genug sind, um eine reiche Auswahl an Eßbarem hervorzubringen.

Auf bescheideneren Tischen gehören einfache Rind- oder Schweinefleischgerichte mit den allgegenwärtigen Pellkartoffeln zu den häufigsten warmen Speisen. Die Hauptmahlzeit ist das Mittagessen, abends gibt es oft nur Brot mit Wurst oder Käse. Sogar die einfallslosesten Köche stellen sich oft als wunderbare Bäcker heraus. Brot wird fast überall zu Hause gebacken, und hervorragende Kuchen und Torten sind bei jeder Einladung zum Kaffee eine Selbstverständlichkeit.

**Köstliche Meeresfrüchte:** Frischer Fisch oder Muscheln schmecken hervorragend. Geräucherter Kabeljau, Shrimpsrollen, *gravlax* (auf besondere Art geräucherter Lachs) und marinierte Regenbogenforelle sind einige der kalten Fischgerichte. Warm wird Fisch unter anderem so verspeist: als gegrillter Hering *(hiilillä paistetut silakat)*, als in Butter gebakkener Lachs *(uunissa paistettua lohta)* oder als warme Forelle, die mit gekochtem Ei in einer Pastetenkruste serviert wird *(kalapiirakka)*. Ansonsten wartet noch ein Dutzend anderer Süß- und Salzwasserfischgerichte darauf, von Ihnen verspeist zu werden.

Ausgesprochen delikat schmeckt die Languste *(rapu)*, die aufgrund ihrer kurzen Fangzeit als Rarität geschätzt wird. Die Fischer wissen genau, wann die Saison beginnt; Laien müssen die Nachricht der Zeitung entnehmen oder auf dem Markt nach diesen Meeresfrüchten Ausschau halten. Die Saison wird offiziell Ende Juli eröffnet und dauert bis Ende August. Glücklicherweise ist dies eine Zeit, in der viele

ausländische Besucher dem Genuß der *rapu* zusammen mit den Finnen frönen können, die die Langustensaison zum Vorwand nehmen, um den Sommer feierlich zu verabschieden. Denn Langusten ißt man nicht einfach nur so, sie werden in einem Ritual verzehrt.

**Es lebe die Languste:** Ein Langustenfest beginnt normalerweise am späten Nachmittag oder am frühen Abend. Sowohl im Restaurant als auch zu Hause wird büschelweise frischer Dill verarbeitet. Die Langusten werden gedünstet und dann auf riesigen, vorgewärmten Tellern angerichtet.

Undenkbar wäre ein *rapu*-Essen ohne Schnaps. Der finnische Schnaps haut den

**Vorherige Seiten: Geräucherter Fisch – eine Delikatesse. Links: Langustenturm. Oben: Typisch finnische Speisen schmecken am besten hausgemacht.**

stärksten Mann um, besonders dann, wenn er in großen Mengen hinuntergekippt wird. Und das ist bei einem *rapupäivät* immer der Fall. Es ist nicht einfach, das Fest nüchtern zu verlassen, da man so viel Zeit damit verbringt, das Fleisch der Languste abzupulen. Man wird Ihnen die Vorzüge der weiblichen Languste gegenüber denen der männlichen preisen. Angeblich haben die Weibchen mehr Fleisch auf ihrem Hinterteil. Ob dies ein Gerücht ist oder eine rein biologische Tatsache, ist die Frage. Das Endergebnis ist jedenfalls dasselbe: Man ist total übersättigt und hat am nächsten Tag einen richtigen Kater!

Dann brauchen Sie erst einmal ein gutes Frühstück, um wieder auf die Beine zu kommen. Zu Hause ist die erste Mahlzeit des Tages meist einfach: Tee mit Brot und Butter oder Schinken. Im Restaurant heißt das Frühstück *seisova pöytä* oder *voileipäpöytä*. Eingelegter Fisch, frischer Schinken und verschiedene Käsesorten machen das Frühstück zu einem Genuß. Doch gelegentlich werden nur abgepackte Wurst und altes Brot angeboten.

Falls in Ihrem Hotel eine Mahlzeit im Preis inbegriffen ist, sollten Sie das zu schätzen wissen, denn Essen ist in Finnland teurer als sonstwo auf der Welt. Die Preise für Lebensmittel sind um 45 Prozent höher als in anderen westlichen Ländern, das macht sich natürlich auf den Speisekarten der Restaurants bemerkbar. Die Gründe für die hohen Kosten sind in den Subventionen für die Bauern zu suchen. Außerdem werden auf importierte Lebensmittel hohe Schutzzölle erhoben.

**Internationale Küche:** In Finnland ist die Auswahl an ausländischen Restaurants begrenzt. Russische und chinesische Lokale gehören zu den beliebtesten Gaststätten, doch in letzter Zeit sind auch verschiedene andere asiatische Restaurants eröffnet worden. Die Finnen sind große Pizzafans, sie verzehren sie in rauhen Mengen zu Hause und in Restaurants.

Ein Gericht, das Sie vielleicht in Privathäusern, aber wahrscheinlich in keinem Restaurant kennenlernen werden, ist *maksalaatikko*, eine Spezialität aus delikat gewürzter Leber, die heiß mit *perunalaatikko*, einem Püree aus Süßkartoffeln, serviert wird.

Die kulinarischen Köstlichkeiten variieren sehr von Gegend zu Gegend. In Lappland werden Sie auf eine reiche Palette verschiedener Rentiergerichte stoßen. *Poronkäristys* ist ein Rentier-Eintopf, und *poron piiras* ist geschmortes Rentierfleisch mit Zwiebeln und Pilzen auf Blätterteig.

Joghurt, Quark und andere Milchprodukte sind hervorragend und immer frisch. Außerdem gibt es in Finnland zu jeder Jahreszeit Eis.

**Oben: Dachterrassencafé in Helsinki. Rechts: Barkeeper bei der Arbeit.**

## WEIN, SCHNAPS UND BIER

Wenn man durch die Straßen von Helsinki spaziert, fallen einem sofort die vielen Betrunkenen auf. Überall sind sie anzutreffen, in Bahnhofsunterführungen, in Parks, an Straßenecken und – wegen Lokalverbot – auch vor Kneipen.

Die Finnen trinken, um sich zu betrinken. So stellen sie es jedenfalls selbst dar. Dieses Problem ist seit langem bekannt, doch eine Besserung läßt sich auch aus den neuesten Statistiken nicht ablesen. Auch die Soziologen finden keine eindeutige Erklärung dafür, warum junge Finnen immer früher und immer häufiger zur Flasche greifen. Nach einer verbreiteten Theorie hatte sich die neue Alkoholiker-Generation zu sehr an den Materialismus und Wohlstand der achtziger Jahre gewöhnt. Mit der heutigen Rezession entstand eine Leere, die mit Alkohol aufgefüllt wird.

Andererseits gibt es viele Finnen, die überhaupt keinen Alkohol trinken. Und das aus gutem Grund: Wenn eine Flasche Whisky über 140 Finnmark (60 DM) kostet und man nach dem Trinken das Gefühl hat, als wäre man gegen eine Betonwand gelaufen, dann kann man sich attraktivere Dinge vorstellen. Zuweilen wird die streng lutherische Moralvorstellung, daß es keine kleinen Sünden gibt, für die völlige Ablehnung des Alkohols verantwortlich gemacht. Doch die Finnen stehen der Kirche passiv gegenüber, so daß dieses Argument bestenfalls teilweise zutrifft.

Es gibt aber auch Finnen, die in Gesellschaft wenig Alkohol trinken. Der durchschnittliche Alkoholkonsum in Finnland ist im internationalen Vergleich nicht alarmierend, wohl aber die Zahl der Menschen, die ständig betrunken sind.

Zehn Prozent der Staatseinnahmen entfallen auf den Verkauf von Alkohol. Diese Zahl macht den Geschäftssinn des finnischen Staates deutlich. Denn durch hohe Preise konnte der Alkoholismus in Finnland noch nie eingedämmt werden; vielmehr haben hohe Preise nur eine weitere Verarmung der Alkoholiker zur Folge.

Seit den fünfziger Jahren, als eine Anhebung der Preise bei jeder Zunahme des Alkoholkonsums festgelegt wurde, stieg der durchschnittliche Pro-Kopf-Verbrauch fast um das Vierfache. Hohe Preise sind erwiesenermaßen kein Mittel gegen den Alkoholismus, und doch werden die Alkoholiker weiter vom Staat zur Kasse gebeten.

Bis jetzt konnte niemand mit Bestimmtheit klären, warum die Finnen den Alkohol in derart gesundheitsschädigenden Mengen trinken. Dieses Phänomen trifft jedoch auch auf die Norweger, Schweden und Russen zu, die auch in diesen nördlichen Breiten leben. Es wurde vielfach auf althergebrachte Neigungen hingewiesen sowie auf Klima und Dunkelheit, obgleich es keine Anzeichen dafür gibt, daß an sonnigen Sommertagen weniger getrunken wird.

Eine weitere merkwürdige Logik der endlosen Debatte, wie dem hemmungslosen Trinken begegnet werden könnte, besteht darin, daß Alko, das staatliche Monopolunternehmen für Spirituosen, im Sommer samstags nicht geöffnet ist. Die Finnen legen sich also einen Alkoholvorrat an; denn gibt es etwas Schöneres, als an einem Sommerwochenende ein Gläschen zu trinken? Das einzig wirksame Mittel gegen die Auswüchse des Trinkens scheinen die muskulösen Türsteher zu sein, die genauso allgegenwärtig sind wie die Betrunkenen. Sie sorgen dafür, daß Angetrunkene die Lokale nicht betreten, und werfen jeden hinaus, der sich betrinkt.

Wenn so viel getrunken wird, gibt es dann auch Probleme mit Alkohol am Steuer? Die Finnen fahren nur selten Auto, wenn sie etwas getrunken haben. Die harten Haftstrafen, die für Fahren unter Alkoholeinfluß verhängt werden, haben ihre abschreckende Wirkung nicht verfehlt. Kein Grund zur Sorge also: In Finnland stolpert man eher über einen Betrunkenen, als daß man auf der Autobahn von einem überholt wird. ■

Seit langer Zeit betrachten die Finnen die Natur ihres Landes als Teil ihrer nationalen Identität. Die Nationalhymne feiert die sommerliche Landschaft Finnlands. Man sagt, die weiß-blaue Flagge spiegele das Weiß des Schnees im Winter und das Blau der Seen im Sommer wider.

Der Umweltschützer Martti Arkko stellte 1990 fest: „Wir sind von der Natur und unserer Umwelt in jeder Hinsicht abhängig. Wenn wir zulassen, daß unsere Seen und Wälder verschmutzt werden, wird auch unsere finnische Eigenart verschwinden. Das Herz des finnischen Volkes schlägt in seinen Seen und Wäldern. Dort liegt unsere Identität, unser Kapital und unser Reichtum."

Die Schutz der finnischen Seen steht in der Politik an erster Stelle. Denn er wird mit dem Kampf um die Erhaltung der nationalen Souveränität und um die Rettung des größten Kapitals des Landes gleichgesetzt. Aus Umfragen in den späten achtziger Jahren geht hervor, daß die Hälfte der Bevölkerung staatliche Maßnahmen zum Umweltschutz befürwortet. Auf der Liste der für die Bevölkerung wichtigsten politischen Belange rangierte das Thema Umwelt an zweiter Stelle nach der Beschäftigungspolitik, jedoch noch vor Erziehung und Bildung, Gesundheitswesen und Wohnungsbau.

**Politisches Engagement:** In den achtziger Jahren wurde die Umweltproblematik zu einem politischen Thema, das auch in den neunziger Jahren aktuell blieb. 1987 gewannen die Grünen vier Sitze im Parlament (vier Prozent der Stimmen), 1991 stieg die Zahl der Sitze auf zehn (etwa sieben Prozent der Stimmen). Die Ökologische Partei und die „Partei für Pensionäre und grüne gegenseitige Verpflichtung" erhielten zwar keine Mandate, hatten sich aber ebenfalls Umweltthemen verschrieben. Auch für andere Parteien wurde das „grüne" Finnland zu einem wichtigen Thema.

Das öffentliche Interesse an der Umwelt ist in Finnland keineswegs neu. Wie in anderen nordischen Ländern sind Bürgerrechtsbewegungen seit Jahren für den Umweltschutz tätig. Die 1938 gegründete, finnische Organisation zum Erhalt der Natur entwickelte sich später zur finnischen Umweltschutz-Organisation. Derzeit hat die Organisation etwa 16 regionale und 170 lokale Zweigstellen. Die Schwesterorganisation Natur och Miljö (Natur und Umwelt) wurde von Schwedisch sprechenden Finnen ins Leben gerufen.

**Alarmierende Vorfälle:** Seit Beginn der nationalen Unabhängigkeit erließ die junge Republik Gesetze zum Schutz von Wäldern und bedrohten Arten. Das Waldgesetz von 1886, das den verschwenderischen Umgang mit Waldbeständen einschränken sollte, wurde schon 30 Jahre vor Gründung der Republik verabschiedet. Später wurde die Verwüstung von Wäldern gesetzlich verboten, und bedrohte Forstgebiete wurden geschützt. Als jedoch die Eigentümer des Privatsees Koijärvi diesen trockenlegten, wurden dagegen Protestierende wegen zivilen Ungehorsams verklagt.

Das Umweltministerium wurde 1983 gegründet. In den achtziger Jahren ließ die Regierung dann die ersten Gutachten erstellen und entwarf Zukunftsstrategien. Die Schlußfolgerungen wurden 1987 im Nationalen Bericht zum Umweltschutz in Finnland veröffentlicht. Sehr viele Probleme wurden erkannt und Vorschläge für Kontrollmaßnahmen gemacht. Man kam zu dem Ergebnis, daß „die langfristigen Ziele des Umweltschutzes in Finnland bisher relativ selten in Betracht gezogen worden waren."

Die zentralen Probleme Finnlands sind dieselben wie diejenigen anderer Industrienationen: Luft- und Wasserverschmutzung, Verschandelung der Natur, bedrohte Arten und Müllentsorgung. So düster dies auch klingt, man darf dabei nicht vergessen, daß im Vergleich zu den wirklich verschmutzten Gebieten Europas Finnland ein Ausbund an Reinheit ist. Mehr als andere leidet das Land vielleicht an der vor allem durch die nächsten Nachbarn verursachte Luft- und Wasserverschmutzung. Hauptschuldiger ist dabei die ehemalige Sowjetunion, aber Polen und die vormalige DDR haben zur Verschmutzung der Ostsee auch einen Großteil beigetragen.

Seit Erscheinen des Berichts von 1987 hat die Regierung verschiedene Empfehlungen aufgegriffen. Weitere Konferenzen und Gipfeltreffen über den Zustand der Ostsee, die

**Vorherige Seiten: Im Herzen des finnischen Waldes. Links: Pyhahakki-Nationalpark.**

Arktis und den sauren Regen fanden statt. Außerdem hat Finnland Osteuropa seine Technologien zur Reinhaltung von Luft und Wasser zur Verfügung gestellt. Finnland erklärte sich weiterhin bereit, den Polen einen Teil ihrer Schulden zu erlassen, wenn sie das Geld für Umweltschutzmaßnahmen reinvestieren würden. Nach der Reaktorkatastrophe von Tschernobyl, die Finnland als erste westliche Nation entdeckte, wurde ein multinationales Frühwarnsystem unterzeichnet.

Wenn man durch Finnland fährt, kann man sich kaum vorstellen, daß es für diese endlos grünen Wälder und blauen Seen einen Grund zur Besorgnis gibt. Dennoch verabschiedeten die Finnen im Februar 1991 ein Naturschutz-

gesetz, das bestimmte Gebiete in ihrem natürlichen Zustand erhalten soll. Es wurden zwölf Regionen in Lappland ausgewählt, durch die keine Straßen führen und die jeweils eine Fläche von etwa 150 000 Hektar umfassen. Damit steht etwa ein Drittel der Gesamtfläche Lapplands unter Naturschutz. Forstwirtschaft wird in diesen Regionen streng auf „natürliche Forstwirtschaft" beschränkt, das heißt, die Bewirtschaftungsmethoden müssen eng an die natürliche Entwicklung des Waldes angepaßt sein. Ausgeschlossen wird damit ein extensives Fällen und Roden. Die Regenerationsfähigkeit des Waldes ist oberstes Entscheidungskriterium für die Bewirtschaftung.

Die finnischen Wälder bedecken 78 Prozent der gesamten Landfläche (230 000 Quadratkilometer). Sie bilden Finnlands größte Rohstoffquelle. Forstwirtschaft und Bergbau sind die wichtigsten Einnahmequellen des Landes. Gleichzeitig können Forstwirtschaft, Holzverarbeitung und Bergbau jedoch die größten Umweltschäden verursachen.

Pflanzung, Entwässerung von Sümpfen zur Landgewinnung und Rodungen führten zu schwerwiegenden Folgen. Der natürliche Lebensraum von Tieren und Pflanzen sowie das Gleichgewicht der finnischen Wasserläufe wurde verändert, die Böden wurden übermäßig ausgelaugt. Die Regierung sieht die Lösung in einer verantwortungsvollen Forstwirtschaft, die von staatlicher Seite geregelt wird. Die Crux dabei ist, daß dem Staat nur etwa 27 Prozent der gesamten Waldfläche gehören. Man müßte also auch für private Waldbesitzer Anreize schaffen, damit diese sich der nationalen Planung anschließen. Die Regierung hofft, daß ihre Regelungen bis Ende des 20. Jahrhunderts für etwa 90 Prozent des im Privatbesitz befindlichen Waldes gelten werden.

Einige Lebensräume wurden durch Aufforstung und Ausbeutung der Wälder vernichtet, die Bäume selbst sind durch den sauren Regen bedroht. Wie in anderen Ländern gibt es auch in Finnland gesetzlich festgelegte Grenzwerte für Schadstoffemissionen. Der springende Punkt ist jedoch die Kontrolle der Einhaltung dieser Grenzwerte. Umweltschützer drängen auf eine strengere Überwachung. Die Industrie hingegen plädiert für wirtschaftlich vertretbare Beschränkungen.

Die Finnen pilgern gerne in die grünen Wälder ihres Landes. Das sogenannte Jedermannsrecht ermöglicht jedem freien Zugang. Jeder kann nach Herzenslust Beeren und Pilze sammeln. Aber je mehr Erholungssuchende in die Wälder strömen, um so mehr häuft sich auch der Unrat. Der Lärm zu vieler Autos stört die Stille des Waldes, und so mancher gedankenlose Autofahrer durchpflügt mit seinem Fahrzeug ein Stück unberührte Natur.

Lappland hat mit seinen eigenen Problemen zu kämpfen. Die Tradition und Lebendigkeit der Samen tragen zu Umweltschäden bei, gleichzeitig ist das Volk durch die Zerstörung der Umwelt in seiner Existenz bedroht. Die Rentierherden sind die Lebensgrundlage der Samen. Nach Tschernobyl mußten zwar Hunderte von Tieren geschlachtet werden, doch im gleichen Sommer überstiegen die Rentiere der Samen die gesetzliche Höchstanzahl um fast 100 000 Stück. Widersprüchlich ist auch das Verhältnis zu Raubtieren. Wolf, Luchs, Adler und Vielfraß, die von der Regierung unter Naturschutz gestellt wurden, werden von den Samen als Feinde ihrer Rentiere betrachtet und deshalb am besten getötet.

„Grüne" Politik ist im finnischen Alltag seit einiger Zeit an der Tagesordnung. Man arbeitet an Recyclingverfahren sowie neuen Isoliermaterialien für den Hausbau, und die Regierung bemüht sich verstärkt um einen Ausbau der öffentlichen Verkehrsmittel. Wenn Sie eine hitzige Diskussion auslösen wollen, bringen Sie doch mal so ganz nebenbei die Rede auf ein fünftes Atomkraftwerk – seit Tschernobyl läuft da bei der Bevölkerung gar nichts mehr.

Von Zeit zu Zeit gelangen kleine, finnische Projekte in die Schlagzeilen, die einige der drückendsten Umweltprobleme des Westens lösen könnten. Die Idee, eine Straße aus aufgeschnitzelten Autoreifen zu bauen, soll zwei „grüne" Fliegen mit einer Klappe schlagen. Zum einen wäre man die ansonsten schwer entsorgbaren Autoreifen los, zum andern benötigen die Finnen einen Straßenbelag, der im Winter vom Eis nicht so leicht angegriffen wird. Weitere Forschungen gingen in Richtung biologisch abbaubares Plastik (vor allem für Einkaufstüten), denn als Nebenprodukte der Ölraffinerien des Landes sind Plastikerzeugnisse eine finnische Spezialität.

Auch im Bereich Design haben ökologische Erwägungen Einzug gehalten. Die von Juha Valtanen, Hannu Kalhonen und Jukka Vaajakallio gegründete Oljenkorsi-Gruppe (Stroh-Gruppe) fordert, daß für ein Produkt ein Minimum an Rohstoffen und ein Maximum an wiederverwertetem und wiederverwertbarem Material verwendet wird. Der Herstellungsprozeß muß mit einem Minimum an Energie auskommen, und es soll eine höchstmögliche Lebensdauer des Produkts angestrebt werden.

**Links und oben: Ein Häuschen im Grünen, ein Boot am Seeufer – und der Urlaub ist perfekt.**

Auf den ausländischen Besucher wirkt die finnische Umwelt wahrscheinlich äußerst gering verschmutzt. Die finnischen Reiseunternehmen preisen in ihren Prospekten vor allem die finnische Landschaft mit Fotos von sommergrünen Idyllen, blauen Seen und heiteren Städten. Die verstreut liegenden Häuser sind eingebettet in die schützende Hülle einer üppigen Vegetation. Hier scheint die Welt noch in Ordnung zu sein. Ganz so falsch ist dieser Eindruck sicherlich nicht. Zum fünftgrößten Land Europas verhalten sich fünf Millionen Einwohner eher wie die berühmte Stecknadel zum Heuhaufen – oder eben wie ein Mensch zu mehreren tausend Bäumen.

4545
L4545
L
4545

# EINE ABENTEUERLICHE REISE

Mrs. Alec Tweedie würde staunen, könnte sie Finnland heute noch einmal besuchen. Ihr anschaulicher Reisebericht *Through Finland in Carts* (Mit der Kutsche durch Finnland) wurde 1897 veröffentlicht, also vor fast 100 Jahren. Allerdings waren Kutschen nicht das einzige Fortbewegungsmittel, das sie und ihre Begleiter zur Verfügung hatten, obwohl diese und die Straßen, auf denen sie reisten, sicherlich den größten Eindruck bei ihr hinterließen.

Die mehrwöchige Reise der Mrs. Tweedie fiel in einen der heißesten Sommer jener Jahre. „Gewiß sind die Straßen, auch wenn sie gut beschildert sind, nicht gerade in bestem Zustand", berichtete sie. Später wurde sie genauer: „Die Hitze war so groß ... zwei bis drei Zoll Staub lagen über den Wegen, so daß wir beschlossen, tagsüber nicht mehr zu reisen. Die darauffolgenden Etappen starteten wir um 6 Uhr abends, fuhren bis Mitternacht und hängten eventuell in den frühen Morgenstunden noch zwei bis drei Stunden dran, stellen Sie sich das einmal vor!"

Glücklicherweise muß der Reisende von heute nicht mehr solche Mühen auf sich nehmen. Mehrere hundert Kilometer Autobahn und Tausende von gut befestigten Fern- und Nebenstraßen bahnen sich inzwischen ihren Weg zu den entferntesten Zielen. In einem Land solch gewaltiger Ausmaße gibt es jedoch noch genügend Raum für die sogenannten „Kiesstraßen", einen mit Öl und Sand beschichteten Kiesuntergrund. Diese Straßen sind in den Straßenkarten, die regelmäßig auf den neuesten Stand gebracht werden, deutlich gekennzeichnet. Nur zur Zeit der Schneeschmelze (Ende April bis Anfang Juni) muß man sich vor ihnen in acht nehmen. Dann weisen Schilder mit der Aufschrift *kelirikko* (Straße in schlechtem Zustand) darauf hin, daß bestimmte Straßenabschnitte zeitweise unbefahrbar sind.

Auf zwei weitere Gefahren muß der Reisende auf finnischen Straßen gefaßt sein. Warnschilder mit Elchen und Rentieren markieren die Stellen, an denen diese Tiere, vor allem bei Einbruch der Dunkelheit, am häufigsten auftreten. Sehen Sie sich vor, denn es ist kein Vergnügen, mit einem 500 bis 600 Kilo schweren Elch mitten in der Wildnis zu kollidieren. Die zweite Gefahr ist heimtückischer: Außerhalb der Hauptstädte, wo die Straßen nahezu unbefahren sind, gerät man nur allzu leicht in einen Zustand von Unachtsamkeit.

Auf etwa 90 Prozent aller finnischen Straßen verkehren regelmäßig Busse. Die sonnengelben Postbusse dringen auch in einsame Gegenden vor, in denen nur wenige Touristen zu finden sind. Obwohl sie langsamer sind als andere Transportmittel, lernt man in ihnen die Finnen und ihren Lebensstil besser kennen. Der Fahrer ist gleichzeitig Schaffner, Reiseführer, Freund der Landfrauen und Postbote. Sie werden staunen, wie er die Post mit einer schnellen Bewegung aus dem Handgelenk geschickt in die Briefkästen befördert, die manchmal weit entfernt vom Hof am Straßenrand stehen.

**Idyllische Wasserwege:** Bereits vor Mrs. Tweedies abenteuerlicher Reise boten die labyrinthartigen Wasserwege der finnischen, oft miteinander verbundenen Seen (187 888 nach der letzten Zählung) eine idyllische Reisevariante. „Man kann fast ganz Finnland mit komfortablen Dampfern bereisen, die über nette kleine Kabinen und gute Restaurants verfügen", erzählt Mrs. Tweedie. So ist es noch heute. Auf einigen Seen verkehren reguläre Passagierschiffe, und die ältesten und vielleicht romantischsten Routen führen über die weiten Ebenen des Saimaa-Seengebiets. 1830 kam erstmals ein Dampfer nach Saimaa, blies seinen schwarzen Rauch in die Luft und revolutionierte das Holzgeschäft. Um während des kurzen Sommers das „grüne Gold" Finnlands aus den Wäldern zu den Fabriken zu transportieren, war diese Branche bis dahin von Segelschiffen und somit den Launen des Windes abhängig gewesen.

Der Passagierdampfer hatte seine Glanzzeit Anfang des 20. Jahrhunderts, in der Zeit vor dem Ersten Weltkrieg. Damals kamen die Wohlhabenden aus St. Petersburg mit dem Nachtzug nach Lappeenranta, wo sie an Bord gingen und nach einer gemächlichen neunstündigen Fahrt in Savonlinna, damals einem modernen Kurort, ankamen. Im Laufe der Zeit wurde das gesamte Saimaa-Gebiet mit Damp-

**Vorherige Seiten: Fischen und Segeln auf der Ostsee. Links: Bestens ausgerüstet durchs wilde Wasser.**

fern befahren. Sie beförderten die über das Seenland verstreut wohnenden Menschen, die Vieh und jede nur denkbare Art von Ladung mitführten. Eine der großen Attraktionen Savonlinnas war das allmorgendliche Auslaufen und die allabendliche Rückkehr der Saimaa-Flotte – Doppeldecker aus Holz, von denen einige heute noch existieren.

Trotz der Veränderungen ist Finnland noch immer ein Land, das zum Fotografieren wie geschaffen ist. Die schwarzen Rauchfahnen sind natürlich verschwunden, obwohl einige Schiffsmotoren bis in die sechziger Jahre hinein mit Holz befeuert wurden. Früher machte man an Holzdepots am Seeufer halt und sah zu, wie die Baumstämme an Deck gehievt wurden, um die Schiffe für die nächsten Stunden mit „Treibstoff" zu versorgen. Heute werden alle Schiffsmotoren mit Diesel betrieben. Außerdem wurde der regelmäßige Schiffsverkehr durch Kreuzfahrten ersetzt, einige traditionelle Routen wie Lappeenranta–Savonlinna (heute sieben Stunden) und Savonlinna–Kuopio (elf Stunden) werden jedoch noch befahren.

Zu Mrs. Tweedies Zeiten war das Eisenbahnnetz, mit dem man komfortabler reisen konnte, bei weitem nicht so ausgebaut wie die staubigen Straßen. „Es gibt nicht viele Eisenbahnstrecken in Finnland, die erste wurde 1862 gelegt", berichtete Mrs. Tweedie. „Alle sind Schmalspur-Strecken." Was dies betrifft, täuschte sie sich, denn die Spur war und ist zehn Zentimeter breiter als im Rest Europas, da Finnland in den Anfängen seines Eisenbahnzeitalters ein Großfürstentum des zaristischen Rußland war und somit die russische Spurenbreite vorgeschrieben war.

**Zur Freude aller Eisenbahn-Fans:** Bis weit in die sechziger Jahre hinein war Finnland ein Paradies für Eisenbahn-Fans, da viele seiner Züge noch mit Wasser und Holz dampfbetrieben wurden. Einige dieser Oldtimer sind im Eisenbahnmuseum von Hyvinkää zu sehen. Von Zeit zu Zeit taucht zur Freude von begeisterten Eisenbahnfahrern aller Altersgruppen eine solche alte Lok auf den Gleisen auf.

In einem Land, dessen Landschaft selten eine geradlinige Streckenführung zuläßt und durch dessen Seen Eisenbahningenieure dazu gezwungen waren, gewundene Routen zu wählen, ist die Bahn heute immer noch nicht das geeignetste Transportmittel, um einfach von einem Punkt zum anderen zu gelangen. Die auf dem etwa 6000 Kilometer umfassenden Eisenbahnnetz rollenden Züge hingegen sind heute ebenso rationalisiert wie überall auf der Welt. Auf Kosten der Nostalgie konnten Komfort und Leistungsfähigkeit verbessert werden. Die 900 Kilometer lange Fahrt zwischen Helsinki und Rovaniemi beispielsweise dauert zehn Stunden. Auch das Auto kann mit.

So viel zum Sommer, aber was macht man im Winter? Wer in einem Land lebt, in dem wegen ein paar Zentimetern Schnee jegliche Kommunikation ins Stocken gerät, wird sich ziemlich wundern, mit welcher Leichtigkeit Finnlands Flughäfen, Straßen, Eisenbahnen und Häfen unter extremsten Bedingungen weiter funktionieren. Das war nicht immer so. „Vier oder fünf Monate im Jahr ist das Hafenbecken von einer dicken Eisschicht bedeckt“, berichtet Mrs. Tweedie über Helsinki. In der Tat war „Klein Hanko“ – zu dieser Zeit ein moderner Kurort auf einer Insel im Südwesten – Finnlands einziger Winterhafen.

Da heute die Schiffahrtswege von kraftvollen Eisbrechern freigehalten werden, bedarf es schon außergewöhnlich niedriger Temperaturen, um den Schiffsverkehr nach Helsinki zum Erliegen zu bringen. Dennoch gibt es in Helsinki genügend Eis, um zu Fuß oder sogar mit dem Wagen über die dicke Eisdecke vom Festland zu den Inseln zu gelangen.

In abgelegenen Gebieten sind für die meisten Finnen noch immer die Skier das wichtigste Fortbewegungsmittel. Doch für schnelles Vorwärtskommen oder größere Entfernungen bietet das Schneemobil, dessen Vorteile den Lärm und Gestank aufwiegen, eine moderne, wenn auch unattraktive Alternative zum von Mrs. Tweedie verwendeten Schlitten. Heute findet man den traditionellen und einstmals allgegenwärtigen *pulkka* – einen schiffsförmigen, von Rentieren gezogenen Schlitten mit einer Kufe – fast nur noch im Museum.

Mrs. Tweedie hätte ihren Augen nicht getraut, hätte sie das geschäftige Treiben hoch über den Wäldern gesehen, das sich heutzutage dort das ganze Jahr hindurch am Himmel abspielt. Seit den Anfängen der Luftfahrt gehört das Flugzeug im ganzen Land zu den Hauptverkehrsmitteln. Lange bevor sie ihre erste Bekanntschaft mit der Eisenbahn machen, betrachten viele finnische Jugendliche Flugreisen als selbstverständlich.

Der jüngste Neuling am finnischen Himmel ist die Concorde, die mit ihren vollbesetzten Maschinen heute Sommer wie Winter regelmäßig zum nördlichen Polarkreis fliegt, wo die Passagiere unbedingt Nikolaus in seiner Heimat treffen wollen. Für sehr viele Bürger Rovaniemis ist der Reiz des Neuen noch immer nicht vorbei. Rechtzeitig vor der Ankunft des Fliegers bahnt sich eine endlose Autoschlange ihren Weg zum Flughafen. Und es geht ein anerkennendes Raunen durch die Menge, wenn ein kleiner Punkt in der Ferne immer deutlicher Gestalt annimmt und schließlich der Jet elegant vom Himmel heruntergleitet. Mrs. Tweedie würde staunen.

**Links: Schneemobil in fetzigem Design. Oben: Die besten Eisbrecher kommen aus Finnland.**

Finnland
100 km
Barentssee
Hammerfest
SØRØY
PORSANGER HALVØYA
VARANGER-HALVØYA
Tana
Varangerfjorden
P.OV RYBAČIJ
Kirkenes
Nikel'
Murmansk
RINGVASSØY
Skjervøj
Tromsø
Alta
Tana/ Tenojoki
Andsfjorden
SENJA
ANDØY
Harstad
Nordkjosbotn
Inari/ Enare
Inarijärvi
Tuloma
Lotta
HINNØY
Narvik
Könkamä älv.
Torne-träsk
Karesuando
Kebnekajse
2111
Kiruna
Sarektjåkko
2089
Porttipahdan tekojärvi
Lokan tekoj.
Kittilä
Mončegorsk
oz. Imandra
Kirovsk
Kovdor
Torne älv.
Kandalakša
Kvikkjokk
Stora Lulevatten
Gällivare
Sodankylä
Alakurtti
Randijaur
Jokkmokk
Kemijärvi
Rovaniemi
Kemijärvi
Hornavan
Edefors
Kemijoki
Louhi
Kuusamo
oz. P'aozero
Lule älv.
Boden
Tornio
Happaranda
Kemi
oz. Topozero
Arvidsjaur
Luleå
Storuman
Storuman
Piteå
Oulu
oz. Kujto
Voknavolok
Skellefteå
Raahe
oz. N'uk
Oulujoki
Lyksele
Kalajoki
Oulujärvi
Kajaani
Kuhmo
Åsele
Ume älv.
Pyhäjoki
Pyhantä
Kokkola/ Gamlakarleby
Umeå
Meerbusen
Iisalmi
Nurmes
Anger manälven
Örnsköldsvik
Vaasa/ Vasa
Lappajärvi
Pielinen
Kramfors
Lapua
Keitele
Kuopio
Härnösand
Bottnischer
Saarijärvi
Outukumpu
Joensuu
Kaskö/ Kaskinen
Sundsvall
Jyväskylä
Varkaus
Pyhäselkä
Suojarvi
Näsijärvi
Savonlinna
Sortavala
Mikkeli
Tampere/Tammerfors
Päijänne
Pori
Saimaa
Rauma
Prioz'ersk
Lappeenranta
Ladožskoje ozero
Uusikaupunki/ Nystad
Hämeenlinna
Lahti
Kouvola
ÅLAND/ AHVENANMAA
Naantali
Porvoo/ Borgå
Vyborg
Turku/ Åbo
Espoo/ Esbo
Kotka
St. Petersburg
Mariehamn/ Maarianhamina
Parainen/ Pargas
Helsinki/ Helsingfors
Uppsala
Tammisaari/ Ekenäs
Finnischer Meerbusen
Petrodvorec
Kolpino
Hanko/ Hangö
Gatčina
Stockholm
Tallin
Kohtla-Järve
Narva

# Orte und Plätze

Niemand ist es bisher gelungen, alle finnischen Seen und Inseln zu zählen. Zumindest scheint es so viele zu geben, daß auf jede finnische Familie eine Insel oder ein See kommt. Da ist es nicht erstaunlich, daß ein finnischer Sommer idealerweise in einer Holzhütte am See oder Meer mit einer Rauchsauna aus Holz ganz in der Nähe verbracht wird. Ein bißchen Angeln, ein bißchen Schwimmen, am Steg ein vertautes Boot – und das Glück ist perfekt.

Hunderttausende von Quadratkilometern unberührter Landschaft werden von endlosen, zu beiden Seiten von hohen Bäumen gesäumten Straßen durchzogen. Aber seien Sie vorsichtig! Zwar kann man auf diesen ewig geraden Straßen mühelos weite Strecken hinter sich bringen, aber die Gefahr des Einschlafens am Steuer ist groß.

Für ein Land mit nur fünf Millionen Einwohnern hat Finnland eine erstaunliche Anzahl an Architekten, Künstlern, Bildhauern und Designern hervorgebracht – und man begegnet ihnen allenthalben. Besonders in Helsinki kann man fast an jeder Straßenecke ein interessantes Detail entdecken: eine elegante Fassade, eine Statue, ein geschwungenes Fenster oder eine kleine Figur, die Sie beinahe übersehen hätten. In älteren Städten wie Turku (Åbo) oder Porvoo (Borgå), die dem schwedischem Einfluß stärker ausgesetzt waren, sind noch einige sehr alte Gebäude erhalten geblieben. Die meisten frühen finnischen Häuser waren jedoch aus Holz und fielen deshalb den alles verzehrenden Flammen der häufigen Brände zum Opfer.

Wenn auch die Natur in Finnland eine wichtige Rolle spielt, so wird doch auch Kunst ganz groß geschrieben. In keinem anderen nordischen Land gibt es so viele Festivals, egal ob es um Brauchtum, Musik, Film oder Tanz geht. Das Angebot an Theateraufführungen, Kunstveranstaltungen und Ausstellungen in den Städten ist verblüffend.

In Finnland scheinen sich sogar die Jahreszeiten deutlicher zu unterscheiden als anderswo. Der Winter bringt den Skifahrern den ersehnten Schnee, in Lappland werden zu dieser Zeit die Rentiere zusammengetrieben. Im Sommer können die Temperaturen auf 25 Grad und höher klettern. Am Meer und den Seen frönen dann Segler, Wasserratten und Sonnenanbeter ihrem Vergnügen. Dazwischen liegen der plötzlich eintretende Frühling, zu dessen Beginn in einer Woche alles grün wird, und ein leuchtender Herbst, in dem rote und braune Blätter im Wind durch die Straßen der Städte tanzen.

**<u>Vorherige Seiten</u>: Das Leben der Samen in einem Gemälde des samischen Künstlers Alariesto, Museum von Sodankylä, Lappland.**

DYNAMIC

SUOMENLINNA – KAUPPATORI

SUOMENLINNA
SVEABORG-VIAPORI
SIGHTSEEING
SIGHTSEEING
SUOMENLINNA

# HELSINKI

Das Meer folgt Ihnen durch die ganze Stadt. Seine salzige Zunge leckt an allen Brücken und Boulevards. Es drängt sich bis in die Wohngebiete und schafft natürliche Häfen, unvermutete Buchten. Im Sommer glitzert die See im Licht der nimmermüden Sonne und betört die lichthungrigen Einheimischen mit ihrem Glanz. Der Herbst kommt und mit ihm die Dunkelheit und die endlosen Regenfälle. Das Land und die sturmgepeitschte See verschmelzen zu einer einzigen naßgrauen Welt. Während der langen, kalten Winter kommt das Meer endlich zur Ruhe. Auf den weiten Eisflächen kann man am Wochenende mit dem Hund spazierengehen oder die Langlaufskier ausprobieren.

Will man Helsinki verstehen, muß man die kitschige Bezeichnung „Tochter der Ostsee“ akzeptieren. Der Ostsee verdankt die Stadt ihren Reichtum, das Wetter und vielleicht sogar ihre wuchtige und dennoch fließende Architektur. Auch die relativ kurze und komplizierte Geschichte der Stadt steht größtenteils mit der Ostsee in Zusammenhang.

Helsinki wurde 1550 von dem schwedisch-finnischen König Gustav Wasa als Konkurrenzhafen zu dem von der Hanse kontrollierten Tallinn gegründet. Ein erster Versuch erfolgte an der Mündung des Flusses Vantaa – ein bißchen nordöstlich der Stelle, an der Helsinki heute liegt. Gustav Wasa machte es sich relativ leicht. Er befahl einfach Bürgern von Porvoo, Ulvila und Rauma, in die neue Stadt zu ziehen.

Der neue Hafen „Helsingfors“ erwies sich jedoch nicht nur als unbeliebt, sondern auch als denkbar ungeeignet, da die bereits seichte Bucht noch seichter wurde und nicht mehr schiffbar war. Fast ein Jahrhundert dämmerte der Ort vor sich hin, ehe der Generalgouverneur Per Brahe zu Besuch kam und vorschlug, die Stadt weiter zum offenen Meer hin zu verlegen. 1640 wurde ein zweiter Ort an der Stelle ausgesucht, wo heute der Stadtteil Kruununhaka liegt, und die Bürger mußten wieder ihr Bündel schnüren.

Hier begann Helsinki schließlich zu wachsen, obwohl es noch immer nicht viel mehr als ein Außenposten für Fischer und Bauern war. Die große Hungersnot von 1697, der Große Nordische Krieg zwischen 1700 und 1721 und schließlich die Pest im Jahre 1710 zerstörten die Stadt fast völlig. Die Bevölkerung war auf etwa 150 Seelen geschrumpft.

**Die Festung:** Die Rettung brachte 1746 die Entscheidung der Schweden zum Bau der Festung Suomenlinna vor der Küste von Helsinki, um zu schützen, was ihnen von Finnland noch geblieben war. Durch den Bau der Ostseefestung wurde man auf den Hafen aufmerksam. Neureiche Kaufleute errichteten Steinhäuser, und obwohl die Straßen noch nicht gepflastert und viele Häuser mit Torf gedeckt waren, entwickelte sich ein Interesse an europäischer Kultur.

Die Stadt erwachte zu neuem Leben. Mit russischem Geld und dem Geschick des deutschen Architekten Carl Ludwig Engel, dessen klassizistische Bauten auch in Leningrad und Tallinn zu bewundern sind, wurden Verwaltungsgebäude

**Vorherige Seiten: Wie wär's mit einem Nickerchen im schaukelnden Boot? Einen finnischen Skiläufer wirft so schnell keiner um. Im Hafen von Helsinki. Links: Frische Kartoffeln zu verkaufen! Rechts: Statue der Drei Schmiede.**

und eine Kathedrale erbaut. Als die Stadt 1850 bereits relativ wohlhabend war, wurden sogar die meisten Häuser der Arbeiter aus Stein erbaut.

Um 1900 hatte Helsinki ein völlig neues Gesicht. Im Laufe eines halben Jahrhunderts war aus einem kleinen Hafen mit rund 20 000 Einwohnern und ebenso vielen Kühen und Kohlfeldern eine gepflegte Hauptstadt geworden. Die Zahl der Einwohner schnellte auf 100 000 hoch. Man baute eine Bahnlinie, und Gas-, Strom- und Wasserleitungen wurden verlegt.

Gleichzeitig war Helsinki die Hochburg der nationalen Bewegung, so daß die Stadt ein neues Selbstbewußtsein entwickelte. Finnische Architekten wie Eliel Saarinen und Alvar Aalto gewannen an Einfluß, und nach der Unabhängigkeitserklärung von 1917 löste der finnische Funktionalismus den damals in der Architektur von Helsinki vorherrschenden Jugendstil ab.

**Schwere Luftangriffe:** Nichts konnte 1944 die Stadt vor den schweren, russischen Luftangriffen schützen – allerdings auch nicht vor dem Wiederaufbaufieber der Nachkriegsjahre, das nicht nur hübsche Bauten hervorbrachte. Die Lage am Meer begünstigte die Stadt jedoch in ihrem Bestreben, die ursprüngliche Gestalt wiederzuerlangen und weiter auszubauen. Heute ist Helsinki nicht nur ein bedeutender Hafen, sondern es haben sich auch große Werften angesiedelt. Außerdem hat man erkannt, daß die nördliche Hauptstadt eine reizvolle Umgebung für internationale Tagungen bietet.

Das moderne Helsinki ist eine ruhige, wachsende Stadt mit fast 900 000 Einwohnern. Vorbei sind die Tage der Holzhütten, aber die Gesichter der Fischer, die im Hafen ihren Fang verkaufen, erinnern deutlich daran, daß sich Helsinki erst kürzlich zur Stadt entwickelt hat.

Helsinki ist nicht gerade prunkvoll, doch wo es möglich war, schmückten die Finnen ihre Hauptstadt mit einheimischen Kunstwerken. Überall begegnet man Statuen, und selbst die funktionellsten Gebäude sind oft ein berühmtes Beispiel finnischer Architekturgeschichte.

Denken Sie nur an den **Bahnhof**. Dieser geschäftige Ort stellt zum einen

Helsinki
500 m
HERMANNI
HERMANSTAD
AKSO DAL
Läkarink
Läkareg
Nordenskiölksg.
ckhg.
Mannerheimintie (Mannerheimvägen)
Topeliuksenkatu
Kjöldinkatu
P. Stadiontie
Vauhtitie Fartvägen
Savk. Savolg
Aleksis Kivenkatu
Teollisuuskatu
Mäkelänkatu
Industrigatan
Sturegatan
Sturenkatu
Aleksis Kivenkatu
Fleminginkatu
Flemingink.
Helsingegatan
Hämeentie Tavastvägen
Sörnäistenk.
ALPPIHARJU
ÅSHÖJDEN
Vergnügungspark
Linnanmäki
Olympia-Stadion und -Turm
Nordens.
Helsinginkatu
Paavo Nurment
nankoskenk
Wallininkatu
Sörnäisten rantatie
Parrukatu
Bjalkg.
Hanasaarenk
SÖRNÄINEN
SÖRNÄS
Kannontie
Mechelininkatu
Topeliuksenkatu
Merikantovägen
Töölönlahti
Tölöviken
Eläintarhant Djurgårdsv.
Sörnäisten satama
Sörnäs hamn
nach Korkeasaari, Högholmen
Finlandia-Halle
Hesperiankatu
National-museum
Stadt-museum
Kaisaniemenranta
Siltasaarenkatu
Norra kajen
Runeberginkatu
Liisankatu
Elisabetsgatan
Temppeliaukio-Kirche
Bahnhof
National-theater
Pohjoisranta
Pohjoissatama
Norra hamnen
Hietaniemenkatu
Sanduddsgatan
Arkadiankatu
Arkadiag.
Parlaments-gebäude
Runebergsgatan
Amos-Anderson-Museum
Aleksanterinkatu
Senatsplatz, Kathedrale
Uspensky (Orthodoxe Kathedrale)
Lapinrinne
Kunstmuseum Ateneum
Lönnrotsgatan
P.esplanadi
N.esplanaden
E.esplanadi
S.esplanadi
Markt-platz
Kanavakatu
Kanalgatan
Schwedisches Theater
Kasarmikatu
Eteläranta
Laivasillankatu
nach Suomenlinna, Sveaborg
rkhalankatu
Porkalag
nerenkatu
Östersjögatan
Lönnrotinkatu
Albertin-katu
Uudenmaankatu
Museum für Angewandte Kunst
Kaserngatan
Eteläsatama
Södra hamnen
Ruoholahti
Gräsviken
Bergmansgatan
Ehrenströmsvägen
LUOTO
KLIPPAN
Uttergränden
Telakkakatu
Merikatu
Tehtaankatu
Fabriksgatan
Puistokatu
konkuja
Kalliosaarenk.
Hylkeenpyytk.
Havsgatan
Ehrenströmintie
Bergogr.
Henry Fordink.
SÄRKKÄ
LANGÖREN
Kalamatalank
HARAKKA
STORA RÄNTAN
nach Pihlajasaari, Rönnskär

die Verbindung zwischen zahlreichen Vorstädten und dem übrigen Finnland her, zum andern verfügt er über eine U-Bahn-Haltestelle und eine unterirdische Einkaufsmeile. Das Gebäude selbst ist mit seinen abgerundeten Ecken, dem rötlichen Granit, dem schwarzen Dach und einem 48 Meter hohen, grünen Uhrenturm ein auffallend schwungvoller Bau. Entworfen hat ihn Eliel Saarinen, fertiggestellt wurde er 1919. Hier gingen zwei der wichtigsten, in Helsinki vertretenen Stilrichtungen eine glückliche Verbindung ein: die Nationalromantik (eine Art finnischer Jugendstil) und der Funktionalismus. Von Emil Wikström stammen die vier riesigen Lampenträger auf beiden Seiten der eindrucksvollen Eingangstore. Über dem **Eliel Restaurant** schaut ein großes Gemälde von Eero Järnefelt auf uns herab.

Inzwischen hat der Bahnhof dem Hafen den Rang als wichtigstes Zentrum der Stadt abgelaufen. Wenn Sie sich Helsinki zu Fuß erobern möchten und Petrus dies zuläßt, ist er ein geeigneter Ausgangspunkt. Außerdem ist er der Knotenpunkt des gut ausgebauten Verkehrsnetzes. Gleich daneben halten Metro und Busse, davor die Straßenbahnen.

Zunächst sollten Sie sich jedoch einmal eine genaue Orientierung verschaffen. Das ist gar nicht so einfach, denn das Zentrum Helsinkis liegt auf einer Halbinsel, die sich südwärts in die Ostsee erstreckt. Wenn Sie sich am Meer befinden, heißt das noch lange nicht, daß Sie im Süden der Stadt sind, denn die Stadt verfügt nämlich nur über ein kurzes Stück Küste im Süden und lange Küstenstreifen im Westen und Osten.

**Irreführende Bezeichnungen:** Verlassen Sie sich auch nicht auf die Schilder. Oft stammen sie aus der Zeit, als die Stadt viel kleiner war. Der „Südliche" Hafen liegt eigentlich im Osten der Halbinsel. Allerdings befindet er sich südlich vom ehemaligen Stadtzentrum Kruununhaka. Bedenken Sie auch, daß der Bahnhof ziemlich in der Mitte der Halbinsel steht; das kleine **Keskusta** (Zentrum) erstreckt sich unterhalb davon von Osten nach Westen, die anderen Teile des Stadtzentrums gehen strahlenförmig davon aus.

**Wikströms Lampenträger am Bahnhofseingang.**

Der erste Besuch in der Stadt verwirrt meist. Helsinki läßt sich mit keiner anderen europäischen Stadt vergleichen. Es ist weder verwinkelt noch herrschaftlich und schon gar nicht besonders alt. Vor einem Jahrhundert liefen noch Tiere durch die Straßen, und fast alles, was vor 1808 aus Holz erbaut wurde, ist völlig niedergebrannt.

Seien Sie nicht überrascht, wenn Sie aus dem Bahnhofsgebäude treten und zwei monolithischen Geschäftsgebäuden gegenüberstehen. Das eine heißt **Kaivopiha**, ist modern und von Neonreklame bedeckt, das zweite hat den Spitznamen **Makkaratalo** („Wursthaus"), weil sich ein langer, röhrenförmiger Balkon an seiner Fassade entlangzieht. Helsinki ist eine pragmatische Stadt. Aber wenn Sie sich darauf einlassen, kann es auch einen ganz besonderen Zauber entwickeln – auf eine ganz speziell finnische Art: zurückhaltend, etwas schrullig und bescheiden, aber doch herausgeputzt.

Das **Nationaltheater** im Osten vom Bahnhof und am nördlichen Ende des gepflasterten Bahnhofsplatzes ist besonders reizvoll. Dieses kleine Schloß aus weißgrauem Granit mit einem roten Dach wurde ganz und gar im Geiste der Nationalromantik geschaffen. Die Aufführungen sind generell in Finnisch, aber die davor befindliche, nachdenkliche **Statue von Aleksis Kivi**, dem finnischen Nationaldichter, überwindet alle sprachlichen Grenzen.

Auf der anderen Seite des Platzes leuchtet die Fassade des **Athenäums** in Goldgelb und Weiß. Unwillkürlich denkt man an St. Petersburg, doch hier ist das bedeutendste finnische Kunstmuseum untergebracht. Die Sammlung finnischer Gemälde, Skulpturen, Zeichnungen und Grafiken deckt die Zeit von 1750 bis 1960 ab. Zu den Künstlern gehören so berühmte Finnen wie Akseli Gallen-Kallela und Albert Edelfelt.

Das Athenäum liegt an der östlichen Seite von Makkaratalo. Eingekeilt zwischen Kaivopiha und der nordsüdlich verlaufenden **Mannerheimintie** (Helsinkis wichtigster Durchgangsstraße und der längsten Straße ganz Finnlands) steht das stattliche **Seurahuone Hotel**. Das

**Statue des in Gedanken versunkenen Aleksis Kivi vor dem Nationaltheater.**

darin befindliche, mit roten Samtmöbeln ausgestattete **Café Socis** ist bei Einheimischen und hier lebenden Ausländern äußerst beliebt, vor allem spät am Abend.

**Geschmuggelter Wodka:** Hinter diesen Gebäuden erstrecken sich drei Straßenzüge mit den wichtigsten Einkaufszonen der Stadt. Die **Aleksanterinkatu** (besser bekannt unter dem Namen Aleksi) verläuft parallel zu der Straße, an der das Bahnhofsgebäude steht. Der Kaivopiha-Platz mit dem schönen Brunnen verlockt zum Einkaufen: das ganze Jahr über werden hier Postkarten und Neuheiten feilgeboten, Straßen- und Kunstmärkte ergänzen das bunte Treiben.

Nur wenige Schritte führen von diesem Platz zur Mannerheimintie und dem **Alten Studentenhaus** (Vanha). Erbaut wurde das Vanha 1870, und seine Stufen sind ein beliebter Sitzplatz für junge Leute in Lederjacken. Innen befinden sich ein „progressiver" Aufführungsraum, eine verrauchte Trinkstube, ein Ausstellungsraum und eine Bücherei. Die Studentenorganisationen, das Kino und die Kartenvorverkaufsstelle sind jetzt im **Neuen Studentenhaus** auf der anderen Seite der Kaivopiha-Treppen untergebracht.

Vanha liegt an der Kreuzung zwischen Aleksi und Mannerheimintie, den dreiseitigen Platz daneben beherrscht ein Trio nackter Männer mit athletischen Brustkörben – nämlich die **Statue „Drei Schmiede"**. Sobald der Schnee zu schmelzen beginnt, spielen Musiker den vorübereilenden Passanten auf, Eisdielen öffnen ihre Fenster, und vor die Cafés werden sogar einige Tische gestellt. Das größte Kaufhaus Finnlands, das **Stockmann's**, liegt gegenüber dem Vanha auf der anderen Seite des Platzes mit den Drei Schmieden. Daneben finden Sie in der Keskuskatu die größte Buchhandlung Skandinaviens: **Akateeminen Kirjakauppa**. Hier kann man ewig in Büchern schmökern und dabei die Zeit vergessen. Die horrenden finnischen Bücherpreise machen den Kauf allerdings zu einem teuren Vergnügen. Im oberen Stockwerk können Sie sich in einem von Alvar Aalto gestalteten, leider auch nicht ganz billigen Café vom Straßentrubel erholen.

**Esplanadi-Park.**

Ein weiteres Wahrzeichen der Stadt, nämlich der **Park Esplanadi**, erstreckt sich direkt gegenüber der Akateeminen-Buchhandlung. Geplant hat ihn J. A. Ehrenström, der im 19. Jahrhundert auch den neuen Grundriß der Stadt entwarf. Der Park wurde 1831 zum ersten Mal angelegt und verläuft zwischen Mannerheimintie und dem Südlichen Hafen.

Das **Schwedische Theater**, ein elegantes, halbrundes Steingebäude aus dem Jahre 1866, bildet den westlichen Abschluß des Esplanadi-Parks. Rücken an Rücken mit dem Theater steht das Restaurant **Happy Days**, das hauptsächlich von Familien besucht wird.

**Ort der Begegnung:** Eine Promenade alten Stils führt von hier durch den ganzen Park, vorbei an der Statue des finnischen Nationaldichters J. L. Runeberg bis hinüber zum **Kappeli-Restaurant**. Noch immer ist dieser Park ein äußerst beliebter Treffpunkt, hier wird alles mögliche gefeiert. Im Dezember trifft man sich auf dem Weihnachtsmarkt, im Sommer wird die Nacht der Kunst durchgefeiert, und am Abend des 1. Mai spielt hier die ganze Stadt verrückt.

Insbesondere junge Paare treffen sich im Kappeli gern zu einem Rendezvous. Hier herrscht eine ganz andere Atmosphäre als im Happy Days. Die älteren Teile des Cafés mit den hohen Fenstern stammen noch aus dem Jahre 1867. Wie alle Lokale Helsinkis, die etwas auf sich halten, hat auch das Kappeli eine Sommerterrasse. Das tut zwar seiner Schönheit ein wenig Abbruch, aber den Besuchern gibt es Gelegenheit, neben frischer Luft auch noch die Musik vom gegenüberliegenden **Musikpavillion** (von Juni bis September) mitzubekommen.

Neben dem Musikpavillion schmükken Statuen von neckischen Fischerjungen und Wassernymphen zwei hübsche Teiche. Dem **Havis-Amanda-Brunnen**, der auf dem kleinen Platz zwischen dem östlichen Ende des Parks und dem Südlichen Hafen inmitten des tosenden Verkehrs steht, können sie das Wasser jedoch nicht reichen. Sobald der Frühling einkehrt, finden auf diesem Platz auch Blumenmärkte statt.

Die sinnliche Amanda aus Bronze erregte 1908 bei ihrer ersten Enthüllung die finnischen Gemüter. Sie ist von vier wasserspeienden Seelöwen umgeben und symbolisiert die Stadt Helsinki, die sich nackt und unschuldig aus dem Wasser erhebt. Zumindest am Abend des 1. Mai bekommt sie etwas zum Anziehen. Unter dem lautem Gejohle einer mützentragenden Menschenmenge in Sektlaune wird ihr eine weiße Studentenmütze verpaßt.

Der Park ist an beiden Seiten von Esplanaden gesäumt. Heutzutage sind in den schönen Steingebäuden aus dem 19. Jahrhundert an der **Nördlichen Esplanade** fast nur noch Touristenläden wie **Marimekko** und **Aarikka** untergebracht, letzteres führt unter anderem exklusive Schmuckstücke aus Holz. Nummer 19 bildet allerdings eine Ausnahme. Das **Helsinki-Auskunftsbüro** und das **Städtische Fremdenverkehrsamt** im ersten Stock sind eine wahre Fundgrube für Land- und Wasserkarten sowie sonstiges Informationsmaterial.

Die ehrwürdigeren Häuser stehen an der **Südlichen Esplanade**. In den meisten sind öffentliche Ämter oder Wirtschaftsunternehmen untergebracht. Zu

**Besonders im Sommer trifft man sich im Kappeli gern zu einem Rendezvous.**

den ältesten gehört die ehemalige **Residenz** des russischen Generalgouverneurs, ein schöner Empirebau von Engel aus dem Jahre 1824, der jetzt von der Regierung zu Repräsentationszwecken genutzt wird.

**Marktbummel**: Der **Platz des Zentralmarkts** gegenüber des Havis-Amanda-Brunnens am Südlichen Hafen hat eine sehr irdische Anziehungskraft. Das ganze Jahr über herrscht hier von Montag bis Samstag geschäftiges Treiben von 7 – 14 Uhr und im Sommer noch mal von 15.30 bis 20 Uhr. Noch immer ist es für die Finnen ganz selbstverständlich, daß man jeden Tag auf den Markt geht – schließlich liegt die bäuerliche Vergangenheit noch gar nicht so lange zurück. Die Einkäufer ziehen mit ihrem Korb am Arm von einem Stand zum anderen und suchen nach den schönsten Kartoffeln oder dem frischesten Dill.

In Helsinki gibt es nicht weniger als vier Märkte. Aber der Zentralmarkt ist trotz seiner hohen Preise bei Besuchern der beliebteste. Doch auch Einheimische strömen während der Mittagspause aus ihren Geschäften und Büros hierher, und die Hausfrauen aus den wohlhabenden Vorstädten im Süden kaufen hier am liebsten ein. Eine Schar rotgesichtiger Händler bemüht sich um die Kunden. Wenn das Eis geschmolzen ist, legen auch die Bootseigentümer im Hafen an und verkaufen frischgefangenen Fisch oder frisches Gemüse direkt vom Boot.

Der nördliche Teil des Marktplatzes ist den delikaten, frischen Erzeugnissen Finnlands vorbehalten. Die Angebote richten sich nach der Jahreszeit und werden im Sommer unwiderstehlich: süße Babyerbsen und haufenweise aromatische Beeren. Da ist es nicht weiter verwunderlich, daß ab Juli jeder Bewohner und Besucher von Helsinki mit einer kleinen Papiertüte voll farbiger und saftiger Köstlichkeiten anzutreffen ist.

Weiter unten, am **Obelisk der Zarin** – dessen kaiserliche, zweiköpfige Adler während der russischen Revolution abgeschlagen und erst im Jahre 1972 wieder angebracht wurden –, enden die Lebensmittelstände. Von hier ab werden vor allem handwerkliche Erzeugnisse ange-

**Straßenmusikanten.**

boten. Damen, die gerne hohe Absätze tragen, sollten auf ihre Schuhe achten, denn das Kopfsteinpflaster ist hier besonders tückisch.

In diesem Teil des Südlichen Hafens sieht man das schmutzige Wasser vor lauter Möwen und Gänsen kaum. Lassen Sie sich aber dadurch nicht abhalten, und setzen Sie sich im Sonnenschein mit einer Tüte frischer Erdbeeren zu den Einheimischen. Ist es aber kalt oder verregnet, verkriechen Sie sich vielleicht lieber in der **Alten Markthalle** aus gelben und roten Ziegelsteinen.

Mit über 100 Jahren liegt die Alte Markthalle nicht nur am zentralsten, sondern ist auch die älteste *kauppahalli*. Das Innere ist auf Hochglanz poliert, und selbst für die einfachsten *piirakka* zahlt man unter Umständen horrende Preise. Sie können kalten Rentieraufschnitt und Oltermanni-Käse kaufen oder aber in einem ausgezeichneten Kebabstand russischer Art oder in einem kleinen Café einen Imbiß zu sich nehmen.

Das lebhafte Menschengewühl auf dem Zentralmarkt spielt sich vor den strengen Verwaltungsgebäuden Helsinkis am Ende der Nördlichen Esplanade ab: dem langgestreckten, blauen, von Engel 1833 entworfenen **Rathaus**, über dem die finnische Flagge weht; der **Schwedischen Botschaft**; dem **Obersten Gericht** aus dem Jahre 1883 und dem **Präsidentenpalais**.

Das Präsidentenpalais wurde 1818 als Privathaus errichtet und von Engel 1843 zur Zarenresidenz umgebaut. Jetzt lebt hier der finnische Staatspräsident, aber derzeit wird an einer neuen Residenz außerhalb des Zentrums gearbeitet.

Wie das Palais so diente auch das Rathaus ursprünglich einem anderen Zweck. Bis 1833 beherbergte es das elegante Seurahuone Hotel (jetzt gegenüber vom Bahnhof). Zur Eröffnung feierte man einen großartigen Maskenball – damit Frauen, denen sonst kein Zutritt gewährt wurde, ebenfalls dabeisein konnten. Die weiblichen Gäste wurden um 4.30 Uhr nach Hause geschickt, aber der Champagner floß weiter in Strömen.

Das dritte Wahrzeichen von Helsinki, der **Senaatintori** (Senatsplatz), beginnt

**Zigeunerinnen auf dem Hafenmarkt.**

eine Straße weiter nördlich. Dieser Platz hat eine bewegte Vergangenheit hinter sich. Bereits im 17. Jahrhundert standen an derselben Stelle ein Rathaus und eine Kirche. Die langen Schlachten des 18. Jahrhunderts machten diese Bauten dem Erdboden gleich, aber durch Suomenlinna reich gewordene Kaufleute begannen mit dem Wiederaufbau und errichteten im südlichen Bereich die ersten Steingebäude. Das Feuer von 1808 brannte alles nieder, was aus Holz war. Doch gleich darauf beauftragte Rußland Carl Ludwig Engel mit der Neuanlage des Platzes, der das Zentrum des neuen Helsinki werden sollte. Im Laufe der Zeit ließen sich so viele wichtige Behörden hier nieder, daß der Senatsplatz eine Art nationales Zentrum wurde.

Heute dient der Senatsplatz, dessen 7000 Quadratmeter von mindestens 400 000 grauen und roten Pflastersteinen aus finnischem Granit bedeckt sind, vor allem als Seitenstraße. Das Hauptgebäude der **Universität** Helsinki, das die ganze westliche Flanke des Platzes einnimmt, erhielt einen neuen Eingang an der Rückseite. Das gegenüberliegende **Regierungspalais** erhält wenig Besuch von Durchschnittsbürgern. Im ehemaligen **Rathaus** auf der Südseite werden Staatsgäste bewirtet, und die umliegenden Boutiquen sind bei Touristen beliebt.

Bei vielen Anlässen ist der Senaatintori Schauplatz besonderer Feierlichkeiten. Am Tag der Unabhängigkeit im Dezember leuchtet auf dem großen, windigen Platz ein Meer von Kerzen, die Studenten in der tiefen Dunkelheit des Winters auf ihrem Weg vom Hietaniemi-Friedhof bis hierher tragen. Einen Monat später kommen hier bei der traditionellen Neujahrsansprache des Bürgermeisters noch mehr Menschen zusammen und bestaunen das Feuerwerk, mit dem der Beginn des neuen Jahres gefeiert wird. Am 1. Mai geht es ebenfalls hoch her. Außerdem benutzt die Universität diesen Platz oft für Gedenkfeierlichkeiten.

Unerschütterliches Zentrum des Ganzen ist die **Statue von Zar Alexander II.**, die 1894 errichtet wurde. Zu Füßen der Figur erzählen vier weitere Statuen die Geschichte des Platzes: *Lex* (das Gesetz,

**Die leicht veralteten Trambahnen der Stadt.**

gegenüber dem Regierungspalais); *Lux* (das Licht, mit Blick auf den Süden und die Sonne); *Labor* (die Arbeit, gegenüber der Universität) und *Pax* (Friede, gegenüber vom Dom).

Auf ihren **Dom** im Norden des Platzes, zu dem gefährlich steile Stufen hinaufführen, sind die Finnen sehr stolz, und von außen ist er mit seinen fünf grünlichen Kuppeln, den zahlreichen, weißen korinthischen Säulen und Figuren tatsächlich sehr beeindruckend. Innen ist er jedoch überraschend schlicht. Abgesehen von einem vergoldeten Altar und einer Orgel unterbrechen nur die Statuen von Luther, Agricola und Melanchthon die feine, weiße Symmetrie.

**Der Triumph Engels:** Auf einem Spaziergang über den Senatsplatz lernen Sie viel über die Geschichte von Helsinki. Das älteste Steingebäude der Stadt aus dem Jahre 1757 ist das kleine blaugraue **Sederholm-Haus** an der Ecke Aleksi und Katariinankatu. Auf der anderen Straßenseite steht das ebenfalls aus dem 18. Jahrhundert stammende **Haus Bock**, wo – wie man einer Gedenktafel an der Tür entnehmen kann – ab 1818 der Stadtrat von Helsinki tagte. Nachdem Engel das Gebäude mit ionischen Säulen und einem dritten Stock versehen hatte, diente es kurzfristig als Residenz des Generalgouverneurs. In den meisten Fällen war Engel auch für die Um- und Anbauten anderer Bürgerhäuser auf der Südseite verantwortlich.

Der Rest des schönen Platzes wurde vollständig von Engel gestaltet und vermittelt ein ungewöhnlich einheitliches Bild klassizistischer Baukunst. Unter dem Architekten wurde 1832 der alte Teil des Universitätsgebäudes auf der Westseite des Platzes fertiggestellt, zehn Jahre vorher hatte er das Regierungspalais im Osten entworfen. Engel zeichnete auch den Plan für den Dom, starb aber 1852, zwölf Jahre vor dessen Fertigstellung.

Zu den schönsten Bauten Engels gehört die **Universitätsbibliothek** in der Unioninkatu. Weiße, korinthische Säulen unterbrechen das strahlende Gelb der Fassade. Im Inneren stützen Marmorsäulen mit goldenen Kapitellen den zweiten Stock aus dunklem Holz, über dem sich

**Bibliothek der Universität Helsinki.**

eine bemalte Kuppeldecke wölbt. Hier wird fleißig gearbeitet, und Besucher müssen ihre Garderobe draußen ablegen, sich eintragen und vor allem leise sein. Auch sind nicht alle Räume für Besucher zugänglich. Lassen Sie sich davon jedoch nicht abschrecken, und genießen Sie diese schönste Innenraumgestaltung Engels aus dem Jahre 1844.

**Außerhalb des Zentrums:** Wenn Sie Helsinkis Keskusta (Zentrum) ausgiebig besichtigt haben, sollten Sie auch die umliegenden Stadtteile besuchen. Ein jedes Viertel hat seinen ganz besonderen Charakter, wenn sich auch nicht immer exakte Grenzen ziehen lassen.

Der Stadtteil **Katajanokka** liegt auf einem kleinen, ins Meer hinausragenden Felsen einige Straßen östlich des Senatsplatzes. Zwar verbinden zwei Brücken Katanajokka mit dem Zentrum, doch es hat sich eine bemerkenswert eigenständige Atmosphäre bewahrt. Nach einem Schneesturm oder an einem schönen Frühlingstag herrscht auf den eleganten Straßen eine heitere Stimmung. Leider ist das erste, was man beim Überqueren der **Kanavakatu-Brücke** wahrnimmt, ein mißlungenes Projekt Alvar Aaltos: die **Hauptverwaltung des Enso-Gutzeit-Konzerns** aus schmutzigweißem Marmor (bekannt als „Zuckerwürfel") von 1962. Machen Sie es wie die Einheimischen und fahren Sie einfach daran vorbei, ohne es eines Blickes zu würdigen. Katajanokka hat sehr viel schönere Sehenswürdigkeiten zu bieten.

Dazu zählt die auf einem grünen Hügel thronende **Uspenskij-Kathedrale**. Die russisch-orthodoxe Kirche wurde 1868 erbaut und der Jungfrau Maria geweiht. In ihrem geradezu überschwenglichen Stil bildet sie einen krassen Gegensatz zu der ansonsten so vernunftbetonten Architektur Helsinkis. Der rote Backstein, die vielen Türmchen und zwiebelförmigen Kuppeln haben viele Filmemacher dazu inspiriert, in Moskau spielende Handlungen in Helsinki zu drehen.

Im Kircheninneren herrscht eine ganz eigene Atmosphäre, prachtvoll glitzert die Ikonostase. Leider ist die Kirche immer nur kurz geöffnet; allerdings finden mindestens zweimal die Woche Messen

**Innengestaltung der orthodoxen Uspenskij-Kathedrale.**

in Kirchenslawisch statt. Am besten erkundigen Sie sich nach den Zeiten.

Am Fuße der Kathedrale gegenüber vom Katajanokka Park wartet das hübsche, russische Restaurant **Bellevue** auf Gäste. Die Geschichte des Lokals ist allerdings nicht gerade orthodox, denn es wurde im Jahr der finnischen Unabhängigkeitserklärung (1917) gegründet. Übrigens ist man dort stolz auf ein schriftliches Dankeschön an einer der goldenen Wände von der früheren First Lady der USA, Barbara Bush (1990).

Das russische Motiv kehrt in Katajanokka überall wieder. Auch wurden hier viel häufiger rote Ziegel verwendet als im übrigen Helsinki, vor allem für die neueren Wohnhäuser auf der Spitze des Felsens. Das Gesicht der Straße **Luotsikatu** ist jedoch ganz vom Jugendstil geprägt. Viele Häuser an dieser Straße und in der näheren Umgebung wurden um die Jahrhundertwende von dem Architektenteam Gesellius, Lindgren und Saarinen entworfen und überraschen das wache Auge mit liebevollen Details. Beachten Sie den hübschen Greif am Eingang von Nr. 5.

Wenn Sie von der Luotsikatu der **Vyökatu** Richtung Norden folgen, gelangen Sie ans nördliche Meeresufer. Schmale Steintreppen führen zu einem alten Tor hinab, das bis 1968 den Weg zur ehemaligen **Marinekaserne** versperrte. Diese langen, meist gelben Gebäude wurden inzwischen restauriert und beherbergen jetzt das finnische Außenministerium. Einige Gebäude wurden nach alten Entwürfen von Engel wieder völlig neu aufgebaut. Inzwischen darf man jederzeit die hübschen, dazwischen liegenden Straßen entlangwandern.

Im Süden von Katajanokka ist mehr los. Dort legen dreimal täglich die großen, von Stockholm kommenden Schiffe der Viking Line an und entlassen scharenweise Passagiere. Die alten Lagerhäuser bei Pikku Satamakatu wurden bereits umgebaut, und in dem sogenannten **Wanha Satama** werden jetzt Lokale (unter anderem das fröhliche **Café Sucre**), Galerien und Geschäfte betrieben. Zwei Lagerhäuser in der Nähe sollen noch renoviert werden, das **Zollhaus** (für Waren unter Zollverschluß) dagegen bleibt, wie es ist. Selbst wenn Sie hier nichts zu tun haben, lohnt sich ein Blick auf die einfallsreiche Jugendstilarchitektur von Gustaf Nystrom.

Auf dem Rückweg in westlicher Richtung führt Sie die Kanavakatu in den ältesten Teil Helsinkis, nach **Kruununhaka**. Am unteren Ende dieses Bezirks, dessen Name „königliche Koppel" bedeutet, liegt der Senatsplatz. Und in der Tat grasten noch vor wenigen Jahrhunderten auf diesem Boden glückliche Kühe. Heute kommen die betuchten Einwohner der Stadt hierher, um in den zahlreichen Bekleidungs- und Anitquitätengeschäften einzukaufen.

In der südöstlichen Ecke dieser Gegend zwischen Aleksi und dem Mertulli-Platz befindet sich das zweitälteste Gebäude des Zentrums von Helsinki. Der bescheidene, niedrige Bau wurde 1765 als **Zollhaus** errichtet, heute sind jedoch Büros darin untergebracht. Ganz in der Nähe begegnet man weiteren, altehrwürdigen Gemäuern, wie beispielsweise der dunkelroten **Residenz des Oberbürgermeisters** in der Aleksi Nr. 12 (neben Helsinkis **Theatermuseum**) mit ihren

**Architektonisch interessante Details auf der Halbinsel Katajanokka.**

wundervollen, mundgeblasenen Fensterscheiben und dem neugotischen **Ritarihuone** (Ritterhaus) aus der Mitte des 19. Jahrhunderts eine Straße nördlich der Hallituskatu.

Einige besonders hübsche Fußgängerwege krönen die Spitze des hügeligen Viertels Kruununhaka. Solide Steinbauten in Gelb, Braun, Rost und Grau sind in die Felsenklippen eingeschnitten und trennen diesen Stadtteil von der direkt darunter fließenden **Meerenge Siltavuori**. Die Klippen schützen auch den ältesten Holzbau der Stadt in der Kristiaaninkatu 12, das **Bürgerhaus**.

Das Bürgerhaus wurde 1818 kurz nach dem großen Feuer von einem reichen Kaufmann erbaut, der jedoch nicht reich genug war, um sich ein Steinhaus leisten zu können. Zusammen mit einem zweiten, senffarbenen Haus und einem verwitterten, roten Schuppen wird es von einem hohen Holzzaun umgeben.

Die Bausubstanz des Hauptgebäudes blieb unverändert, selbst die schönen Holzfußböden sind noch im Originalzustand. Nur die Möbel stammen aus der Zeit nach 1860. Damit die Atmosphäre wirklich stimmt, tragen die Führer eine altmodische Tracht.

**Sonnenbaden:** An einem warmen Tag gehen Sie vielleicht gern Richtung Osten, hinüber nach **Tervasaari**. Diese kleine Insel ist inzwischen durch eine von Menschenhand geschaffene Landenge mit Kruununhaka verbunden. Einst war sie Lagerplatz für Teer. Tervasaari heißt wörtlich „Teerinsel“. Mittlerweile ist sie ein hübscher Park mit Terrassenrestaurant geworden, hier tummeln sich im Sommer die Sonnenanbeter.

Schlendern Sie jedoch in westlicher Richtung weiter, kommen Sie zur **Kaisaniemenkatu**, derselben Straße, die vor dem Bahnhof beginnt und im Westen von Kruununhaka entlangführt. Zwischen Kaisaniemenkatu, Bahnhof und der Kaisaniemi-Bucht liegt der attraktive Park **Kaisaniemi puisto**. Breite Rasenflächen, Spielfelder, die sich im Winter zum Eishockeyspielen anbieten, ein Gartenlokal und der Botanische Garten der Universität laden zu den verschiedensten Aktivitäten ein. Der **Botanische Garten**

**Das Bürgerhaus, das älteste Holzgebäude Helsinkis.**

wurde um 1830 von einem Landschaftsgärtner aus St. Petersburg gestaltet. Auf einem gemächlichen Spaziergang durch den Garten nähern Sie sich immer mehr dem Zentrum der Stadt. Eine lange Brükke trennt Kruununhaka und den Park von dem kleinen Stadtteil **Hakaniemi** und dem größeren **Kallio**, den ursprünglichen Arbeitervierteln von Helsinki. In der Tat wohnte Lenin kurz vor der russischen Revolution neben dem großzügigen Hakaniemi-Platz. Heute lungern dort arbeitslose Trinker herum.

Montags bis freitags findet jedoch von 7 bis 14 Uhr ein Markt auf dem Platz und in der **Hakaniemi-Markthalle** statt. Hier geht es viel legerer zu als auf dem Zentralmarkt. Im oberen Stock der Halle werden verschiedene Waren angeboten, darunter auch die allgegenwärtigen Erzeugnisse von Marimekko und Aarikka.

Anfang des 19. Jahrhunderts wurde Kallio ziemlich aufs Geratewohl angelegt. Schließlich wurde ein neuer Grundriß geplant, und das Viertel wurde nach dem Vorbild von St. Petersburg neu aufgebaut. Trotzdem muß man sich schon auskennen, wenn man schöne Fleckchen entdecken will. Eine sehr hübsche Straße, die **Torkkelinkatu**, verläuft oberhalb der **Kallio-Bücherei** an der Viides Linja. Ein beachtliches Bauwerk ist die 1912 erbaute **Kallio-Kirche** aus grauem Granit ganz in der Nähe. Die Melodie ihrer Glocken stammt wahrscheinlich von Jean Sibelius.

Am nördlichen Ende von Kallio liegt etwas versteckt das **Museum der Arbeiterwohnungen**. Dieses Spezialmuseum zeigt vier Holzhäuser, in denen von 1909 bis 1987 die Arbeiter der Stadt lebten. In acht Wohnungen wurden häusliche Szenen realistisch nachgestellt, wobei man sich die intimen Kenntnisse der früheren Bewohner zunutze machte. So steht beispielsweise in der Wohnung C-6, wo offensichtlich eine Frau mit ihrem unehelichen Sohn lebt, eine Flasche Alkohol an der Stelle auf dem Tisch, wo eigentlich der Vater sitzen sollte.

Alle gezeigten Wohnungen bestehen aus einem einzigen Zimmer, in dem die ganze Familie lebte. Das bedeutet, daß die Betten jeden Tag irgendwie wegge-

**Zimmer im Arbeitermuseum.**

räumt werden mußten. Aber in der Wohnung 9-E, wo eine arme Witwe mit ihren sechs Kindern lebt, sind die Betten noch nicht gemacht. Nur die älteste Tochter hat ihr Bett schon an die Wand gestellt und ist zur Arbeit gegangen. Diese Familiengeschichte ist besonders tragisch. Nachdem der Mann der Frau gestorben war, sparte sie sich jeden Pfennig vom Mund ab, damit sie ihm ein Grabkreuz kaufen konnte. Da sie keinen Wagen mieten konnte, trug sie das Kreuz den ganzen weiten Weg bis zum Malmi-Friedhof auf ihrem Rücken.

Ein paar Schritte weiter im Norden liegt Helsinkis Vergnügungspark **Linnanmäki** auf einem bewaldeten Hügel. Er gehört zwar nicht zu den aufregendsten Parks dieser Art, ist aber wahrscheinlich die Attraktion Finnlands mit den meisten Besuchern.

Kallio liegt nördlich vom Bahnhof an der Ostseite der **Töölö-Bucht**. Im Westen der Bucht, im Viertel Töölö können Sie an die 50 Museen besuchen. Dieser Bezirk hat sich wie Kallio erst um die Jahrhundertwende richtig entwickelt, daher gibt es viele hervorragende Bauwerke des Jugendstils zu bewundern.

Von Kallio nach Töölö gelangen Sie, indem Sie einem hübschen Park um das nördliche Ende der Bucht über die Bahngleise folgen. Auf dem Weg kommen Sie an einigen den Einheimischen besonders wichtigen Gebäuden vorbei: dem **Stadttheater**, dem **Observatorium**, dem **Olympiastadion** und der überdimensionalen und ultramodernen **Oper** von 1993. Schließlich treffen Sie in der Mannerheimintie Nummer 48 auf das Restaurant Helsinkis, das sich auf die finnische Küche spezialisiert hat, das **Piekka**. Es ist überraschend edel, doch die Atmosphäre ist recht ungezwungen. Hier meidet man alle importierten Zutaten.

So kommen Sie auch nach Töölö: Einen Straßenzug westlich vom Hauptbahnhof treffen Sie auf das vierstöckige **Forum-Einkaufszentrum**. Biegen Sie nach Norden ab, und anderthalb Straßenzüge weiter begegnen Sie der Statue von **General Mannerheim**, der hoch zu Roß über die lebhafte Kreuzung der Straßen Mannerheimintie, Arkadiankatu, Postin-

**Statue Ilmatar und Sotka im Sibelius-Park.**

katu und Salomonsgatan wacht. Töölö liegt direkt gegenüber auf der anderen Seite.

Neben der Brücke wurde ein alter **Bahnhof** in einen Komplex mit einer modernen Kunstgalerie, mehreren Läden und Lebensmittelgeschäften umgewandelt. Auf der anderen Straßenseite führen viele Treppen zum imposanten **Reichstag** hinauf. Die strenge Fassade wird von 14 Säulen aus grauem Granit unterbrochen. Dieses monumentale Gebäude wurde zwischen 1925 und 1930 nach einem Entwurf von J. S. Sirén errichtet.

**Architektentrio:** Statuen von ehemaligen finnischen Ministerpräsidenten findet man zwischen dem Reichstag und dem **Finnischen Nationalmuseum**. Die Architekten Gesellius, Lindgren und Saarinen wollten, daß sich in dem Museumsbau die finnische Geschichte widerspiegelt. Obwohl der nationalromantische Stil vorherrscht, konnte das wuchtige Gebäude teilweise die Architektur alter Kirchen und Schlösser integrieren. Der Hauptturm ähnelt beispielsweise dem Turm der Kathedrale von Turku.

Innenausstattung und Ausstellungsgegenstände vermitteln weitere Kenntnisse über Finnland. Den Steinbären direkt am Eingang schuf Wilkström, die Gewölbefresken in der Eingangshalle mit Szenen aus dem Nationalepos *Kalevala* stammen von Gallen-Kallela. Die kunterbunte Mischung verschiedenster Kunstwerke reicht von frühen archäologischen Funden bis hin zu Arbeiten der Moderne.

Das **Stadtmuseum** auf der anderen Straßenseite ist nicht sehr gut gegliedert, und ahnungslose Besucher finden sich oft nicht zurecht. Das **Café CaraMelle** ist jedoch eines der gemütlichsten Cafés von ganz Helsinki.

Zweifelsohne ist die **Finlandiatalo** (Finlandia-Halle) gleich nebenan das berühmteste Gebäude von Töölö, wenn nicht gar von Helsinki. Die Innen- und Außengestaltung ist das Werk Alvar Aaltos. Das Hauptgebäude wurde 1971, das Kongreßzentrum 1975 fertiggestellt. Die Halle beherbergt das philarmonische Orchester Helsinkis, außerdem finden in den Sälen zahlreiche Konzerte und andere kulturelle Ereignisse statt.

**Links**: ***Angriff*, ein Protestgemälde von Ectu Istu (1899) gegen die Russifizierung Finnlands. Rechts: Detail des Barbara-Altars aus der Kalanti-Kirche. (Beide Kunstwerke sind im Nationalmuseum zu sehen.)**

Das elegante, weiße Gebäude sollte sich – vor allem im Winter – harmonisch in seine Umgebung mit dem **Hesperia-Park** als Hintergrund einfügen. Unglücklicherweise ist der Carraramarmor nicht nur bereits grau geworden, sondern der finnische Winter setzt ihm so zu, daß man befürchtet, die Platten könnten ganz von der Fassade fallen.

Ob man den Marmor durch ein für den finnischen Winter geeigneteres Material ersetzen sollte, hat zwischen Pragmatikern und Puristen eine hitzige Debatte ausgelöst. Inzwischen ergab sich ein weiteres, weniger dringliches, aber ebenso unangenehmes Problem der Halle: Die Akkustik der Konzertsäle ist miserabel. Man versucht inzwischen, diesem Phänomen mit elektronischen Hilfsmitteln beizukommen. Unabhängig davon ist die Finlandia-Halle dennoch Zentrum der modernen Kulturszene Helsinkis.

Um den Reichstag gruppieren sich zahlreiche andere kulturelle Einrichtungen. Direkt dahinter liegt die **Städtische Kunsthalle** mit unterschiedlich erfolgreichen Ausstellungen vor allem einheimischer Künstler. Gleich um die Ecke treffen Sie auf die berühmte Musikhochschule Helsinkis, die **Sibelius-Akademie**. Auf der anderen Straßenseite lohnt das oft unterschätzte **Zoologische Museum** einen Besuch. In zahlreichen Glaskästen und auf lebensnahen Dioramen erhält man eine farbige Lektion über die finnische Tierwelt. Das neubarocke Gebäude ist leicht an dem bronzenen Elch auf dem Rasen davor zu erkennen.

Eine der Hauptattraktionen der Stadt wurde in den hinter den gewundenen Straßen von Töölö gelegenen Felshügel gesprengt: Die supermoderne **Temppeliaukio-Kirche** ist nicht nur ein architektonisches Kleinod – man ließ die Granitwände unbehauen, und durch den Kranz aus Betonrippen der kreisrunden Kuppel fällt Tageslicht in die Grottenkirche –, sondern es gelangen hier auch viele gute Konzerte zur Aufführung.

Ein weiterer Stadtteil im Südwesten Helsinkis ist **Punavuori**, ein Luxusviertel am Ende der Halbinsel. Die Hauptstraße, die **Bulevardi**, beginnt dort, wo die Mannerheimintie kurz vor ihrem

**Links und rechts: Verschiedene Architekturstile an der Bulevardi, einer der edelsten Straßen Helsinkis.**

Ende im rechten Winkel abknickt, und führt dann zur Hietalahti-Werft hinab.

**Prachtstraße:** Die Bulevardi gehört zu den schönsten Straßen Helsinkis. Die meisten Gebäude stammen aus der Zeit zwischen 1890 und 1920 und beherbergten ursprünglich reiche Patrizier. Die **Alte Kirche** zwischen den Straßen Annan und Yrjön stammt noch von Engel. Das 1826 erbaute Gotteshaus war die erste protestantische Kirche der neuen Hauptstadt.

Die **Finnische Nationaloper** liegt weiter westlich an der Bulevardi. Das herrliche, rote Gebäude wurde 1870 als Theater für russische Offiziere errichtet. Für Operaufführungen bietet das mit Plüsch reich ausgestattete Innere nicht genug Platz; es fungiert daher eher als Musical-Bühne und Theaterschule.

Gegen Ende der Bulevardi strömt Ihnen plötzlich ein seltsamer, an Tee erinnernder Geruch entgegen. Er geht von der seit 1819 bestehenden **Sinebrychoff-Brauerei** aus, der ältesten Brauerei Finnlands. Der Rauch senkt sich besonders auf den **Hietalahti-Markt**, auf dem es Fisch, Obst und Gemüse zu kaufen gibt. Am berühmtesten ist hier allerdings der Flohmarkt, wo man zwar nur gebrauchte Schallplatten und alte Kleider erstehen kann, aber auch endlich einmal Gelegenheit hat, viele Einheimische bei ihren Geschäften zu beobachten.

In der Bulevardi konzentrieren sich die modernsten Kunstgalerien sowie die unterschiedlichsten Boutiquen Helsinkis. Zwei Straßen weiter südlich verläuft parallel zur Bulevardi die **Iso-Roobertin-Fußgängerzone** mit besonders vielen Restaurants und Geschäften für junge Leute. Hier finden Sie auch den wichtigsten Schwulentreff in Helsinki, die **Gambrini-Bar**. Noch einmal zwei Straßen weiter, parallel zur Bulevardi, ragt die **Johanneskirche** in den Himmel. Dieses neugotische Gotteshaus mit seinen spitzen Türmen ist die größte Kirche von Helsinki. Wegen der hervorragenden Akustik finden hier oft Konzerte statt. Das **Museum für Angewandte Kunst** auf der gegenüberliegenden Straßenseite ist ein unbedingtes Muß, denn hier werden vielfältige Exponate des berühmten

**Der kleine Bootshafen.**

finnischen Designs ausgestellt. Wenn Sie dann direkt Richtung Süden weitergehen, kommen Sie nach **Eira**, dem exklusivsten Stadtteil von Helsinki.

**Kleiner Bootshafen:** Am südlichsten Zipfel der Halbinsel ist die Küste von Grünflächen gesäumt, und an sonnigen Tagen kann man dort wunderschöne Spaziergänge machen. Nachdem das Eis geschmolzen ist, gehen zahlreiche Boote an dieser Küste vor Anker, und die halbe Welt scheint mit dem Fahrrad unterwegs zu sein. Wenn das Meer noch zugefroren ist, kann man näher gelegene Inseln sogar zu Fuß erreichen.

Richtung Stadtzentrum im Nordosten gehen die Rasenflächen in den schönsten Park Helsinkis über, den **Kaivopuisto**. Im Sommer organisiert die Stadt hier zahlreiche Gratiskonzerte, und außerdem tummeln sich im Park dann scharenweise sonnenhungrige Finnen. Aber im Gegensatz zu den meisten anderen Großstädten der Welt sind die Menschen, auch bei Massenveranstaltungen, immer noch freundlich und liebenswürdig und hinterlassen kaum Abfall.

Einer der beliebtesten Treffpunkte in der Stadt ist **Kaivahuone**, wo man vor allem die Musik moderner Jugendgruppen zu hören bekommt. In dem Nachtklub treten heiße finnische Bands auf, und der Lärm dringt bis auf die Terrasse. Die betuchten Anwohner von Kaivahuone kämpfen jedoch vehement gegen das Bestehen dieses Lokals. Derzeit darf man nur zu vereinbarten Terminen dem Rock 'n' Roll frönen.

Viele dieser Anwohner sind Angehörige der zahlreichen Botschaften im Bezirk **Ullanlinna**. Am meisten sticht die **russische Botschaft** ins Auge, die gegenüber der **Kirche des Heiligen Henrik** liegt, eines der zwei katholischen Gotteshäuser Helsinkis. Dahinter erhebt sich der Hügel der **Sternwarte**. Von dort haben Sie einen guten Ausblick auf das Zentrum und Katajanokka im Norden. Direkt darunter verläuft Richtung Osten der **Olympia-Kai**, wo die Luxusschiffe aus Stockholm anlegen und dann wieder auf das Meer hinausfahren, dem Helsinki seinen Reichtum und den Namen „Tochter der Ostsee“ verdankt.

**Helsinkis verführerisches Nachtleben.**

## Rock 'n' Roll

Es kann sein, daß man in den internationalen Charts des Rock 'n' Roll keinen finnischen Titel findet. Das heißt aber nicht, daß man den Rock 'n' Roll vergessen würde oder gar vergessen könnte, solange man in Finnland ist.

Bei einem Spaziergang durch eine beliebige finnische Stadt trifft man immer wieder auf Leute in Lederkleidung, die wie Rocker aus dem Bilderbuch aussehen. Fast unausweichlich kommt einem dann der Gedanke, daß die bedauernswerten finnischen Rockfans zum Tanzen immer auf Songs aus dem Ausland zurückgreifen müssen, denn diese Musik und die finnische Sprache scheinen unvereinbar. Doch weit gefehlt – Finnland hat ein breites Spektrum eigener Rockmusik, und der eine oder andere „Rokker" hat vielleicht bereits seine eigenen Kompositionen veröffentlicht.

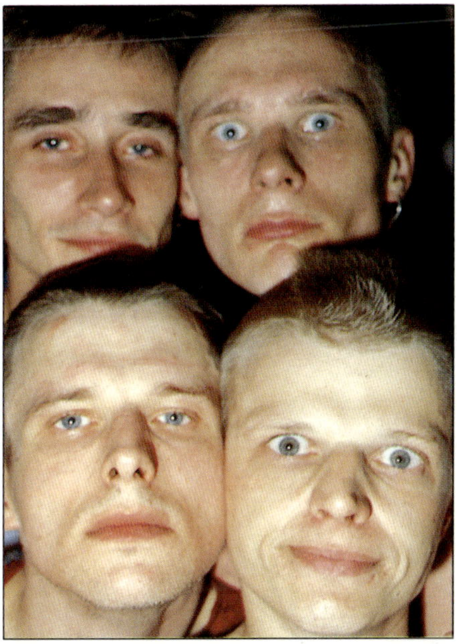

Am besten lernt man die finnische Rockszene kennen, wenn man eines der sommerlichen Rockfestivals besucht. Die größten locken bis zu 25 000 Menschen jeden Alters und mit den verschiedensten Haartrachten an. Sie dauern gewöhnlich zwei Tage und beginnen am späten Samstag vormittag. Gegen Abend häufen sich mehr und mehr die leeren Bierflaschen. Am Sonntag herrscht jedoch meistens eine angenehmere Atmosphäre.

Traditionell werden die sommerlichen Rockfestivals Anfang Juni durch das in Seinäjoki stattfindende Provinssirock eingeleitet. Das nördlich von Helsinki gelegene Seinäjoki wird für dieses eine Wochenende zu einem Rock-Mekka. Auf einem wunderschönen Campingplatz unmittelbar vor der Stadt spielen die Rockbands auf drei verschiedenen Bühnen. Nicht nur die besten finnischen Rockgruppen, sondern auch internationale Gruppen wie R.E.M., Fine Young Cannibals oder David Byrne sind beim Provinssirock vertreten.

Das zweite wichtige Rockfestival des Sommers ist das Ruisrock in Turku. Das älteste Rockfestival Finnlands verlor seinen Glanz für einige Zeit, doch in den letzten Jahren konnten wieder Rockgrößen wie Bob Dylan, Billy Idol und Nirvana als Gäste begrüßt werden.

Rockfans sollten sich auch Kuusrock in Oulu und Saapasjalkarock in Pihtipudas nicht entgehen lassen. Selbst der finnische Präsident Koivisto ist von den Blues- und Rockmusikern, die oft beim Pori Jazz-Festival auftreten, ganz begeistert. Nach einer Performance des texanischen Gitarristen Stevie Ray Vaughan lud er diesen zu einem Privatbesuch auf seiner Yacht ein.

Das Festival, das Familien mit kleinen Kindern ohne Furcht vor Betrunkenen besuchen können, ist das Puisto Blues in Järvenpää, einer Kleinstadt nördlich von Helsinki. Die Besucher dieser Anfang Juni stattfindenden Veranstaltung sind eindeutig mehr an Musik als an Bierflaschen interessiert.

Mit dem Ende des Sommers verstummt die Rockmusik keineswegs. In fast jeder Stadt gibt es Rock-Clubs, und alle Landesteile haben Bands mit eigener Prägung.

Englisch ist die Sprache der Wahl der Bands aus Helsinki. Diese internationale Orientierung kann die Musiker aber nicht daran hindern, originelle Arbeit zu leisten; ihre Musik würzen sie mit der für die Finnen typischen Ironie. Kultstatus erreicht hat 22 Pistepirkko mit idiosynkratischem Sound; jazzig kommt Helsinkis Shadowplay daher.

Je weiter man gen Norden fährt, desto lauter – und interessanter, wie manche sagen – wird die Musik. Im stürmischen und kalten Oulu wird die intensivste Rockmusik geboten. Außerdem hat Oulu den einzigen Männerchor der Welt, in dem nicht einmal versucht wird zu singen. Er trägt den Namen *Huutajat* („die Schreier"). Dutzende von langhaarigen Männern in Anzügen schreien sich nach festen Regeln die Seele aus dem Leib – arktische Hysterie in Vollendung. ■

# HELSINKIS INSELWELT

Vor der Küste Helsinkis liegen Hunderte kleiner Inseln. Manche, wie zum Beispiel Lauttasaari und Kulosaari, wurden durch Brücken und die U-Bahn so eng mit dem Festland verbunden, daß man sie gar nicht mehr als Inseln erkennt. Auf anderen stehen nur ein paar Wochenendhäuser, die im Winter zu Fuß und im Sommer mit dem Motorboot erreichbar sind.

**Suomenlinna** („Finnlands Burg") ist zweifellos die wichtigste von diesem Inseltyp. In Wirklichkeit besteht sie aus fünf Inseln, auf denen sich die Ruinen einer Festung verteilen. Seit Baubeginn im Jahre 1748 unter Graf Augustin Ehrensvärd spielte Suomenlinna eine bedeutende Rolle für das Leben in Helsinki.

Suomenlinna blickt auf eine wechselvolle Geschichte zurück. Ursprünglich diente sie als Marinestützpunkt, und noch heute ist hier die Akademie der Finnischen Kriegsmarine untergebracht. Eine militärische Enklave ist sie jedoch kaum noch. Viel eher fällt eine blühende Künstlerkolonie auf, die renovierte Bastionen als Ateliers und Galerieräume benutzt. Außerdem leben auf der Insel Leute, die Fischerboote reparieren und mit Restaurierungsarbeiten beschäftigt sind.

Es ist einfach und billig, auf die Inseln zu gelangen. Ganzjährig fahren jede halbe Stunde Wasserbusse vom Marktplatz ab, und man zahlt nicht mehr als für eine U-Bahn-Karte. Sie legen bei Iso Mustasaari an, und von da windet sich ein hügeliger Pfad vorbei an der Strandkaserne und Holzhäusern bis zu den verstreuten Überresten der **Festung „Ehrensvärd"**. Der Festungshof ist der am besten erhaltene Teil der Anlage und birgt den Sarkophag des Grafen Augustin. Seine ehemalige, klassisch-elegante Wohnung ist jetzt ein Museum.

Der Rest von Suomenlinna teilt sich in Wohnhäuser und Befestigungsanlagen, die von **Susisaari** bis zur südlichsten Insel **Kustaanmiekka** reichen. Vom höchsten Aussichtspunkt dieser windgepeitschten Insel kann man an manchen Tagen das 80 Kilometer entfernte Est-

**Vorherige Seiten: Karelische Tracht im Freilichtmuseum auf Seurasaari. Unten: Eine Möglichkeit, Helsinki kennenzulernen: auf einer Hafenrundfahrt.**

land erkennen. Hier befinden sich auch das **Zentrum für Nordische Kunst** und ein stimmungsvolles Sommerlokal namens **Walhalla**.

**Korkeasaari**, eine weitere „Touristeninsel“, ist jedoch bei weitem nicht so interessant und zauberhaft wie Suomenlinna. Der einzige Tierpark Finnlands beherrscht dieses felsige Fleckchen Erde. Erreichbar ist die Insel per Schiff vom Marktplatz von Hakaniemi.

Der **Zoo auf Korkeasaari** ist nicht gerade der größte der Welt. Obwohl man sich auf „Tiere aus Kälteregionen“ spezialisiert hat, lernen Sie über die finnische Tierwelt im Zoologischen Museum von Helsinki wahrscheinlich ebenso viel. Die Kinder freuen sich jedoch immer wieder über die Paviane, Bären und prächtigen, frei umherlaufenden Pfaue.

Auch das sehr viel reizvollere **Seurasaari** wird gerne besucht. Im Nordosten der Insel wurde eine schön gelegene, bewaldete Fläche zu einem **Freilichtmuseum** mit Holzhäusern aus allen finnischen Provinzen umgestaltet. Die andere Seite der Insel ist ein Nationalpark.

Die Häuser, die nach Seurasaari gebracht wurden, stammen aus dem 17. bis 19. Jahrhundert. Auf traditionellen Festen in der Mittsommernacht oder an Ostern werden hier große Lagerfeuer entzündet, und einheimische Kinder verkleiden sich als „Osterhexen“.

Um zu dieser Insel zu gelangen, brauchen Sie kein Boot. Nehmen Sie einfach den Bus Nr. 24 vom Stadtzentrum aus, oder fahren Sie mit dem Fahrrad an der Küstenstraße Meilahti entlang (die Sie am **Sibeliuspark** und dem silbern glänzenden **Sibeliusdenkmal** vorbeiführt). Eine Holzbrücke für Fußgänger verbindet die Insel mit dem Festland.

**Harakka** ist jetzt ein Naturschutzgebiet. Bis 1990 diente die Insel militärischen Zwecken, doch sie ist noch immer in einem sehr ursprünglichen Zustand. Viele Wanderwege (Beschilderung auf Finnisch und Schwedisch) durchziehen die kleine Insel. Besucher werden gebeten, die Pfade nicht zu verlassen und keine Blumen zu pflücken. Im Sommer ist Harakka per Schiff zu erreichen, im Winter von Eira aus zu Fuß über das Eis.

**Teil der alten Festungsanlagen auf Suomenlinna.**

MARIELLA
VIKING LINE

E3

## ÜBER DIE OSTSEE

Bekannt sind sie unter dem Namen „Finnland-Fähren", obwohl sie die Wasserstraßen der Ostsee von und nach Schweden befahren und einige unter schwedischer Flagge segeln. Alle bisherigen Vorstellungen, wie eine Autofähre aussieht oder auszusehen hat, werden Sie auf einem der phantastischen Schiffe der Viking Line (rot) oder Silja Line (weiß) schnell über Bord werfen. Vergleicht man sie mit anderen Fähren auf den internationalen Schiffahrtsrouten, so gehören diese Schiffe bereits zur nächsten oder übernächsten Generation. Von den luxuriösen Kreuzschiffen der Karibik unterscheiden sie sich nur dadurch, daß ihre Swimmingpools überdacht oder unter Deck und nicht im Freien sind.

Allerdings waren diese Fähren nicht schon immer so komfortabel. Es gab Zeiten, da waren die Kabinen so klein, daß niemand länger als unbedingt nötig darin verweilen wollte. Die einzige Alternative war jedoch, aus dem Fenster zu starren oder sich an die Bar zu setzen.

**Smörgåsbord oder Cafeteria:** Beim Essen hatte man die Auswahl zwischen einem überfüllten Smörgåsbord-Lokal oder einer sterilen Cafeteria. Die Einkaufsmöglichkeiten beschränkten sich auf steuerfreien Alkohol, Zigaretten und Süßigkeiten. Trotzdem machte die Reise Spaß und war günstig. Außerdem führte der Weg vorbei an der schönen Inselwelt um Stockholm, den Ålandinseln und der finnischen Westküste.

Die Zeiten haben sich geändert. Noch immer verbringt man hier eine gute Zeit, aber die Finnland-Fähren sind keine schwimmenden Bars für Singles mehr. Die Schiffskonstruktion wurde enorm verbessert, die Kabinenwände sind besser isoliert, und nicht einmal bei den Türen zieht es mehr herein. Man bekommt für sein Geld etwas geboten und kreuzt durch eine der schönsten Wasserlandschaften der Welt.

In den letzten dreißig Jahren haben die Schiffahrtsunternehmen Silja und Viking in regelmäßigen Abständen neue Schiffe in Betrieb genommen. Die Konkurrenz ist hart, daher bedeutet jede neue Schiffstaufe mehr Komfort. Die Kabinen sind größer, die Kojen stehen neben- statt übereinander, und die Duschräume sind jetzt großräumiger.

Das Smörgåsbord-Restaurant ist noch immer ein Muß. Doch aufgrund seiner besseren Planung gelangt man leichter an Hering, Lachs, Fleischbällchen und all die anderen finnischen, schwedischen und internationalen Köstlichkeiten. Die Schiffe verfügen inzwischen auch über eine erstaunliche Anzahl anderer erstklassiger Restaurants.

Sie können in Nachtklubs zur Musik von Spitzenbands tanzen. Es gibt Spielkasinos, in denen man Roulette spielt und reihenweise einarmige Banditen aufgestellt sind. Die Jungen und Junggebliebenen tanzen in hypermodernen Diskos oder amüsieren sich bei Videospielen.

**Günstiger Alkohol?** Die Geschäfte mit zollfreien Waren haben ihr Angebot inzwischen erweitert. Man kann Mode, Accessoires, Spiele und elektronische Erzeugnisse kaufen – und natürlich die üblichen steuerfreien Waren. Als Nichtschwede oder Nichtfinne sollten Sie allerdings vorsichtig sein, denn diese Produkte sind zwar billiger als in skandinavischen Ländern, ihre Preise liegen aber trotzdem noch immer weit über dem anderswo üblichen Durchschnitt.

Von Anfang an gehörte eine Sauna zur Grundausstattung der Luxusfähren. Inzwischen haben sie sich zu „Erholungszentren" mit Solarium, Schwimmbad, Fitneßraum und Whirlpool gemausert. Qualifiziertes Personal kümmert sich auf Wunsch um Kinder, auf die kleine Vergnügungsparks und gut ausgestattete Spielräume warten.

In dem Maße, wie die finnische Wirtschaft in den siebziger Jahren erstarkte, veränderte sich auch das Freizeitverhalten wohlhabender Finnen. Zusammen mit den betuchten Schweden entdeckten Sie die 24stündige Kreuzfahrt über die Ostsee und die Gelegenheit, mit Pauschalangeboten einschließlich eines günstigen Hotels eine kurze Auslandsreise zu unternehmen. Auch ausländischen Besuchern bieten die Fähren inzwischen einfache und ungewöhnliche Kombinationen für den Besuch beider Länder. Fin-

**Vorherige Seiten: Fähren der Viking und Silja Line verkehren täglich zwischen Finnland und Schweden. Links: Nobelrestaurant auf der *Cinderella*.**

nen wie Schweden setzen sich gerne in Gruppen zusammen und diskutieren. Für dieses Bedürfnis haben die Schiffahrtsgesellschaften spezielle Konferenzräume entwickelt, inzwischen haben sich Geschäftskonferenzen auf hoher See auch als echter Renner entpuppt.

**Umweltschützerische Bedenken:** All diese Vorteile und die spiegelglatte Ostsee machen die Überfahrt für den Reisenden äußerst angenehm. Gefahr droht den Eigentümern der immer größer werdenden Schiffe wohl eher von den Umweltschützern, obwohl die finnischen Fähren in mancher Hinsicht besonders umweltfreundlich sind. Es wird kein Abfall ins Meer geworfen, und die Schwefelemissionen wurden bei den neuen Schiffen durch die Verwendung eines teureren, schwefelärmeren Treibstoffes gesenkt.

Doch da alle Schiffe Kielwasser haben, besteht bei der Größe der finnischen Fähren die berechtigte Besorgnis, daß die Küsten und vor allem die Inseln des inneren Archipels erodieren. In Mitleidenschaft gezogen werden auch Dämme und sogar der Meeresboden. Die Lärmbelästigung und Luftverschmutzung in der Nähe der Anlegestellen der Fähren sind den Umweltschützern ebenfalls ein Dorn im Auge. Jährlich transportieren die Fähren mehr als 900 000 Autos und fast 30 000 Busse. Dazu kommen noch an die 170 000 Lastwagen allein im Jahr 1990.

Doch ein Ersatz ist für die Finnland-Fähren nicht leicht zu finden. Für den Handel zwischen Schweden und Finnland sind sie lebensnotwendig, und für Finnland sind sie die Hauptverbindungslinie mit Europa. Die Vergnügungs- und Geschäftsreisenden sind Nutznießer der Tatsache, daß ein Großteil des finnischen Außenhandels über Lastwagen abgewickelt wird. Andererseits werden durch den Verkauf von Fahrkarten und Waren an Bord an Vergnügungs- und Geschäftsreisende die Frachtkosten mitfinanziert.

Wenn aber an einem ruhigen Sommerabend auf beiden Seiten des Kielwassers der Fähre die Lichter von den Inseln herüberleuchten, werden derartige praktische Erwägungen den in die Betrachtung der hereinbrechenden Dunkelheit versunkenen Passagier kaum belasten.

**Die Route der Finnlandfähren schlängelt sich zwischen Tausenden von Inseln hindurch.**

# Die Baltischen Staaten

Luxusschiffe fahren regelmäßig von Helsinki über den Finnischen Meerbusen zu einigen der schönsten Städte der ehemaligen Sowjetunion. Am beliebtesten ist der zweitägige Ausflug nach St. Petersburg. Visa werden nicht benötigt, und übernachtet wird an Bord. St. Petersburg ist die Schöpfung Peters des Großen, der die Stadt 1703 auf 40 Inseln im Flußdelta der Newa gründete. Das ehemalige „Fenster nach Europa" wurde größtenteils von europäischen Architekten erbaut. Italienische Palazzi säumen die Flußufer, ihre pastellfarbenen Fassaden spiegeln sich in den unzähligen Wasserwegen. Vergleiche mit Venedig und Amsterdam liegen nahe.

Und es ist auch die europäische Kunst, die die Menschen in die Eremitage strömen läßt. Denn die Höhepunkte der zwei Millionen Exponate umfassenden Sammlung sind in den Räumen zu finden, die der westlichen Malerei gewidmet sind. Die meisten Gemälde stammen aus Privatkollektionen, die nach der Revolution verstaatlicht wurden. Darunter sind 26 Werke von Rembrandt, Meisterwerke von Cézanne und Van Gogh sowie die farbenprächtigen *Tänzer* von Matisse.

In St. Petersburg kann man wunderbar spazierengehen und das Straßenleben auf sich wirken lassen, das während der „weißen Nächte" im Juni besonders lebendig ist. Dann nämlich hält sich jeder im Freien auf, um die langen Sonnenuntergänge zu genießen. Ein Bummel von der Eremitage durch den Torbogen des ehemaligen Gebäudes des Generalstabs bringt Sie an der Fabergé-Werkstätte vorbei zum Newski Prospekt, der Hauptdurchgangsstraße der Stadt.

Gemütliche Wiener-Kaffeehaus-Atmosphäre herrscht im Kafe Literaturnoja (Newski Prospekt 18). Dieses Lokal ist von historischer Bedeutung, denn hier nahm Puschkin 1837 seine letzte Mahlzeit zu sich, bevor er im Duell getötet wurde. In der Philharmonie können Sie einem Konzert oder im Maly-Theater einer Ballettaufführung beiwohnen. Gostini Dwor (Newski Prospekt 35) ist das größte Kaufhaus der Stadt.

**Oben: Junge Estländerin in Tracht.**

Eine Reise nach Petrodworez (28 Kilometer westlich der Stadt) ist ein Muß. Dies ist die Antwort Peter des Großen auf Versailles. Zu seiner Galaeröffnung lud er alle europäischen Regenten ein. Den Mittelpunkt der Großen Kaskade bildet eine Statue von Samson mit dem Löwen. Sie soll den Sieg Peters über die Schweden in Poltova im Jahr 1709 symbolisieren. Seien Sie vorsichtig, welchen Sitz Sie sich zum Erholen aussuchen, manche von ihnen sind Fontänen, die mit einem Schwall Ihre Rückseite einweichen können.

Tallinn, die Hauptstadt Estlands, ist ein weiterer Zielort der Fähren. Von hier können Sie in alle drei seit kurzem unabhängige baltische Staaten weiterreisen. Tallinn liegt Helsinki direkt gegenüber, und zahlreiche finnische Touristen, darunter viele ehemalige Flüchtlinge, die Estland Ende des Zweiten Weltkrieges verließen, besuchen die Stadt. Alleen führen von der Burg aus dem 14. Jahrhundert herunter, und die gotische Architektur erinnert daran, daß Tallinn einst ein wichtiger Hafen der Hanse war.

Riga, die Hauptstadt Lettlands, hat eine ähnliche Geschichte wie Tallinn. In der Kathedrale aus dem 13. Jahrhundert liegen Bischöfe begraben. Die deutsche Orgel ist das viertgrößte Instrument dieser Art auf der Welt.

Die Hauptstadt Litauens, Vilnius, ist aufgrund ihrer langjährigen Verbindung zu Polen katholisch. Drei Dinge fallen jedem Besucher sofort ins Auge: die vielen Juweliergeschäfte; das Labyrinth mittelalterlicher Gassen; und die festliche, fast unwirkliche Atmosphäre, die hier vorherrscht, seit der langgehegte Traum von der Unabhängigkeit endlich Realität wurde. ■

# Rundreise

In vielen Ländern versteht man unter einer Stadt eine Ansammlung von hohen Gebäuden und geschäftigen Straßen, auf denen sich die Autos stauen. Durch eine finnische Stadt rollen natürlich auch motorisierte Fahrzeuge, doch sie erstreckt sich auch über Seen, Waldgebiete und grüne Lungen zwischen den Häusern, so daß man manchmal meinen könnte, man befinde sich auf dem Land.

Die folgenden Kapitel begleiten Sie auf einer 500 Kilometer langen Rundreise durch die drei größten Städte Finnlands. Von der Hauptstadt Helsinki führt die Straße nach Turku, der ehemaligen Hauptstadt im Zentrum des schwedischsprachigen Finnlands, und dann weiter in die Industriestadt Tampere, deren Fluß die ersten Mühlen des 18. Jahrhunderts in Gang brachte. Von hier führt die Straße wieder zurück nach Helsinki.

Auf dem Weg lernen Sie das Finnland von gestern und heute kennen. Im Süden fahren Sie an Meeres- und Seeufern entlang und kommen an alten Häusern vorbei, die zu Museen oder Hotels umfunktioniert wurden. Burgen mit herrlichen Banketthallen, dunklen Kerkern und antiken Statuen erzählen von der manchmal kriegerischen und manchmal friedlichen Geschichte Finnlands.

Weiter nördlich gibt es immer mehr Seen, und man fühlt sich verführt, das Auto stehen zu lassen und ein Schiff zu besteigen, das auf Wasserwegen, wie zum Beispiel der Silberlinie, durch das Seengebiet zwischen Tampere und Hämeenlinna gleitet.

Auf dieser Route bietet sich auch die Gelegenheit, etwas über Finnlands Kultur zu erfahren, die für ein Land mit nur fünf Millionen Einwohnern sehr umfangreich ist. In Glaswerken und Ateliers können Sie die berühmte Kunstfertigkeit der Finnen bewundern und Artikel echt finnischen Designs erwerben. Außerdem führen die Straßen zwischen den Städten durch dunkle, grüne Wälder und alte Dörfer, so daß Sie auf dieser Tour viel frische Luft schnappen und bunte Blumen bestaunen können.

# AUF DEM WEG NACH TURKU

Die Suche nach einer nationalen Identität im 19. Jahrhundert hinterließ zahlreiche Museen und Gebäude in der Umgebung von Helsinki. Auf der Straße nach Turku kommen Sie zunächst an **Tarvaspää** vorbei, dem ehemaligen Zuhause des Malers Akseli Gallen-Kallela, dessen Illustrationen der *Kalevala* zu seinen bekanntesten Werken gehören. Er hatte sich bereits einen Namen gemacht, als er zwischen 1911 und 1913 um die Linudd-Villa seine Wohn- und Arbeitsstätte errichten ließ.

Heute dehnt sich das Stadtgebiet von Helsinki fast bis nach Tarvaspää aus, das jedoch immer noch in einer ländlichen Umgebung liegt. Der Bau wurde zwar von dem Architekten Eliel Saarinen entworfen, aber auch die Persönlichkeit des Malers fand ihren Ausdruck.

Im Atelier, das noch genauso aussieht wie zu Lebzeiten des Künstlers, sind etwa 100 der *Kalevala*-Gemälde untergebracht, die den finnischen Pavillon auf der Pariser Weltausstellung im Jahre 1900 schmückten. Weiterhin sind auch die Bilder für seine Fresken im Jusélius-Mausoleum in Pori zu sehen (siehe auch Seite 217), das zum Gedenken an Sigrid Jusélius, die elfjährige Tochter eines Geschäftsmannes aus Pori, errichtet wurde. Die Arbeit an den Fresken war für Gallen-Kallela keine leichte Aufgabe, da seine eigene kleine Tochter erst wenige Jahre zuvor gestorben war. Viele Spuren zeugen von den zahlreichen Reisen des unverbesserlichen Globetrotters: ein japanischer Hausaltar sowie Mitbringsel aus Afrika und Paris.

Tarvaspää besteht aus einem Atelierflügel, einem Turm und einem Hauptgebäude. In der Linudd-Villa sind heute ein Café und ein Terrassenrestaurant untergebracht, und täglich findet eine Führung durch das Anwesen statt. Um hierher zu gelangen, verlassen Sie die Straße 1 (E3) 200 Meter nach Turunväylä (Tarvontie). Kurz danach bringt Sie eine beschilderte Straße nach Tarvaspää. In Tarvaspää wird man Ihnen eine Querfeldein-Route nach Hvitträsk, etwa 20 Kilometer westlich im Gemeindebezirk Kirkonummi, empfehlen, wo Saarinen zu Hause war. Am einfachsten ist es jedoch, auf die Straße 1 (E3) zurückzukehren und an der dritten Kreuzung links nach Jorvas abzubiegen. Von hier brauchen Sie nur noch den Schildern nach Hvitträsk folgen.

**Natürliche Einheit:** Man nimmt zwar an, daß sich die Wohn- und Arbeitsräume der drei berühmtesten finnischen Architekten in ihre Umgebung einfügen, doch **Hvitträsk** übertrifft mit Sicherheit alle Erwartungen. Die Stein- und Holzgebäude bilden mit dem Wald, den großen Klippen und dem Weißen See, der dem Haus seinen Namen gab, eine natürliche Einheit. Die Architektur, die Inneneinrichtung und die Möbel entspringen ebenfalls einem Stil. Eliel Saarinen, Herman Gesellius und Armas Lindgren entwarfen zusammen viele wichtige Gebäude; im großen Hauptatelier, das heute ein Museum ist, planten sie 70 Projekte.

In Hvitträsk wurde einer der frühen Triumphe der Architekten gefeiert, nämlich der finnische Pavillon auf der Pariser Weltausstellung von 1900. Die Decke im

**Vorherige Seiten: Tamperes orthodoxe Kathedrale. Der plötzlich eintretende Frühling färbt die Wiesen bunt. Links: Zahlreiche Kirchtürme ragen auf dem Weg nach Turku in den Himmel. Rechts: Die Landwirtschaft wird vom finnischen Staat stark unterstützt.**

Speisesaal ist das Werk Gallen-Kallelas. Saarinen, der keine langen Versammlungen mochte, entwarf den harten, schwarzen Tisch und die dazugehörigen Stühle. Wie wohl sich seine Gäste damals darauf fühlten, weiß man nicht, doch selbst heute werden noch Möbel verkauft, die Saarinen kreierte. Die Stühle haben meist eine gerade Lehne, und die Tische sind rund. Achten Sie auf die schweren Metallringe in der „Whisky-Ecke" im Salon. Jedes Mal, wenn Saarinen eine Ausschreibung gewann, veranstaltete er eine Party, auf der seine Gäste soviel Whisky trinken durften, wie sie wollten – so lange sie die „Whisky-Ringe" greifen und aufrecht stehen konnten.

Die Harmonie in ihrer Arbeit dehnte sich nicht immer auf das Privatleben der kleinen Gemeinschaft aus. Saarinens erste Frau, Matilda, verliebte sich in Gesellius, durchquerte mit Sack und Pack den Garten und ließ sich einfach im Nachbarhaus nieder. Saarinen hegte anscheinend keinen Groll gegen die beiden und heiratete zwei Jahre später Loja, die Schwester von Gesellius. Doch im Jahre 1906 zerbrach das Triumvirat, und schon 1916 arbeitete Saarinen alleine in Hvitträsk.

Nachdem er in New York eine größere Auszeichnung verliehen bekommen hatte, zog er 1922 nach Amerika, wurde zum Dekan der Kunstakademie Cranbrook ernannt und so bekannt, wie er bereits in Finnland war. Bis zu seinem Tode im Jahre 1950 reiste er jedes Jahr nach Hvitträsk, wo er auch begraben liegt.

**An Rußland verpachtet:** Die ganze Gemeinde Kirkonummi war einst ein riesiges Gebiet mit schwedisch sprechender Bevölkerung und einer herrlichen Ostseeküste. Ende des Zweiten Weltkriegs wurde Finnland gezwungen, die Halbinsel Porkkala als Marinestützpunkt an die Sowjetunion zu verpachten. (Der Pachtvertrag endete vorzeitig im Jahre 1956.) Der russische Friedhof erinnert an diese zwölf Jahre, zu deren Beginn 7000 Finnen innerhalb von zehn Tagen ihre Häuser verlassen mußten.

Heute befindet sich in Upinniemi auf Porkkala eine finnische Marinegarnison mit einer bemerkenswerten Kapelle, die von Marianne und Mikko Heliövaara

**Unten links: Familienwappen mit Keule.**

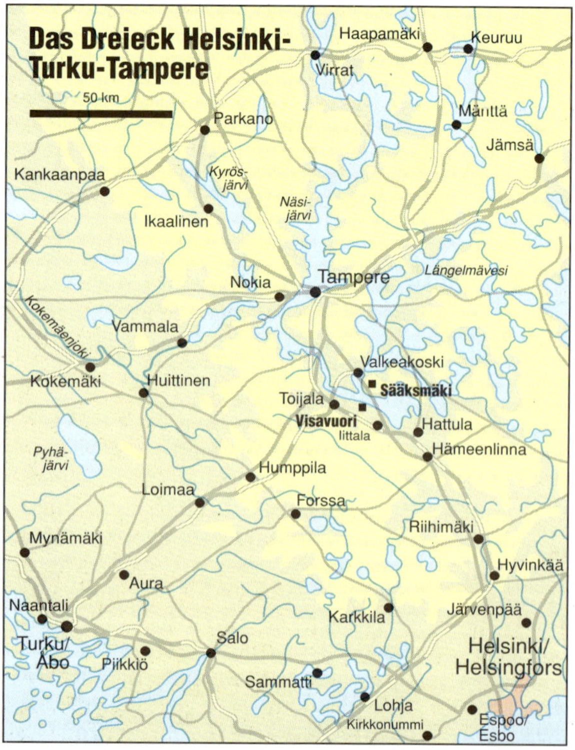

entworfen wurde. Sie sieht wie ein Boot mit gehißten Segeln aus. Die Route vieler Zugvögel führt über Porkkala, und im Frühling und Herbst kommen die Ornithologen in Scharen, um Kraniche, Gänse und Schwäne vorüberziehen zu sehen. Im Sommer sind Hunderte von Segelbooten die Hauptattraktion.

Zurück auf der Straße 1 Richtung Westen fährt man durch ein Gebiet, das zum **Landrücken Salpausselkä** gehört, der Ende der Eiszeit entstand. Der nächste größere Ort ist Sammatti. Achten Sie auf das Schild, das den Weg zum Haus von Elias Lönnrot, der **Paikkari-Hütte** (*Paikkarin Torppa*), weist. Dieses Gebäude ist typisch für ein Arbeiterheim des 19. Jahrhunderts im südwestlichen Finnland. Die Statue des Schriftstellers, der die Legenden der *Kalevala* sammelte, stammt von Halonen und Räsänen. In **Salo**, 115 Kilometer von Helsinki entfernt, im Herzen des Salojoki-Tales, sollten Sie die Hauptstraße verlassen und ins Stadtzentrum fahren, wo alte Häuser, schöne Gärten, die **Uskela-Kirche** und eine wunderbare Aussicht auf Sie warten.

**Die Kutsche des Tyrannen:** Biegen Sie in Piikkiö, 15 Kilometer vor Turku, rechts zum **Pukkila-Museum** (*Pukkilan kartano-ja ajokalumuseo*) ab. Im Kutschenmuseum sind 30 verschiedene Kutschen ausgestellt, eine davon gehörte dem berüchtigten Gouverneur Bobrikow.

Die Kirche der Stadt geht auf das Jahr 1755 zurück und wurde teilweise aus Steinen einer verfallenen Burg erbaut. Diese Bischofsburg aus dem Mittelalter ist einen Umweg auf die Halbinsel **Kuusisto** wert. Fahren Sie im Westen von Piikkiö die Straße nach Pargas (Parainen) entlang und biegen Sie auf eine Nebenstraße ab, die zu den Ruinen führt. Die Burg wurde im 14. Jahrhundert erbaut und trotzte allen Feinden, bis sie Gustav Wasa 1528 zerstören ließ.

Nachdem Sie schon so weit gekommen sind, möchten Sie vielleicht nach Pargas (Parainen) weiterfahren, von wo aus Sie einen herrlichen Ausblick auf die Inseln des Archipels haben. Von hier ist der Weg nicht mehr weit nach Turku oder Åbo, der Hauptstadt Finnlands während der schwedischen Herrschaft.

**Hvitträsk, das Atelier und Zuhause des Architekten Saarinen und seiner zwei Partner.**

# Turku

Turku im Südwesten ist das andere Gesicht Finnlands, es ist Skandinavien und Europa geographisch und kulturell am nächsten. Fluß und Meer bestimmen die Atmosphäre in Turku. Der Fluß Aura teilt die moderne Stadt in zwei Teile. Im Baltischen Meer, um die Flußmündung, bilden unzählige Inseln einen Archipel, der sich meilenweit Richtung Südwesten zieht, bis er auf halber Strecke zwischen Finnland und Schweden auf die Ålandinseln trifft.

Turku ist eine Stadt der Gegensätze. Es macht den Eindruck einer Hauptstadt, obwohl es diesen Titel nie trug. Doch immerhin war die Stadt der Regierungssitz des Vizekönigs im finnischen Teil des schwedisch-finnischen Königreichs. Turku ist die älteste Stadt Finnlands, und doch sind die meisten Gebäude nicht vor 1827 errichtet worden. Damals nämlich zerstörte ein Feuer die größtenteils aus Holz erbaute Stadt. Inseln, Fluß und Meer machen Turku zu einem Sommerparadies für Sonnenanbeter und Wasserratten, doch es ist auch die Wiege der finnischen Kultur und das religiöse Zentrum des Landes.

1155 ging der schwedische König Erik mit einem englischen Bischof und Expeditionstruppen an der Mündung der Aura an Land. Bischof Henrik wurde später zum ersten finnischen Schutzheiligen. Vor der Ankunft der Schweden siedelten finnische Stämme aus dem Südosten in den Flußtälern des südwestlichen Finnland und trieben dort Handel. Mit den Schweden kamen Seeleute und Händler und machten sich zur ersten Siedlung flußaufwärts in Koroinen auf.

Die Schweden nannten ihre wachsende Stadt Åbo. 1229 stimmte Papst Gregor IX. zu, daß der Sitz des finnischen Bischofs nach Åbo verlegt würde. Bereits im Jahre 1300 wurde etwas flußabwärts auf dem Unikankare („Schlafhügel") eine neue Kathedrale geweiht, und Turku wurde zum spirituellen Mittelpunkt Finnlands.

Zur selben Zeit wurde in der Nähe der Flußmündung eine Burg erbaut, die zum Zentrum der königlichen Macht in Finnland wurde. Hier machten reisende Würdenträger dem schwedischen Gouverneur ihre Aufwartung. Die Burg hielt auch einer Belagerung in einem Winter Mitte des 14. Jahrhunderts stand, als hier um den schwedischen Thron gekämpft wurde. Insgesamt wurde die Burg sechsmal belagert. Im 16. Jahrhundert überlebte Gustav Wasa, der Vater der schwedischen Wasa-Dynastie, eine Belagerung und ernannte anschließend seinen jungen Sohn (den späteren Johan III.) zum Herzog von Finnland.

Nachdem Herzog Johan 1552 mit seiner Gemahlin, der polnischen Prinzessin Katarina Jagellonika, in der Burg eingezogen war, begann die glanzvollste Zeit im königlichen Herrschaftssitz. Katarina schuf mit ihren polnischen Höflingen, ihren Samt- und Spitzenkleidern, silbernen Löffeln, Gabeln und Messern eine ganz neue Atmosphäre im Schloß. Sie führte ein großartiges Hofleben ein, das im Großteil Europas schon üblich, aber noch nicht bis nach Finnland gedrungen war. Im Sommer zog der Hof auf die Insel

**<u>Vorherige Seiten</u>: Die Festung von Turku. <u>Links</u>: *Sigyn* und *Suomen Joutsen*, zwei Segelschiffe aus vergangenen Zeiten. <u>Rechts</u>: Spitzenklöppeln im Handwerksmuseum von Luostarinmäki.**

Ruissalo, die nicht weit vor der Küste liegt. Aber dieses herrliche Leben dauerte nicht lange. Nach dem Tod von Gustav Wasa brachen zwischen seinen drei Söhnen Fehden aus. Der Herzog von Finnland wurde von seinem ältesten Bruder, Erik XIV., belagert. Die Burg mußte sich nach drei Wochen ergeben, und Johan und Katarina wurden gefangengenommen. Herzog Johan konnte sich zwar später, als Johan III., an Erik rächen, indem er ihn gefangenhielt, doch das Leben auf der Burg erreichte nie wieder seinen ehemaligen Glanz.

**Renovierte Burg:** Heute zeigen die Fassaden, die in der Sonne honigfarben schimmern, unter grauem Himmel jedoch grau sind, auf das moderne Stadtzentrum, das drei Kilometer entfernt liegt. Gemächer mit Porträts von Johan III. und seiner Frau wurden zum **Historischen Museum** erklärt. Die alte Kapelle erfüllt wieder ihren ursprünglichen Zweck, und in den herrlichen Bankethallen werden bürgerliche Feste gefeiert.

Die erste Universität des Landes wurde im 17. Jahrhundert vom Generalgouverneur von Finnland, Graf Per Brahe, gegründet. Während seiner Amtszeit reiste er kreuz und quer durchs Land. Sein größter Beitrag an Turku war jedoch die Åbo Akademi, die nach ihrer offiziellen Eröffnung im Jahre 1640 die Stadt zum finnischen Kultur- und Bildungszentrum machte. Als Finnland russisches Großherzogtum wurde, ordnete der Zar an, daß die Akademie in die neue Hauptstadt verlegt und in Universität Helsinki umbenannt würde. Was blieb, ist das **Alte Akademiegebäude**. 1918 schuf das unabhängige Finnland eine zweite Akademie, die Schwedische Universität, in der auf Schwedisch unterrichtet wird. Außerdem wurde die Universität Turku gegründet.

Nach dem Großen Feuer von 1827 wurden der Markt und die Stadt von der Kathedrale an das Westufer der Aura verlegt. Gebaut wurde nach den Plänen des eifrigen deutschen Architekten Carl Ludwig Engel, der sich eine Stadt mit rechteckigen Wohnblocks vorstellte, zwischen denen breite Straßen verlaufen sollten. Dieser Plan wurde im modernen

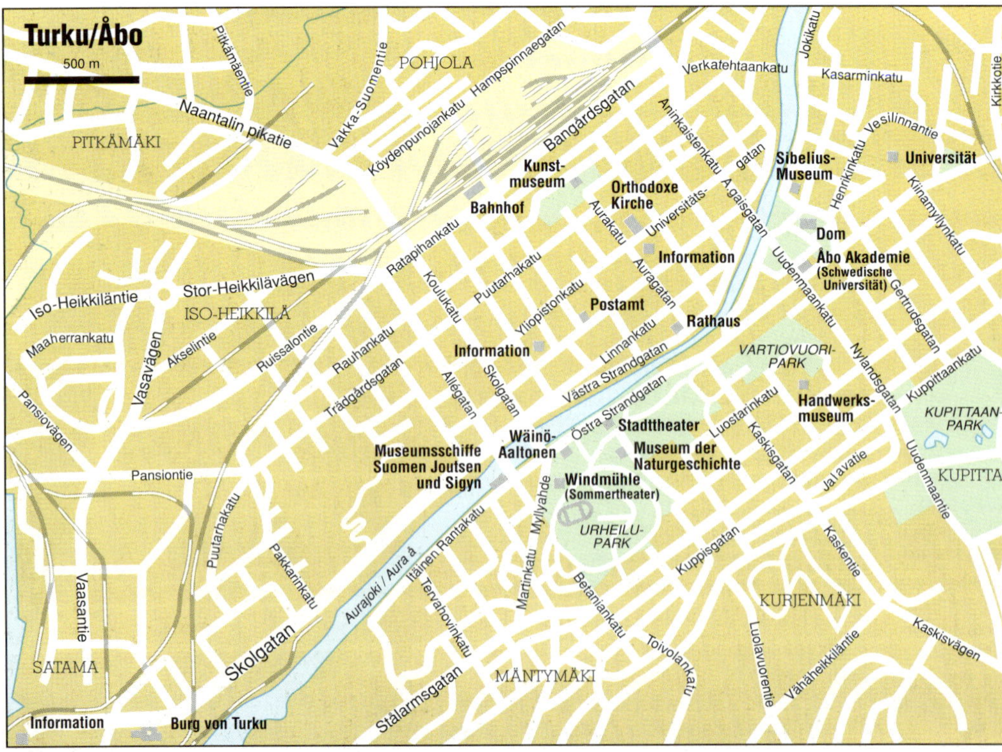

Turku verwirklicht. Einen Spaziergang durch die Stadt könnte man zum Beispiel zwischen den bunten Obst- und Blumenständen auf dem Marktplatz beginnen. Auf der einen Seite des Platzes befindet sich ist das beste Hotel Turkus, das Hamburger Börs, in dessen Erdgeschoß sich ein Café oder Restaurant ans andere reiht. Dem Hotel gegenüber zeichnet sich die grüne Kuppel der Orthodoxen Kirche gegen den Himmel ab, ein Entwurf Engels, der 1838 auf Befehl Zar Nikolaus' I. in die Tat umgesetzt wurde. Das gelbe Gebäude ist das **Schwedische Theater**, das ebenfalls von Engel geplant wurde.

**Orthodoxe Gemeinschaft:** Als Finnland ein russisches Großfürstentum war, wurde die **Orthodoxe Kirche** von russischen Gläubigen besucht. Die heutige Kongregation zählt 2000 Mitglieder, von denen einige zum orthodoxen Glauben konvertierten und ein oder zwei Familien aus dem finnischen Karelien stammen. Im Inneren herrscht derselbe Reichtum wie in allen orthodoxen Gotteshäusern, die Kuppel wird von reich verzierten Säulen gestützt.

Geschäfte wie Pentik, Aarikka und Sylvi Salonen an der Ylliopistonkatu (Universitetsgatan) Richtung Westen sind ein ideales Revier für Souvenirjäger. Hier finden Sie eine reiche Auswahl an Kunsthandwerk, Porzellan, Holzgegenständen und typisch finnischen Waren. Zwischen dieser Straße und der Eerikinkatu (Eriksgatan) liegt das besonders im Winter verlockend wetterfeste Hansa-Einkaufszentrum.

Aufregender noch ist der Besuch einer Markthalle aus dem 19. Jahrhundert auf der anderen Straßenseite in der Eerikinkatu. Der typische Geruch nach Käse, Fleisch, Fisch, Süßigkeiten und exotischen Gewürzen lockt schon von weitem. Die kleinen Stände mit einem verführerischen Angebot an *munkki*, einer Art Krapfen, und *pulla*, einem kuchenähnlichen Brot, ziehen sich über die gesamte Länge der Halle hin. Am Turun Tee ja Mausta gibt es Raritäten wie Ingwertee oder Gewürznelkentee für Weihnachten. Sie können unter insgesamt 200 verschiedenen Teesorten wählen. Ganz in der Nähe werden an einem Stand Holz-

**Marktplatz vor der Orthodoxen Kirche.**

tulpen verkauft, die rosa, grün und gelb angemalt sind. Sie werden in einer Behindertenwerkstatt hergestellt und kosten hier nur halb soviel wie anderswo.

**Sommertanz:** Geht man die Aurakatu Richtung Aurasilta (Brücke) hinunter, kommt man am Fremdenverkehrsbüro vorbei. Von der Brücke aus erblickt man das erste Mal den schnittigen, weißen Schiffskörper und das komplizierte Tauwerk der *Suomen Joutsen*, des Schwanes von Finnland, der einst zwischen Südamerika und Europa hin- und hersegelte. Am Flußufer essen die Menschen auf den Terrassen der Restaurants. Im Sommer wird jeden Dienstag von 18 bis 20 Uhr unter der Brücke getanzt.

Rechts von der Brücke erhebt sich die Statue von Paavo Nurmi, der der beste Langstreckenläufer aller Zeiten gewesen sein soll. Er lebte von 1897 bis 1973 und gewann neun Gold- und drei Silbermedaillen. Vielleicht haben Sie bereits eine Reproduktion dieser Statue von Turkus berühmtestem Sohn vor dem Olympia-Stadion in Helsinki gesehen, wohin er 1952 die olympische Fackel brachte.

Nur wenige Schritte von hier beginnt einer der interessantesten Stadtteile Turkus: Luostarinmäki, der Klosterhügel, ist der einzige Teil der aus Holz erbauten Stadt, der das Große Feuer von 1827 überlebte. Hier wohnten diejenigen, die zu arm waren, um sich Häuser im Zentrum der Stadt kaufen zu können. Sie zogen auf den Hügel und gründeten eine eigene Gemeinschaft. Die Bauten, die sie hinterließen, stehen – im Gegensatz zu anderen nordischen Freiluftmuseen – dort, wo sie errichtet wurden, und sind keine Sammlung von typischen Gebäuden, die erst später gebaut wurden. Die Anlage heißt **Handwerksmuseum**, ein sehr dürftiger Name für etwas, das weit mehr ist. Die Frau, die heute im dunklen Inneren eines Holzhauses spinnt, ist eine Museumsangestellte, aber sie spinnt auf dieselbe Art und an demselben Ort wie auch die ehemaligen Bewohner. Die Kostüme aus dem 18. Jahrhundert sehen ebenfalls ziemlich echt aus.

Alle Handwerksberufe sind hier vertreten: Kupfer- und Goldschmiede, Näherinnen und Schneider sowie ein Bäk-

**Einst das Zentrum des alten Turku: der Dom nahc seiner Restaurierung in den achtziger Jahren.**

ker, der manchmal nach alten Rezepten Brezen bäckt. In den Gemeinschaftshäusern lebten jeweils mehrere Familien zusammen, die sich eine Küche und das Badehaus teilten. Im Haupthaus in der Nähe des Eingangs ist heute ein Selbstbedienungs-Restaurant mit gutem, hausgemachtem Essen untergebracht.

Wenn Sie vom Hügel in die Stadt zurück wollen, können Sie über das Observatorium auf dem Vartiovuori-Hügel einen Umweg machen. Dieses Engel-Gebäude beherbergt heute das **Meeresmuseum** und die **Astronomische Kollektion**. In der Nähe befindet sich eine Flakgeschütz-Gedenkstätte aus dem Zweiten Weltkrieg, als Bürger Geld für Flugabwehrgeschütze sammelten.

**Altstadt:** Der **Dom von Turku**, der ebenfalls auf dieser Seite des Flusses steht, war das Zentrum des alten Turku. Von der Galerie hat man den besten Blick auf die hohen Bögen des Mittelganges mit seinen Seitenkapellen. Auf der Galerie ist auch das Museum des Doms untergebracht, dessen wertvolle Sammlungen in den achtziger Jahren nach der jüngsten Restauration der Öffentlichkeit zugänglich gemacht wurden. Zu den interessantesten Kapellen gehört die Kankainen-Kapelle, auf deren bleiverglastem Fenster Königin Karin Månsdotter dargestellt ist, die Gemahlin Eriks XIV.

Übersehen Sie nicht die Statue von **Mikael Agricola** in der Nähe der Südmauer des Doms. Der Architekt der Reformation in Finnland wurde auf einem Bauernhof in Nordfinnland geboren. Als er zum Studium nach Rom ging, nahm er den Namen Agricola an, was „Bauer“ bedeutet. Im Park des Doms steht eine Statue des **Gouverneurs Per Brahe**, nicht weit von der **Åbo Akademi**. Die Hauptgebäude der Schwedischen Universität und der Universität Turku befinden sich in der Nähe.

In Turku ist man nie weit von der Aura entfernt. Über vier Hauptbrücken oder mit der kleinen Fähre gelangt man ans jeweils andere Ufer. Auf einem Spaziergang den Fluß entlang macht man zunächst am **Qwensel-Haus** halt, dem ältesten Holzgebäude Turkus. Es wurde nach dem Richter W. J. Qwensel be-

**Drei Grazien im Apothekenmuseum.**

nannt, der dieses Grundstück 1695 erwarb. Heute ist hier das **Apothekenmuseum** untergebracht. Seit kurzem fährt vor dem Museum das Pferdetaxi Musta-Hilu ab. Für Kinder wird auch die sogenannte Koiramäki-Stadttour in speziellen roten und gelben Bussen angeboten. Bis jetzt werden diese täglichen Touren jedoch nur im Sommer und auf Schwedisch und Finnisch durchgeführt.

Geht man auf die Myllysilta (Mühlenbrücke) zu, kommt man an der roten Granitstatue „Geschütztes Wachstum" von Jarkko Roth vorbei. Gleich nach der Brücke, im Borenpuisto-Park, steht die Skulptur „Eisige See", die Turkus Seeleuten gewidmet ist. August Upman, dessen Name auf dem Sockel eingraviert ist, war ein Pionier der Winterschiffahrt. Unten am Fluß kann man den ehemaligen Dampfer *Pikinytky* besichtigen, auf dem Holz befördert wurde. Nach der nächsten Brücke, der Martinsilta, treffen Sie auf die *S/S Ukkopekka*, das letzte Dampfschiff, das durch Finnlands Küstengewässer kreuzte. Haben Sie einen längeren Spaziergang im Sinn, können Sie auf dieser Seite des Flusses bis zur **Burg von Turku** (die man jedoch auch leicht mit dem Bus erreichen könnte) und zu den modernen Hafenanlagen marschieren, die zeigen, wie wichtig das Meer immer noch für Turku ist. Hier ist auch die Endstation der Schiffahrtsgesellschaften Viking Line und Silja Line.

**Mannerheims Tag:** Sie können sich jedoch auch über die Martinsilta zum *Suomen Joutsen* (dem Schwan von Finnland) aufmachen. Das 1902 in St. Nazaire gebaute Schiff ist heute ein bei Touristen und Einheimischen gleichermaßen beliebter Treffpunkt. Am 4. Juni, dem Jahrestag von Feldmarschall Mannerheims Beförderung zum General, wird hier kostenlos grüne Erbsensuppe an die Menschenmenge verteilt. Nur ein paar Schritte weiter liegt die kleine Bark *Sigyn*, die 1887 in Gothenburg vom Stapel gelassen wurde und anschließend bis nach Indien und Südamerika segelte. Ihr letzter Heimathafen waren die Ålandinseln, ihre letzte Fahrt unternahm sie 1949. Wer sich mit Segelschiffen auskennt, wird erkennen, daß die *Sigyn* einzigartig ist.

**Die *Suomen Joutsen*, der „Schwan von Finnland".**

Auf dem Rückweg zum Stadtzentrum kommen Sie an dem schmucklosen **Wäinö-Aaltonen-Museum** vorbei. Das von Aaltonens Sohn und Schwiegertochter entworfene Gebäude beherbergt viele seiner Werke, unter anderem die massive Friedensstatue mit erhobenen Händen und die Skulptur „Glauben", eine Darstellung von Mutter mit Kind. Auf einem Selbstporträt setzte der zurückgezogen lebende Künstler einen Text vor sein Gesicht, um seine Gefühle zu verbergen. Etwas weiter vor dem **Stadttheater** steht Aaltonens Statue von Aleksis Kivi, einem der ersten Autoren, der seine Bücher auf Finnisch verfaßte.

Die Windmühle auf dem Hügel **Samppalinnanmäki** mit Blick auf den Fluß ist die letzte ihrer Art in Turku. An dieser Stelle brach Paavo Nurmi – mit der Stoppuhr in der Hand – seine eigenen Weltrekorde. Der glänzende Granitstein am Hang ist das Denkmal, das 1977 am 66. Jahrestag der Unabhängigkeit enthüllt wurde. Von diesem Weg am Fluß aus sehen Sie unter den Brücken Auransilta und Martinsilta Wasserbusse.

Manche dieser Boote fahren auf die **Insel Ruissalo**, die man jedoch auch in wenigen Minuten über eine Brücke erreichen kann. Diese grüne Insel ist bei Botanikern, Vogelbeobachtern, Radfahrern und Spaziergängern gleichermaßen beliebt. Auf Ruissalo liegen die besten Strände dieser Gegend. Ein erst kürzlich eröffneter Strand gehört zu den wenigen FKK-Stränden in Finnland. Sie sind jedoch nicht aufgrund einer nationalen Prüderie in diesem Land so selten, sondern weil die gerne in Hütten an einsamen Seen weilenden Finnen nicht im Traum daran dachten, um Erlaubnis zu fragen, wenn sie nackt baden wollten.

**Kunst und Rock:** Kunstliebhaber kommen auf Ruissalo ebenfalls auf ihre Kosten, denn die Insel ist eines der Kunstzentren Finnlands. Die **Villa Roma** ist eine sogenannte „Spitzen-Villa" (aufgrund ihrer Gitterfenster und -balkone) aus dem 19. Jahrhundert. Ihre jetzige Eigentümerin, die Geschäftsfrau Marjo Brunow Ruola, veranstaltet jeden Sommer eine Ausstellung finnischer Kunst. Besuchen Sie das Café in der Villa, oder

**Mary Poppins begleitet die Kinder auf ihrer Rundfahrt durch die Stadt.**

das **Honkapirtti**, ein gutes Restaurant in einem karelischen Holzgebäude. Im Sommer ist diese vielseitige Insel auch der Schauplatz des Ruisrock, des ältesten jährlichen Rock-Festivals der Welt (siehe auch Seite 153).

Auf einer Dinner-Kreuzfahrt an Bord der *S/S Ukkopekka* lernen Sie die Inseln auf besonders angenehme Weise kennen. Die *Ukkopekka* hat sich das Flair und den Originalmotor aus ihrer Dampfschiffvergangenheit erhalten. Während die Passagiere um die Tische an den Fenstern kämpfen, gleitet die *Ukkopekka* bereits den Fluß hinunter und aufs offene Meer hinaus. Der bärtige Oskari-Pentti Kangas ist ein Kapitän wie aus dem Bilderbuch, und einige Musiker singen alte finnische Seefahrerlieder. Die *Ukkopekka* fährt verschiedene Inseln und Städte an, auch Kapitän Kangas Heimatstadt Naantali, die wenige Meilen nördlich von Turku liegt. Hier wird dann am Kai getanzt.

**Naantali** ist heute ein bekannter Segelhafen voller Boote, die Altstadt wurde jedoch bereits vor 200 Jahren erbaut. In der schönen Klosterkirche aus Graustein prunkt eine neue Orgel, die insbesondere während des **Musikfestivals im Juni**, wenn um die 15 000 Besucher in die kleine Stadt strömen, berühmte Organisten anzieht. Als das Festival Anfang der achtziger Jahre die ersten Male stattfand, gaben ihm Skeptiker nur zehn Jahre. Inzwischen sind die zehn Jahre vorüber, und das Festival erfreut sich einer immer größeren Anhängerschaft. Der Hafen der Stadt ist auch bei Künstlern beliebt. Die Galerie Purpura hat sich auf finnische Kunst spezialisiert. Die Sommerresidenz des Präsidenten von Finnland liegt ganz in der Nähe, in **Kultaranta** – am „goldenen Ufer". Der Park der Residenz ist für die Öffentlichkeit zugänglich. Viele ausländische Politiker besuchen Kultaranta und schwitzen in der Sauna des ehemaligen Präsidenten Kekkonen hoch oben über der felsigen Küste.

Auf der neuen Straße ist Naantali von Turku aus in ungefähr 20 Minuten zu erreichen. Doch die Stadt ist auch einen Umweg wert, wenn man nach Tampere unterwegs ist. Die Hauptverkehrsstraßen jedoch führen an der Stadt vorbei, die an der Straße 40 liegt. Diese Straße führt nach Aura, das 30 Kilometer nördlich von Naantali liegt. Auf der Straße 9 von Aura haben Sie eine herrliche Aussicht auf die **Aurakoski-Stromschnellen**. Diese Route ist eine der beiden Alternativen, wenn man Richtung Nordosten weiterfahren möchte. An der Helsinki-Pori-Kreuzung kann man rechts auf die Straße 2 abbiegen und einen Umweg zu den **Humpilla-Glaswerken** machen. Das **Glasdorf in Nuutajärvi**, etwas weiter nördlich auf der linken Straßenseite, bildete sich ab 1793 um die ältesten Glaswerke Finnlands und ist ebenfalls einen Besuch wert.

Die zweite Route, die Straße 41, führt etwas weiter westlich durch Oripää. Das Gebäude im maurischen Stil ist die Wohn- und Arbeitsstätte des Bildhauers Viljo Syrjämaa. Von Vammala aus führt die Straße weiter durch das flache, fruchtbare Land des Loimijoki-Tals. Ein drei Kilometer langer Umweg auf der Nebenstraße nach **Ellivuori** lohnt sich. Hier ist das ganze Jahr über etwas los. Nördlich von **Noki** beginnen die Wasserwege, die nach Tampere führen.

**Links: Der Kapitän der *Ukkopekka*, Oskari Pentti-Kangas. Rechts: Seine Heimatstadt Naantali.**

VERSIO 2

# TAMPERE

Die Einwohner von Tampere nennen ihre Stadt das „Manchester" oder „Pittsburg von Finnland", je nach dem, ob ihr Gesprächspartner aus England oder Amerika kommt. Und trotzdem kann man sich kaum eine weniger klassische Industriestadt vorstellen.

Die Stadt liegt auf einer Landenge zwischen zwei riesigen Seen, so daß man den Eindruck hat, man befinde sich am Meer. Dem Fluß Tammerkoski, der die beiden Seen miteinander verbindet, verdankt Tampere seine Industrie und seinen Reichtum. Selbst heute noch werden die reißenden Wassermengen zur Energiegewinnung genutzt. Nichtsdestotrotz ist der Tammerkoski so sauber, daß er immer mehr Angler anzieht, die es auf die zahlreichen Forellen im Fluß abgesehen haben. An den Wochenenden erstrahlen die Segel der Boote und Surfbretter auf den Seen in allen Regenbogenfarben, und Ausflügler machen sich auf Motorbooten zu den Inseln oder zu einem Sommerhaus an einem entlegenen Seeufer auf.

Tampere ist es gelungen, eine Vielzahl ehemaliger Fabriken und Arbeiterhäuser zu erhalten, ohne sie zu Slums verkommen zu lassen. Die hohen Kamine, die ebenfalls noch stehen, sind ein Symbol für Vergangenheit und Gegenwart, denn auch heute noch gehören die Fabriken Tamperes zu Finnlands führenden Produktions- und Exportunternehmen.

**Romantische Wasserläufe:** In der Stadt und ihrer Umgebung gibt es 200 Seen. Auf den zwei größten, dem Näsijärvi im Norden und dem Pyhäjärvi im Süden, begegnen sich die Schiffe zweier berühmter Wasserrouten. Die Schiffe der Silberlinie bahnen sich ihren Weg Richtung Süden durch ein Seenlabyrinth nach Hämeenlina, vorbei an Valkeakoski, einer weiteren Industriestadt in einer zauberhaften ländlichen Umgebung.

Die *S/S Tarjanne*, das Schiff des Dichterweges, fährt durch schmale, sich windende Wasserwege Richtung Norden nach Ruovesi und Virrat. Die Reise dauert insgesamt neun Stunden. Wenn man in **Ruovesi** oder **Virrat** übernachtet, kann man die Seenwelt Finnlands zwei Tage lang genießen. Etwas weiter nördlich, in **Ähtäri**, befindet sich einer der schönsten finnischen Zoos mit einheimischen Tieren. Der finnische Dichter J. L. Runeberg begann sein bekanntestes Werk, *Fänrik Ståls Sägner (Die Erzählungen des Fähnrichs Stål)*, im **Herrenhaus Ritoniemi** in Ruovesi. In der Nähe des Dorfes baute Akseli Gallen-Kallela sein erstes **„Kalevala"**-Atelier. Eine Stadtbesichtigung vom Wasser aus ist nicht zu verachten, Stadtrundfahrten mit dem Bus werden jedoch auch angeboten.

Tampere wurde offiziell 1779 von König Gustav III. von Schweden-Finnland gegründet, doch bereits im Mittelalter war das Pirkkala-Gebiet südlich der späteren Stadt von Bauern besiedelt. Als ihnen im 13. Jahrhundert von den Schweden das Recht zugestanden wurde, von den Samen Steuern einzutreiben, gelangten sie zu großem Reichtum. Dieser frühen Einwohner von Tampere wird auf der Hämeensilta-Brücke mit vier Statuen von Wäino Aaltonen gedacht. „Der Kaufmann", „Der Jäger", „Der Steuer-

**Vorherige Seiten:** Vergnügungspark am Fuße des Näsinneula-Beobachtungsturms. **Links:** Lodernde Flammen in der Kathedrale von Tampere. **Rechts:** Der Fotograf fotografierte in das „Prisma" in der Kunstgalerie Sara Hildén.

eintreiber“ und „Die Maid von Finnland“ sind Figuren aus den alten Legenden von Pirkka. Deutlich erkennbar ist von hier der hohe Kamin eines der ersten Industrieunternehmens Tamperes, nämlich der Papierfabrik Frenckell aus dem Jahre 1783. Die alte Mühle wurde in ein Theater mit zwei Bühnen umfunktioniert.

An die Stelle der ehemaligen Fabriken am Tammerkoski traten Hotels und Einkaufszentren. Das perfekt restaurierte Grand Hotel Tammer, das Cumulus Koskikatu und das Hotel Ilves verfügen über eine prächtige Aussicht auf die Wasserfälle des Tammerkoski. Vom 18. Stock des Hotel Ilves können Sie sogar den Kai mit den Schiffen der Silberlinie, die roten Ziegelbauten der Fabriken und die unendliche Weite der Seen erkennen. Ein oder zwei Minuten entfernt, am Flußufer, wird im **Kunst- und Handwerkszentrum Verkaranta** wunderschönes Kunsthandwerk verkauft. Unterhalb des Hotels stehen Ihnen im **Koskikeskus**-Einkaufszentrum 100 Geschäfte unter einem Dach offen. Einkaufen können Sie weiterhin auf verschiedenen Märkten sowie in der **Markthalle** in der Hämeenkatu 19.

**Kriegserinnerungen:** Auf einer Fußbrükke über den Wasserfall gelangt man auf eines der ältesten Fabrikgelände, das sich auf Kehräsaari (der Spinninsel) befindet. Im Bürgerkrieg überquerte die siegreiche weiße Armee hier den Tammerkoski, um Tampere einzunehmen. Heute sind die Fabriken und Boutiquen dieser Insel um gepflasterte Höfe angeordnet. Ganz in der Nähe wird im einzigen Unternehmen, das hier am Fluß noch in Betrieb ist, nämlich in der Firma Tako, Kartonpapier hergestellt. Auf der Spitze des Kamins der alten Fabrik erinnert ein Bombenschirm daran, daß Tampere 1918, als die Stadt eine Hochburg der „Roten“ war, stark bombardiert wurde. Im Zweiten Weltkrieg kam es achtmal zu Bombenangriffen. Das Restaurant **Bunkkeri** (Bunker-Restaurant) auf Kehräsaari erinnert ebenfalls an den Zweiten Weltkrieg. Ausgestattet ist das Lokal mit Pistolen, Gewehren und anderen Kriegsgeräten; die Gäste essen von Blechtellern und trinken „Molotow-Cocktails“. Der Bun-

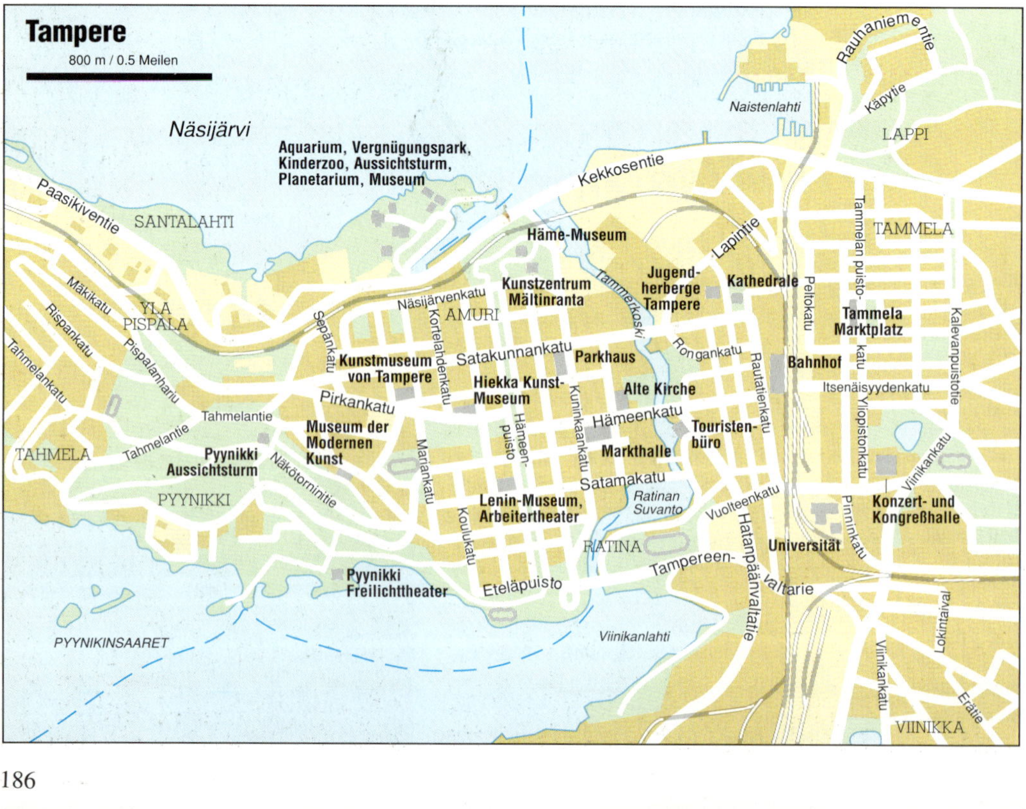

ker ist besonders bei jungen Leuten beliebt, was in einem Land, in dem nur selten über den Krieg gesprochen wird, sehr seltsam anmutet.

Kultur und Bildung sind in Tampere in Form von modernen Kulturzentren sowie wissenschaftlichen und technischen Ausbildungsstätten stark vertreten. Die meisten Gebäude wurden im 20. Jahrhundert erbaut. Ein Glanzbeispiel für die Architektur dieses Jahrhunderts ist die **Städtische Bibliothek**. Dieser erstaunliche Bau hat angeblich den Grundriß eines Waldhuhns mit ausgebreiteten Flügeln und Schwanzfedern, doch vielleicht erinnert er Sie auch eher an ein paar Pilze. Mitte der achtziger Jahre wurden den Architekten der Bibliothek, Raili Paatelainen-Pietelä und Reima Pietelä und dem Baubüro der Stadt Tampere mehrere Auszeichnungen verliehen. Die Finnen sind ausgesprochene Leseratten, durchschnittlich leiht sich jeder 20 Bücher im Jahr aus.

Der ganze Stolz der Einwohner der neunziger Jahre ist die neue **Tampere-Halle**, ein eindrucksvolles Gebäude in Blau und Weiß. Der Springbrunnen in der Eingangshalle symbolisiert die Tammerkoski-Wasserfälle, denen die Stadt ihren Reichtum verdankt. Die Haupthalle faßt 2000 Menschen, und in einem kleineren Auditorium finden 500 Gäste Platz. Sollten Sie die Halle am Morgen eines Festivals besichtigen, so werden Sie von der Bühne bestimmt die Klänge eines Chors oder Orchesters vernehmen. Die Einwohner von Tampere sind sehr stolz darauf, daß ihre Halle größer als die Finlandia-Halle von Helsinki ist. Außerdem werden sie Ihnen begeistert von der besseren Akustik „ihrer" Halle vorschwärmen. In der Halle finden Konferenzen und Kongresse statt, weiterhin stehen den Gästen zahlreiche Konferenzzimmer, das Restaurant Fuuga und das Café Soolo zur Verfügung.

Der Architekt Lars Sonck war erst 30 Jahre alt, als er mit seinem Neuentwurf für die damalige Kirche des heiligen Johannes die nationale Ausschreibung gewann. Die jetzige **Kathedrale** wurde 1907 auf dem Höhepunkt der nationalromantischen Bewegung fertiggestellt. Sie

**Links: Finnlands größte Glocke ertönt in der orthodoxen Kathedrale von Tampere. Rechts: Statue auf der Brücke Hämeensilta.**

steht in ihrer eigenen Parkanlage, wenige Straßen östlich vom Fluß, und ist mit den schönsten Exemplaren finnischer Kunst ausgestattet. Das Altarfresco sowie ein Rundfenster in Form der Dornenkrone mit einem Kreuz stammen von Magnus Enckell. Hugo Simberg malte den *Verwundeten Engel* und den *Garten des Todes*, ein Bild, das trotz seines Titels nicht düster ist. Simberg schrieb darüber: „Ein Platz, wohin die Seelen gehen, bevor sie in den Himmel kommen." Auf seinem Gemälde *Der Kranz des Lebens* sind zwölf Jungen abgebildet, die einen grünen Rosenkranz tragen, der die Last symbolisiert, die alle Menschen zu tragen haben. In dieser großen Kirche finden 2000 Gläubige Platz. Sanft beleuchtet, ist sie der ideale Ort für ein abendliches Sonntagskonzert.

Die massive **Kaleva-Kirche** an der Kaleva-Straße steht in einem hügeligen Park und sieht wie ein Silo aus, das sich über ein grünes Feld erhebt. Sie wird daher auch „Seelensilo" genannt. Im Inneren der Kirche veranlaßt Sie weißes Licht, Ihren Blick nach oben zu richten. Die Orgel wurde im Jahre 1966 von dem Ehepaar Pietilä-Paatelainen entworfen, ihre 3000 Pfeifen bilden ein Segel.

**Die älteste Kirche:** Selbstverständlich kann Tampere mit alten Kirchen aufwarten. Das älteste Gotteshaus ist die St.-Michaels-Kirche aus dem 15. Jahrhundert in Messukylä, ungefähr fünf Kilometer östlich am Iidesjärvi-See entlang an der Lahti-Straße. Der älteste und kälteste Teil ist die Sakristei, die früher sogar neben einer noch älteren Holzkirche stand. 1959 wurden riesige Wandmalereien aus den dreißiger Jahren des 17. Jahrhunderts freigelegt. Die wertvollste Holzskulptur der Kirche stellt angeblich den Heiligen König Olav von Norwegen dar, dessen Grab in Trondheim im Mittelalter ein Wallfahrtsort war.

Ganz in der Nähe befindet sich das **Haihara-Puppenmuseum**. Die letzte Besitzerin des Herrenhauses, das früher der Haihara-Familie gehörte, schuf eine riesige Privatsammlung von ungefähr 1000 Puppen, darunter auch Puppen aus dem Peru des 12. Jahrhunderts, Marionetten und Marionettentheater sowie vie-

**Wie ein riesiges Raumschiff – die Tampere-Halle.**

le andere Ausstellungsstücke, die die Geschichte des Puppenspiels erzählen. Nach dem Tod der eifrigen Sammlerin wurde die Kollektion zur Haihara-Museumsstiftung mit 3000 Puppen und zahlreichen anderen Exponaten, die das Leben der Oberschicht vom Rokoko bis zur heutigen Zeit dokumentieren.

Die Industrie in Tampere kann auf eine lange Geschichte zurückblicken. Einer der wichtigsten Industriezweige, nämlich die Textilindustrie, wurde vor fast zwei Jahrhunderten von dem Schotten James Finlayson gegründet. Er kam 1820 aus Rußland und errichtete am nördlichen Ende des Tammerkoski-Wasserfalls die erste Spinnerei, deren Maschinen mit Wasserkraft angetrieben wurden. Nachdem er 1836 sein Unternehmen an Rauch und Nottbeck verkauft hatte, wurde es zu einer der größten Textilfirmen Skandinaviens. Der Quäker James Finlayson hatte eine kleine Stadt in der Stadt entstehen lassen, mit eigener Polizei, eigenem Krankenhaus, einer eigenen Schule und einer Kirche. Sie können das gelbe Gebäude mit der Holztür in der Nähe der Fabrikanlage heute noch besichtigen. Verschiedene andere alte Bauten der Firma Finlayson sowie Gebäude der Firma Tampella, die 1850 am Ostufer des Flusses als Gießerei begann, sind der Öffentlichkeit ebenfalls zugänglich.

**Hoher Besuch:** Nachdem Finlayson nach Schottland zurückgekehrt war, lebten die neuen Besitzer, die Traditionen und Namen des Schotten weiterführten, im **Finlayson Palatsi** (Finlayson-Palast), einem Herrenhaus, das Alexander Nottbeck erbauen ließ. Das Haus erlangte Berühmtheit, als es von Zar Alexander II. und seinem Hof besucht wurde. Noch heute schmücken Porträts von Alexander I. und II. die Wände des riesigen Treppenhauses. Zur Zeit wird Finlaysons Palast als Restaurant genutzt, das sich aufgrund seiner Veranstaltungen und Kunstausstellungen großer Beliebtheit erfreut. Man plant, die Ställe in ein Kulturzentrum für Kinder umzugestalten – was sicherlich im Sinne Finlaysons gewesen wäre –, und die Stadt möchte in den ehemaligen Werkstätten ein neues Museum einrichten.

**Kaleva-Kirche, rechts vom Altar die „Segel-Orgel“.**

Der Großteil der Firma **Tampella** zog auf ein Gelände außerhalb der Stadt, doch da viele der alten Gebäude erhalten bleiben sollen, plant man, diese in Apartments oder Büros umzuwandeln. Auf einer Halbinsel im Näsijärvi-See wurde eine ehemalige Tampella-Fabrik zum Lapinniemi Spa Hotel, das sich mit Massagen und gesundem Essen um das Wohl seiner Gäste kümmert.

Ein weiteres Zuhause Alexander Nottbecks war Näsilinna, ein hübsches Herrenhaus auf einem Hügel im Näsinpuisto Park. Übersehen Sie auf dem Weg dorthin nicht den **Springbrunnen Pohjanneito** von Emil Wickström. Als Symbol dafür, wie Wissen von einer Generation an die nächste weitergegeben wird, zeigt auf der einen Seite des Brunnens eine Großmutter ihrer kleinen Enkelin eine Handarbeit. Auf der anderen Seite jedoch erklärt ein Junge einem alten Mann, wie die Wasserkraft die Arbeit erleichtert. Auf der Spitze des Brunnens thront die Maid des Nordens, eine Figur aus der *Kalevala*, auf einem Regenbogen und spinnt einen goldenen Faden.

Das Nottbeck-Haus beherbergt inzwischen das Häme-Museum, eine Sammlung von Stücken aus der alten Provinz Häme, in der Tampere liegt. Hier finden oft Ausstellungen traditioneller Künste, wie zum Beispiel der Teppichherstellung (*ryijy*), statt. Die mit einer alten skandinavischen Technik gewebten Teppiche waren nicht nur warm und schön, sondern dienten auch oft als Zahlungsmittel, wenn der Steuereintreiber auftauchte.

**Tampere von oben:** Von Näsilinna aus gesehen auf der anderen Seite der nördlichen Hafeneinfahrt befindet sich der **Näsinneula-Beobachtungsturm** in der Mitte des **Särkänniemi Parks**, der außerdem ein Aquarium, ein Planetarium und einen Kinderzoo aufweisen kann. Von nirgendwo hat man eine bessere Aussicht auf ganz Tampere als von dieser 120 Meter hohen, offenen Plattform. Von hier oben sehen die Karusselle und Riesenräder des Vergnügungsparks wie Kinderspielzeug aus. Im Turm gibt es ein Drehrestaurant, das sich in 50 Minuten einmal um die eigene Achse dreht und bis Mitternacht geöffnet ist.

**Die Messukylä-Kirche wurde im 16. Jahrhundert erbaut.**

Wenn Sie sich eher für moderne Kunst als für Vergnügungsparks interessieren, sollten Sie die **Kunstgalerie Sara Hildén** ganz in der Nähe besuchen. Sara Hildén war eine Geschäftsfrau und Kunstsammlerin, die sich auf finnische und ausländische Kunst der sechziger und siebziger Jahre spezialisiert hatte.

Zwischen den beiden Seen erhebt sich die Landenge im Westen zu einem bewaldeten Grat, von dem Stufen durch den Wald hinunter zu den Seen führen. Dies ist der Pyynikki-Grat, der vor 10 000 Jahren während der letzten Eiszeit entstand. Vom alten Aussichtsturm hat man den Blick auf beide Seen und das **Freilichttheater Pyynikki** frei. In diesem außergewöhnlichen Theater bewegt sich das Publikum um die Bühne. Besonders schön ist ein Besuch des von Mitte Juni bis Mitte August geöffneten Theaters, wenn die Vogelbeersträucher von weißen Blüten überschäumen. Kulinarisch versorgt werden Sie im Restaurant und Café des Theaters.

**Zurück zum Ausgangspunkt:** Weiter westlich liegt Pispala (das Dorf des Bischofs), das heute ein prestigeträchtiger Wohnort ist. Es wurde vor zwei Generationen von Fabrikarbeitern erbaut, deren Kinder im Zeichen des Fortschritts ins Zentrum von Tampere zogen. Doch heute sind die Enkel der ursprünglichen Erbauer ganz wild darauf, zurückzukehren und die Gebäude zu restaurieren. Auf dem Weg zurück nach Tampere erhalten Sie im **Amuri-Arbeitermuseum** eine Vorstellung davon, wie die Häuser zwischen 1910 und 1970 ausgesehen haben.

Ohne eine Bootsfahrt gemacht zu haben, sollten Sie diese Wasserstadt auf keinen Fall wieder verlassen. Wenn Sie für eine längere Fahrt nicht genügend Zeit haben, könnten Sie einen kurzen Bootsausflug (nähere Details erhalten Sie bei der Stadtauskunft) unternehmen oder eine Insel besuchen. In einer halben Stunde sind Sie schon am Strand, beobachten bunte Vögel, erkunden die Pflanzenwelt oder picknicken irgendwo in der Einsamkeit des Waldes. Kaum zu glauben, daß Sie sich selbst dann noch – streng genommen – in Finnlands größter Industriestadt befinden.

**Arbeitermuseum.**

# ZURÜCK NACH HELSINKI

Viele Elemente, die Finnland ausmachen – Geschichte, Industrie, Landwirtschaft, See-, Berg- und Waldlandschaft, Design, Kunst –, begegnen Ihnen auf der Straße 3 von Tampere nach Helsinki. Zunächst kommen Sie nach **Valkeakoski** und **Sääksmäki**, zwei Industriezentren, die in einer zauberhaften Umgebung zwischen zwei Seen eingebettet liegen. Durch beide Städte bahnen sich Wasserläufe ihre Wege. Im Mittelalter war Valkeakoski nicht mehr als ein kleiner Weiler – später ein Bergarbeiterdorf in der bedeutenden Pfarrgemeinde Sääksmäki. Bereits damals wurden die Stromschnellen zur Gewinnung von Wasserkraft genutzt, zunächst um damit Getreide zu mahlen und später zur Papierherstellung. Zur Zeit der nationalromantischen Bewegung des 19. Jahrhunderts kamen auch viele Künstler nach Sääksmäki. Diese Verbindung von Industrie und Kunst besteht auch heute noch in der Stadt.

Im Freilichtmuseum **Kauppilanmäki** erfahren Sie mehr über die industrielle Geschichte von Valkeakoski; es zeigt typische Häuser von Papiermühlenarbeitern bis 1920. Die aus Treibholz erbaute Hütte eines jungen Paares steht hier neben dem komfortablen Haus des Mühlenvorarbeiters Esaias Ax. Eine mit Gewerkschaftsfahnen geschmückte Arbeiterhalle war damals das Zentrum politischer Gedanken und Gemeindeveranstaltungen.

Noch vor der Brücke, die Sie nach Sääksmäki führt, steht auf dem Hügel Rapola das **Herrenhaus Voipaala**, das heute ein Künstlerzentrum ist. Das darin befindliche Museum war früher das Atelier des Bildhauers Elias Ilkha, dem ehemaligen Besitzer der Villa und des umliegenden Landes. Im Sommer finden hier Theateraufführungen statt. Auf dem Berg hinter Valkeakoski erhebt sich eine alte Festung. Von hier aus haben Sie den Blick auf die nahegelegene **Kirche von Saaksmäki** frei. Es gab in dieser Gemeinde eine noch ältere Kirche, aber auch das jetzige Steingebäude geht bereits auf das 15. Jahrhundert zurück. Es brannte 1929 durch einen Unfall nieder. Das Feuer nahm damals größere Ausmaße an, da es am 1. April ausbrach und jeder beim Ertönen der Sirene an einen Aprilscherz glaubte. Die Kirche wurde 1932 restauriert und neu geweiht. Nur einige Wandgemälde neben den Fenstern und zwei Holzstatuen aus dem Mittelalter blieben von der alten Kirche erhalten. Gleich nach der Brücke fahren Sie rechts nach Toijala und biegen wieder rechts nach **Visavuori** ab. Hier ist das Atelier des bekannten finnischen Bildhauers Emil Wickström (1864-1942). Im Alter von 29 Jahren entwarf er, nachdem er die Ausschreibung gewonnen hatte, ein Fries für das Ständehaus in Helsinki. Kurz darauf plante er sein Haus „Birkenhügel" (Visa vuori) auf einer wunderschönen Halbinsel, von der man den ganzen See überblicken kann. Tagsüber arbeitete er im dunklen Holzatelier, und die Nächte verbrachte er damit, in seinem Observatorium unter dem Dach die Sterne zu beobachten.

**Bitte nicht berühren!** Von allen finnischen Glashütten ist **Iittala** wahrscheinlich die berühmteste. Klassische Muster, formschöne, praktische Gläser und Objekte wie Vögel und Früchte aus Glas verlocken zum Anfassen. Dies ist in diesem Museum, das Ausstellungsstücke vergangener Tage und jüngster Zeit beherbergt, jedoch nicht zu empfehlen. Hervorragende Designer wie Alvar Aalto und Tino Sarpaneva wurden mit ihrer *i-collection* von Iittala bekannt. Auch Sie können Ihr Talent mit Hilfe eines professionellen Glasbläsers an einem Stück Glas ausprobieren. Anschließend können Sie den Werkverkauf der Firma besuchen, wo eine große Auswahl an Waren zweiter Wahl angeboten wird.

Im **Panzermuseum** (*Panssarimuseo*) von Parola kann man der jüngsten Geschichte nicht entkommen. Hier werden in den Innenräumen und draußen auf drei Terrassen finnische Panzer ausgestellt. Einige der im Winterkrieg eingesetzten Panzer stammen aus dem Jahr 1910. Auch von den Sowjets erbeutete Panzer sind zu sehen. Hammer und Sichel wurden durch Hakenkreuze ersetzt, nachdem sich Finnland Seite an Seite mit Deutschland kämpfend wiederfand.

**Vorherige Seiten: Burg Häme. Links: Glasbläser in den Iittala-Glaswerken.**

**Mächtige Maschinen:** Für Militärhistoriker ist dieses kleine, wenig bekannte Museum faszinierend, aber auch der gewöhnliche Besucher wird von den gepanzerten Zügen im angrenzenden Wald beeindruckt sein. Die Finnen hatten zwei dieser Züge umgebaut und mit Maschinengewehren bestückt. Das Museum ist nicht leicht zu finden. Nehmen Sie die Straße 57 und folgen Sie dem Wegweiser nach Hattula; verlassen Sie dann die Hauptstraße und biegen Sie nach der nächsten Kreuzung links nach Parola ab. Erkundigen Sie sich im Museum nach dem Lagerplatz der Armee, auf dem die Statue des **Löwen von Parola** steht. Sie erinnert daran, daß Zar Alexander II. 1863 im nahegelegenen Hämeenlinna eine Urkunde unterzeichnete, in der Finnisch als Amtssprache zugelassen wurde.

Fahren Sie auf der Straße 57 nach Hattula weiter, wo Sie eine der bekanntesten und ältesten Kirchen Finnlands besichtigen können. Sie wurde 1320 am Ufer des Hattula-See erbaut, als sich der katholische Glaube bis in diesen Teil des Landes ausbreitete. In der Kirche fällt Ihr Blick sofort auf die zarten Farben der Fresken aus dem 16. Jahrhundert. Sie wurden überkalkt und erst Mitte des 19. Jahrhunderts wiederentdeckt und restauriert. Heute herrscht in der Kirche von Hattula wieder eine mittelalterliche Atmosphäre.

Der **Aulanko-Waldpark**, abseits der Straße 3 auf der Strecke ins Zentrum von Hämeenlinna, ist ein ideales Plätzchen für eine Rast. Oberst Hugo Standershöld, der in den dreißiger Jahren Gouverneur der Provinz Häme war, machte Aulanko zu dem, was er heute ist. Nachdem er als Waffenhändler in Rußland ein Vermögen gemacht hatte, kehrte Standershöld nach Finnland zurück, um ein Herrenhaus zu bauen und den Waldpark mit Seen, Pavillons und einem **Beobachtungsturm** zu verschönern. Im Café können Sie sich eine Verschnaufpause gönnen, nachdem Sie die 332 Turmstufen hinauf- und hinuntergelaufen sind.

Als der in Hämeenlinna geborene Komponist Sibelius Aulankos Bäume und Seen in den dreißiger Jahren wiedersah, soll er ausgerufen haben: „Ich hatte dieses Landschaftsbild aus meiner Kind-

**Altardetail in der Hattula-Kirche aus dem Jahre 1320.**

heit vor Augen, als ich meine Sinfonie Finlandia komponierte." In Aulanko legen die Schiffe der Silberlinie an, und das moderne Hotel mit Golf- und Tennisplätzen, Freilichttheater, einem Seidenmuseum und zahlreichen Ausflugsmöglichkeiten zieht jährlich über eine Viertelmillion Besucher an.

**Burg und Komponist:** Zwei Dinge verhalfen Hämeenlinna zu Berühmtheit: die **Burg Häme** und die Tatsache, daß der Komponist Jean Sibelius in dieser Stadt geboren wurde. Im frühen 13. Jahrhundert, als Graf Birger den ersten schwedischen Raubzug in diese Gegend leitete, waren sich die schwedischen Gouverneure stets der Nähe zu Rußland bewußt und von dem Gedanken der Verteidigung wie besessen. Graf Birgers erste Aufgabe war, ein quadratisches Lager mit Verteidigungsmauern und Türmen zu errichten. Während der nächsten 700 Jahre wurde Häme immer wieder renoviert, um den jeweiligen Königen und Politikern zu gefallen.

**Hämeenlinna** wurde 1639 durch einen weiteren berühmten Gouverneur, Graf Per Brahe, zur Stadt erklärt. Zu jener Zeit war Hämeenlinna schon eine wichtige Siedlung am Ochsenpfad zwischen Turku und der Burg Häme. Auf dieser jahrhundertealten Strecke reisten sowohl Soldaten als auch Händler. Natürlich sind mittlerweile Autos an die Stelle der Lasttiere und Karren getreten, und der Pfad ist zu einer modernen Straße geworden. Mit seinem geschäftigen Zentrum und dem schattigen Park zwischen dem alten Marktplatz und der Kirche ist Hämeenlinna heute ein ausgezeichneter Ausgangspunkt, um die Gegend zwischen Tampere und Helsinki zu erkunden. Außerdem ist die Stadt die südliche Endstation der Wasserbusse der Silberlinie.

Sibelius wurde an einem eisigen Dezembertag des Jahres 1865 geboren, im kleinen, grauen Haus des Arztes Christian Gustaf Sibelius. Die drei Kinder der Familie waren alle musikalisch; in einem Raum des Hauses hängt ein altes Foto von dem jungen Familientrio bei einem Konzert im Kurort Loviisa. Der große Speisesaal wird heute noch gelegentlich für Musikveranstaltungen genutzt, und

**Ainola, das Zuhause von Jean Sibelius.**

das ganze Haus strotzt von Erinnerungen an die Kindheit des Komponisten.

Das **finnische Glasmuseum** ist die beliebteste Touristenattraktion in **Riihimäki**, das ungefähr 35 Kilometer südlich von Hämeenlinna abseits der Straße 3 liegt. Das Gebäude ist eine ehemalige Glasfabrik aus dem Jahre 1914, in der noch in den dreißiger Jahren produziert wurde. Die Ausstellung im Erdgeschoß zeigt die Geschichte der Glasherstellung. Besonders interessant sind die Fotos von der Glasherstellung zu Beginn der Unabhängigkeit Finnlands, als sich die Industrie auf alltägliche Produkte, wie Fensterscheiben, konzentrierte. In den dreißiger Jahren begann man sowohl damit, die Glasherstellung als Kunst zu betreiben als auch Massenprodukte zu erzeugen. Vor kurzem kam es ansatzweise wieder zu einer Rückkehr zur individuellen Glasbläserei.

Gleich nebenan befindet sich das **finnische Jagdmuseum**, und nach einem kurzen Spaziergang erreichen Sie das **Kunst- und Handwerksdorf Hyttikoutteli,** eine ehemalige Glasfabrik, die von einigen Kunsthandwerkern zu einer Werkstätte und einem Ausstellungsraum umfunktioniert wurde.

**Villen mit Seeblick:** Wenn Sie weiter nach Süden, durch Hyvinkää nach **Järvenpää** fahren, sind es nur noch 45 Kilometer bis ins Zentrum von Helsinki. An den **Tuusula-See** zogen Ende des 19. Jahrhunderts viele Künstler, die der Großstadt entfliehen wollten. Sie bauten sich Ateliervillen am Ostufer des Sees, gleich hinter Järvenpää. Bevor Sie die Stadt verlassen, sollten Sie sich auf dem Marktplatz die moderne Statue **Pikku Kalle** (kleiner Karl) anschauen sowie die riesigen, gelben Bögen des **Triade-Monuments** im Park Rantapuisto.

Die ersten der intellektuellen Künstler waren der Schriftsteller Juhani Aho und die Künstlerin Jenny Soldan-Brofelt, seine Frau. Im selben Jahre folgte ihnen der Künstler Pekha Halonen, dessen Malerei von dem schönen Tuusula-See und dem einfachen Leben der Bauern inspiriert wurde. Von hier aus unternahm er Skitouren und Wanderungen. Ebenso fasziniert von der Umgebung war der Neuan-

**Beim Erdbeerpflücken.**

kömmling Eero Järnefelt, der durch seine bäuerlichen Landschaftsbilder berühmt wurde. Als Sibelius und seine Frau Aino sowie Järnefelt, der Bruder Ainos, an das Ufer des Tuusula-Sees zogen, wurde das Haus Halonens, **Halosenniemi**, zum Treffpunkt für gesellige Saunas, Musikveranstaltungen und gemütliche Abende mit dem selbstgebrauten weißen Rhabarberwein Halonens. Heute ist das Haus, das auf einer felsigen Halbinsel steht, von Mai bis September jeden Tag außer montags geöffnet.

Ainola war 53 Jahre lang das Zuhause von Sibelius. Das Haus wurde von einem weiteren Freund, Lars Sonck, konstruiert und ist noch immer genauso möbliert wie zu Sibelius' Lebzeiten. Im Salon steht das Klavier des Komponisten, und wenn Sie Glück haben, hören Sie einen Musiker, der das Haus besucht, darauf spielen. Jean Sibelius brauchte kein Instrument zum Komponieren – wenn er arbeitete, herrschte vollkommene Stille. Seine Töchter besuchten dann Freunde, und die Bediensteten durften nicht einmal in der Küche vor sich hinsummen.

Im Sommer schaffen die großen Bäume und der Garten eine friedliche Atmosphäre. Inzwischen sind die Bäume so hoch, daß man den Blick auf den See nicht mehr frei hat. 1957 starb Sibelius in Ainola im Alter von 91 Jahren, seine Frau lebte dort bis 1969. Unter den Apfelbäumen befindet sich das Grab des Ehepaares, das mit einem quadratischen, flachen Stein bedeckt ist. Sibelius' Zuhause ist ebenfalls den ganzen Sommer geöffnet. Die beiden Häuser sind die einzigen Überbleibsel einer Künstlerkolonie, die sich wenig von den autarken Gemeinschaften unserer Tage unterschied.

Wenn Sie von Järvenpää kommen, erreichen Sie zuerst Ainola und dann gut einen Kilometer weiter südlich Halosenniemi. Nach einem weiteren Kilometer führt ein Schild auf der rechten Seite zu der Hütte, in der der Schriftsteller Aleksis Kivi starb. Die nächste Stadt, Hyrylä, ist nur noch 27 Kilometer von Helsinki entfernt. Sie bildet den Abschluß einer 500 Kilometer langen Rundreise, die die drei wichtigsten Städte Finnlands miteinander verbindet.

**Im Sommer und Herbst sind die Märkte voller roter, blauer und schwarzer Beeren.**

# Die Südküste

Der Weg von Westen nach Osten an der Südküste entlang ist die Route, auf der die nordischen Könige und Fürsten in früheren Zeiten nach St. Petersburg reisten. Felder und dichte Wälder prägen die flache Küstenlandschaft. Wegen der Nähe zum Meer und des vom Finnischen Meerbusen herrührenden milden Klimas ist diese Region Finnlands besonders dicht besiedelt.

Auf dem Weg von Pargas (Parainen) südlich von Turku an der Spitze der Turunmaa-Inselkette über Ekenäs (Tammisaari), Karis (Karjaa) Richtung Osten durch kleine Dörfer und weiter nach Kotka fällt auf, daß die meisten Leute schwedisch sprechen und die Ortsnamen auf den Schildern zuerst in Schwedisch angegeben werden. Hier wird deutlich, wie in Finnland mit der Zweisprachigkeit umgegangen wird: Überall dort, wo die Mehrheit schwedisch spricht, tritt der schwedische Name an die erste Stelle.

Auf dem Weg von West nach Ost ändert sich die Landschaft nur unwesentlich. Da der größte Teil Finnlands nördlich des 60. Breitengrades liegt, wird die Südspitze am stärksten landwirtschaftlich genutzt. Das Land ist flach, und morgens wie abends ist es meist in Nebel gehüllt. Zwar gibt es in diesem Teil Finnlands nicht allzu viele Seen, doch auch hier wird das Land durch die Windungen der Flüsse gut bewässert.

Der noch grüne Weizen und der gelbe Raps tauchen im späten Frühjahr die Landschaft in bunte Farben. Später dann reift der Weizen, und die Wildblumen blühen. Die Grasflächen entlang den Straßen sind zuerst mit Schlüsselblumen und roten, rosafarbenen und weißen Lupinen übersät. Sind die Lupinen verblüht, tritt die *Maitohorsma*-Blume an ihre Stelle. Die Blütenblätter der hochwachsenden, spindelförmigen Blume färben nicht nur die Straßenböschungen, sondern ganze Wälder und Felder rot.

Der Herbst ist im hügeligen Westen noch etwas farbiger, denn dort ergänzen die Linden das Gold der Birken. Vor dieser Kulisse stehen dichtgedrängt die alten, dunkelroten Bauernhäuser. In den Bezirken der größeren Küstenstädte sind die Häuser in Pastelltönen gestrichen. Die Gutshäuser in dieser Region sind in einem kräftigen Ocker oder in leuchtendem Gelb gehalten.

Der östliche Küstenbereich jenseits von Helsinki ist mit Festungsanlagen übersät. Denn für Schweden, Rußland und schließlich für das unabhängige Finnland war die russische Grenze stets eine wichtige Trennungslinie. Von 1944 bis 1956 hatte die Sowjetunion einen Militärstützpunkt auf Porkkala, einer Halbinsel westlich von Helsinki.

Das Niemandsland zwischen den Grenzen der ehemaligen Sowjetunion und Finnlands wird immer noch stark bewacht. Auch wenn das Reisen zwischen den beiden Ländern einfacher geworden ist, kommen angesichts der finsteren Mienen der russischen Zollbeamten und der schlechten Straßen keine Zweifel auf, in welchem Land man sich gerade befindet.

**Entdeckungstouren:** Die dünn besiedelten, aber mit einer reichen Vegetation

**Vorherige Seiten:** Porvoo (Borgå) im Sommer. **Links:** Kirchendach in Porvoo. **Rechts:** Kirche in Hanko.

gesegneten **Turunmaa-Inseln** locken weniger Touristen an als die Ålandinseln. Sie sind ruhiger und vom Festland aus über Brücken und Fähren sogar schneller zu erreichen. Mit Fähren gelangt man auch zu einigen kleineren Inseln, die südlich der Hauptinselkette liegen. Zwischen den größeren Städten verkehren Linienbusse.

Der schönste Hafen der Turunmaa-Inseln liegt auf **Nagu** im Nordosten. Ein altes Holzhaus oberhalb der Strandanlage wurde in ein Hotel umgebaut, an das sich ein französisches Restaurant anschließt. Auf Nagu befinden sich außerdem das **Borstö-Völkerkundemuseum** und die **St.-Olof-Kirche** aus dem 14. Jahrhundert.

Auf dem Weg nach **Pargas** (Parainen) von Westen oder Süden her gelangt man nach **Sattmark** auf Stortervolandet. Dieses winzige Blockhaus war früher eine Seemannsunterkunft. Heute werden dort in den hübsch eingerichteten Räumen kleine Mahlzeiten serviert.

In Pargas befindet sich eine der beeindruckendsten Kirchen Finnlands, die dem heiligen Simon geweihte **Harmaa Kivikirkko**. Außergewöhnlich an diesem um 1320 errichteten Gotteshaus sind die ausladenden Backsteinsäulen im Inneren, die einen Kontrast zur hellblauen Verzierung der Kirchenbänke bilden. Bemerkenswert sind außerdem die Szenen aus dem Alten Testament um den Sitzplatz des Orgelspielers. Pargas hat eine schöne Strandanlage, und um die Kirche herum stehen ein paar reizvolle Holzgebäude. Hier wird sogar noch mit der Hand gewebt.

Richtung Osten ist **Salo** der erste große Marktflecken auf dem Festland. Die an Werktagen lebhafte Marktstadt verfügt über drei Kirchen: die **lutherische Uskela** (1832), die **griechisch-orthodoxe Tsasouna** und die überaus moderne **Helisnummen**, die etwa vier Kilometer vor der Stadt liegt. Hübsche Kleingärten säumen den Fluß Uskela.

**Lebkuchenhäuschen:** Genau südlich von Salo liegt **Hanko**, die südlichste Stadt Finnlands. Nicht nur die jedes Jahr im Juli stattfindende Regatta und die langen Strände, auch die lustige Architektur

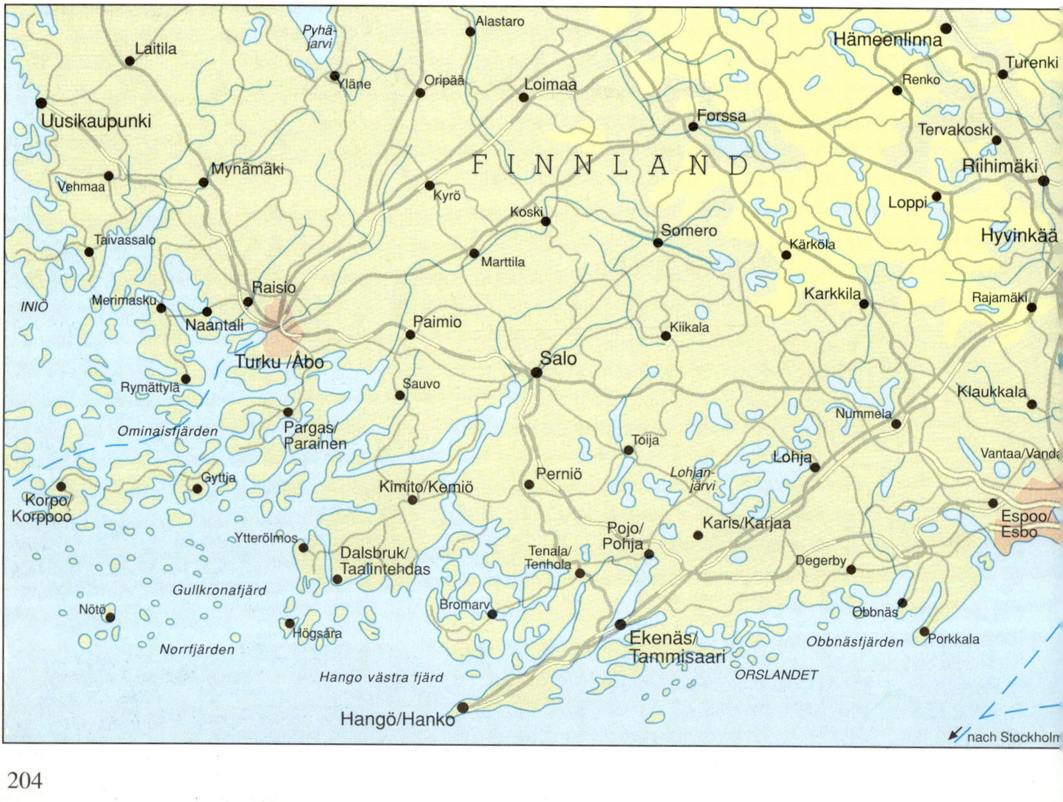

haben diese Stadt bekannt gemacht. Eine lange Parade mehr oder weniger gut erhaltener Häuser mit Türmchen und tief herabhängenden Dächern schließt sich an den Strand an.

Im **Kriegsmuseum** *(linnoitusmuseo)* von Hanko wird die strategische Bedeutung der Stadt deutlich. Dargestellt wird beispielsweise die Dezimierung der Befestigungen während des Krim-Krieges. Von der Hafenstadt Hanko aus flohen zwischen 1880 und 1930 etwa 300 000 Finnen vor Seuchen und Hungersnot. Heute ist Hanko ein großer Zollhafen.

Im Sommer spielt sich das Leben in Hanko hauptsächlich um die Strandanlage herum ab, an der man viele ausländische Sportboote sehen kann. An Land gibt es eine Fallschirmspringerschule, öffentliche Tennisplätze und einen hohen Beobachtungsturm, von dem aus man den Blick über den Hafen schweifen lassen kann. Auskunft über Schiffahrten zu den Inseln erhält man beim Fremdenverkehrsamt in der Bulevardi 15 (Tel.: 911/80 34 11) oder an der Strandanlage (nur im Sommer).

**Ekenäs (Tammisaari)** ist die nächste wichtige Station auf der Straße der Könige. Die hübsch angelegte Altstadt mit Pflasterstraßen, die nach den verschiedenen Zünften benannt sind, eignet sich wunderbar zum Bummeln, zumal einige Kunsthandwerker hier im Sommer noch immer ihre Stände aufstellen. Im Süden der Altstadt erstreckt sich der **Naturpark Ramsholmen**, in dessen Sümpfen und Wäldern sich Wasservögel tummeln.

In und um Ekenäs (Tammisaari) gibt es zahlreiche Möglichkeiten zum Bootfahren, und im Sommer werden hier Openair-Konzerte veranstaltet. Der Campingplatz ist von der Stadt aus leicht zu Fuß zu erreichen. Die Wahrzeichen der Stadt sind das Restaurant **Knipan** und der Turm der alten Granitkirche (1680). Geschichtlich interessant ist das **Ekenäs-Museum**, Gustav Vasa gatan 13, Tel.: 911/71 21 11 (nur im Sommer geöffnet).

Ein paar Kilometer weiter östlich stößt man auf das Bauerndorf **Snappertuna**, in dem schwedisch sprechende Finnen leben. Ganz in der Nähe liegt in einem bewaldeten Tal die Burg **Raseborg** aus

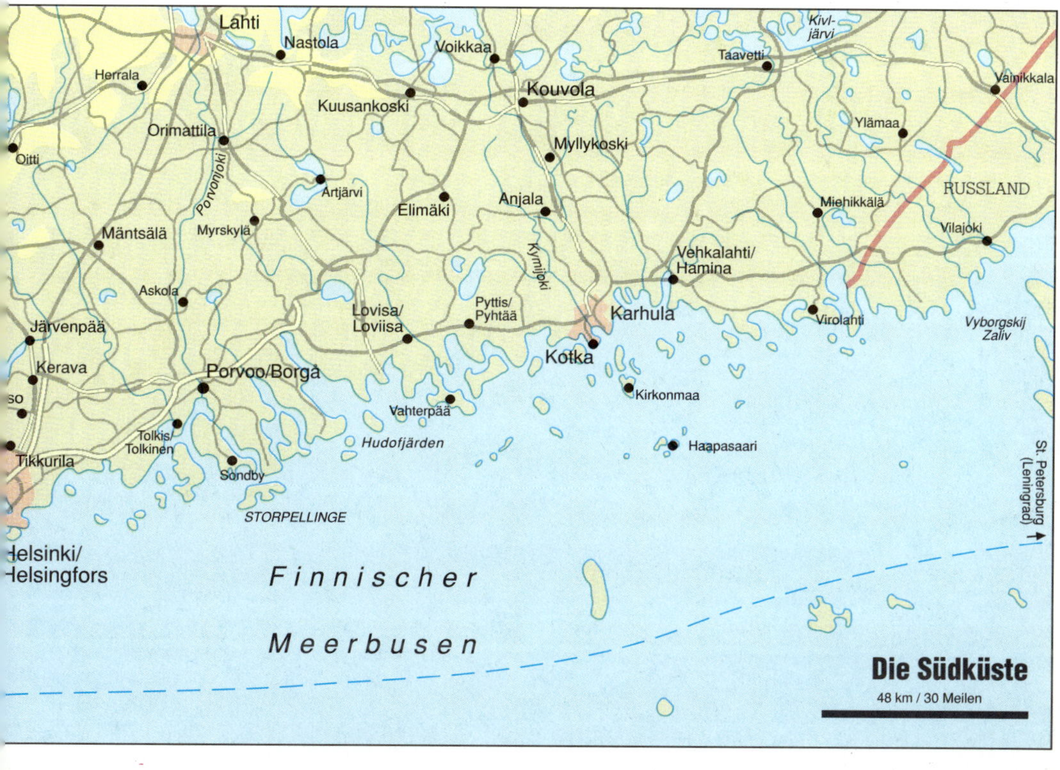

Die Südküste

dem 13. Jahrhundert. Der größte Teil ihrer Befestigungsanlagen ist gut erhalten, die Burgwälle und die mit Holz vertäfelten Innenräume sind frei zugänglich.

Im **Freilicht-Theater** im Raseborg-Tal werden Theater- und Musikabende veranstaltet. Im Juli hat man vielleicht Gelegenheit, der Aufführung eines mittelalterlichen Duells beizuwohnen.

Weiter im Osten liegt das alte Rittergut **Fagervik** an einem geschützten Meeresarm. Die Gebäude aus Granit und Holz bilden eine wunderschöne Kulisse für ein Picknick oder einen Ausritt. An den Wanderwegen weisen die Schilder auf Sehenswürdigkeiten hin.

**Die grüne „Stadt":** Die nächste größere Stadt nach Inkoo und Kirkkonummi ist **Espoo**. Da die Häuser weit verstreut liegen, erkennt man erst auf den zweiten Blick, daß es sich um eine Stadt handelt. Hier wohnen viele wohlhabende Finnen, die in Helsinki arbeiten. Daher ist Espoo eine Mischung aus landwirtschaftlich genutzten Flächen und vornehmen Stadtteilen, die die ganze farbenfrohe Palette finnischer Architektur widerspiegeln.

Der Stadtteil **Tapiola** ist als Beispiel einer geplanten Gartenvorstadt der siebziger Jahre bekannt geworden. Alles wirkt dort noch so neu, doch läßt sich die Siedlungsgeschichte bis ins Jahr 3500 vor Christus zurückverfolgen, und die Pfarrgemeinde von Espoo geht auf das 15. Jahrhundert zurück.

Im Norden und Osten von Helsinki liegt **Vantaa**, eine weitere Stadt mit vielen freien Flächen. Auf dem Schwemmland an der Mündung des Flusses Vantaa lag früher „Vanhakaupunki" (die alte Stadt), aus der im 16. Jahrhundert Helsinki hervorging. Heute sind hier nur eine Handvoll Holzgebäude an malerischen Flußwindungen zu sehen. Die schön angelegten Fußwege am Fluß führen, nur einige Minuten von der Innenstadt Helsinkis entfernt, in eine überraschend ländliche Umgebung. Acht Kilometer von der Flußmündung entfernt liegt das **Gut Tuomarinkylä** mit einem Museum und einem Café. Auf der anderen Seite des Flusses befindet sich ein Badestrand.

**Porvoo (Borgå)** ist eine der bedeutendsten historischen Städte Finnlands.

**Dieses Museum ist dem Forscher Alikanto gewidmet (der Herr in Weiß in der Mitte).**

Eine ähnlich schöne Szenerie mit hübschen Fischerhütten am Fluß und pastellfarbenen Altstadthäusern dahinter bietet kaum eine zweite Stadt. Der schwedische König unterstellte die Stadt 1346 der schwedischen Krone. Porvoo entwickelte sich daraufhin zu einem wichtigen Handelszentrum. 1809 schließlich wurde auf der Versammlung von Porvoo das bis dahin von den Schweden regierte Finnland an Rußland übergeben.

Ihr eigentliches Gepräge erhält Porvoo von seinen Künstlern. Das **Albert-Edelfelt-Atelier** zeigt die Arbeiten eines der bedeutendsten Maler des 19. Jahrhunderts, und aufgrund des eifrigen Schaffens der Künstler und Schriftsteller dieses Jahrhunderts ist die Kunst auch heute noch lebendig.

Östlich von Porvoo wird die Weite der Weizenfelder und Wälder nur hin und wieder von einem Dorf unterbrochen. Im Sommer bringen die Wildblumen auf den Grashügeln etwas Farbe in das eintönige Goldgelb der Felder.

In östlicher Richtung liegen nur noch zwei Kleinstädte und eine größere Stadt, die allesamt über Festunganlagen verfügen. Die kleinste dieser Städte ist **Loviisa**, ein hübsches Provinzstädtchen mit einer Promenade, deren Ausgangspunkt die **Neue Gotische Kirche** ist. Im Stadtmuseum wird die Rolle der **Rosen- und Ungern-Bastion** erklärt.

Hinter den alten Städten Ruotsinpyhtää und Pyhtää liegt das **Kotka-Delta**. Wenn man durch das Industriegebiet nach Kotka fährt, gewinnt man leicht einen falschen Eindruck, denn es ist tatsächlich eine der am schönsten gelegenen Städte Finnlands.

**Fischfang im Delta:** Bei Kotka spaltet sich der Fluß Kymi in fünf Flußarme auf, bevor er ins Meer mündet. Hier herrschen ideale Bedingungen für den Lachs- und Forellenfang. Der Küste sind ein paar kleine Inseln vorgelagert, von denen die nähergelegenen über Brücken und die weiter entfernt liegenden mit der Fähre erreichbar sind. An der Straße nach Nordwesten steht die große **Lutherkirche** mit riesigen Backsteinpfeilern; der imposante Komplex der **Orthodoxen Kirche** liegt an der Papinkatu. Einen Besuch

**Mit dem Fahrrad unterwegs.**

lohnt auch das **Kymenlaakso** (das Kymi-Flußtal), in dem es ruhige und reißende Flüsse sowie wunderschöne Waldwege zu entdecken gibt.

Eine der berühmtesten Fischerhütten aller Zeiten, nämlich die von Zar Alexander III., befindet sich in **Langinkoski**, Kotka. Das heutige Museum wurde von den Finnen aus Baumstämmen für den Zaren errichtet.

In Langinkoski beginnen mehrere Natur-Wanderwege. Fünf Kilometer nördlich liegt die **Kyminlinna-Festung**, danach führt ein Weg über den Fluß Hovinkoski und durch das Gut **Kyminkartano** hindurch zu den **Keisarin Kosket**. Diese „Zaren-Schnellen" fließen rund um die Insel Munkkisaari, auf der sich die orthodoxe Kapelle **Tsasouna** befindet. Angler und Wassersportler finden hier ideale Bedingungen. Am Ufer befindet sich die **Keisarin-Kosket-Hütte** (Standort eines orthodoxen Klosters von 1650-1850), hier kann man gemütlich Kaffee trinken und Boote und Kutschen mieten; auch Angelscheine werden dort ausgegeben (Tel.: 952/60 93 01).

Im Sommer bietet sich ein Ausflug zur Jugendherberge **Kärkisaari** an. Wenn man sich nicht in dieser geräumigen Villa einquartieren möchte, so sollte man wenigstens die Sauna besuchen. In **Santalahti** auf der angrenzenden Halbinsel werden Kutschenfahrten angeboten.

Beim Fremdenverkehrsbüro Kotka erhält man Informationen über unter Naturschutz stehende Wege und Flüsse. Kotka liegt etwa 70 Kilometer von der russischen Stadt Viipuri (Vyborg) entfernt, nach Leningrad sind es 270 Kilometer. Von hier aus können also die verschiedensten Fahrten nach Rußland unternommen werden.

**Hamina** ist die letzte größere Stadt vor der russischen Grenze. Ihr konzentrischer Grundriß ist Teil einer riesigen Festungsanlage. Durch die Anwesenheit finnischer Soldaten hat Hamina bis heute seinen militärischen Charakter nicht verloren. Die pastellfarbenen Holzhäuser bilden einen Kontrast zu den roten Backstein-Kasernen. Bei militärgeschichtlichem Interesse lohnt ein Besuch des **RUK-Museo** in der Mannerheimintie.

**Wie auf dem Reißbrett: die Festungsstadt Hamina.**

## FESTIVALS

Die beeindruckendste Szenerie für ein Musikfestival ist wohl die 500 Jahre alte Burg von Savonlinna. Das Publikum sitzt im Burghof, während die Scheinwerfer auf die hohen Mauern und die großartigen Kostüme von Opern wie „Boris Gudonow“ oder „Aida“ gerichtet sind. Die Akustik wird auch einer modernen Oper wie „Das Messer“ des finnischen Komponisten Paavo Heininen gerecht, die 1989 uraufgeführt wurde. Bis heute hatten in Savonlinna fünf Opern von finnischen Komponisten ihre Welturaufführung; dies ist nicht verwunderlich in einem Land, in dem die Komposition und Interpretation von klassischer Musik eine nie gekannte Blüte erlebt.

1912 machte die Sopranistin Aino Acte Savonlinna zur ersten finnischen Festivalstätte für klassische Musik. Als nächste Einrichtung dieser Art wurde 1955 Jyväskylä von dem Komponisten Seppo Nummi eröffnet, der zehn Jahre später auch die Musiktage von Helsinki begründete.

Wie in den übrigen nordischen Ländern haben auch in Finnland Folklorefeste eine lange Tradition; sie erfüllen die Sommernächte mit Musik, Gesang und Tanz. Die größte Veranstaltung dieser Art ist das neuntägige Folklore-Festival in Kaustinen. Die etwa 92 000 Besucher kommen häufig nicht nur zum Zuschauen, sondern auch um sich in Workshops ausbilden zu lassen.

Ein Ursprung traditioneller Feste waren die früher ausschließlich freiwilligen Feuerwehren sowie die in der Frühzeit der Unabhängigkeit Finnlands starke Arbeiterbewegung, die den 1. Mai jedes Jahr aufwendig beging. Auf diese Feiern geht das im Juli in Valkeakoski veranstaltete Festival der Arbeitermusik zurück.

**Oben: Generalprobe für *Aida* in der Burg von Savonlinna.**

Das klassische Musikfestival von Turku findet im August statt, doch bereits im Juni ist die etwa sechs Kilometer vom Stadtzentrum entfernte Insel Ruissalo Schauplatz des Ruisrock, dem angeblich ältesten Rockfestival der Welt (siehe auch Seite 151). Das Kammermusik-Festival wird im nordöstlichen Kuhmo an der russischen Grenze veranstaltet. Es fand erstmals im Jahr 1970 statt, inspiriert durch den finnischen Cellisten Seppo Kimanen. Jedes Jahr treffen sich hier etwa 150 internationale Musiker um ihr Können in über 60 Kammermusikkonzerten darzubieten.

Durch seine Nähe zur Grenze hat Kuhmo stets eine starke Anziehungskraft auf russische Musiker ausgeübt. Mitte der achtziger Jahre geriet das Festival in die Schlagzeilen, als die Violinistin Viktoria Mulowa dieses Ereignis zur Flucht nutzte. Russische Musiker wurden auch schon künstlerische Leiter von finnischen Festivals, der Violinist Dimitri Sitkovetsky zum Beispiel leitet das Festival von Korsholm. Aus Estonia stammt der Konzertpianist Kalle Randula, der zusammen mit Heikki Rauasalo auch künstlerischer Leiter des Jyväskylä-Festivals ist.

Weitere Feste sind anderen Künsten gewidmet: Tampere veranstaltet ein Theaterfestival, in Kupio gibt es ein Tanz- und in Pori ein Jazzfest; Big Bands treten in Imatra auf, in Lieksa findet eine Blasmusikwoche statt, und in Sodankylä in Lappland gibt es ein Mitternachtssonne-Filmfestival.

1968 wurden viele dieser Festivals unter der Dachorganisation Finnland-Festivals zusammengefaßt. Diese Organisation verwaltet die Festivals und, so der Direktor Tuomo Tirkkonen, stellt das hohe künstlerische Niveau der Festivals sicher. Auch wenn heute viele Besucher aus Übersee kommen, so stellen die Finnen doch 90 Prozent der etwa 1,2 Millionen Zuschauer. „Die Tradition des Musikhörens ist hier ausgeprägter als in anderen Ländern“, sagt Tirkkonen, und damit hat er wohl recht, denn Finnland hat nur fünf Millionen Einwohner. ■

ANCTUS

# Am Bottnischen Meerbusen

Die inselreiche Westküste Finnlands ist eine faszinierende Mischung aus Vergangenheit und Gegenwart. Vieles erinnert an vergangene Zeiten: alte Holzhäuser; Museen, die die Erinnerung an die große Zeit der Segelschiffahrt und des Teerexports wachhalten; die Denkmäler der Schlachten, in denen die Schweden und die Russen erbittert um das zwischen ihren Ländern liegende Finnland stritten.

Die Gegenwart spiegelt sich in modernen Industrieanlagen, die glücklicherweise meistens weitab der historischen Stadtzentren liegen. Das Hinterland ist flach bis sanft gewellt. Felder und Wälder, aber auch viele Seen bestimmen die typisch finnische Landschaft.

Da das südliche Küstengebiet Finnlands Schweden am nächsten liegt, wurde in vielen Gemeinden während der schwedischen Herrschaft schwedisch gesprochen. Auch heute noch leben hier viele Menschen mit schwedischer Muttersprache, und einige Städte haben sowohl einen schwedischen als auch einen finnischen Namen. Auf den Karten erscheint der schwedische Name sogar zuerst, wenn im jeweiligen Ort hauptsächlich schwedisch gesprochen wird.

Die erste größere Stadt an der Straße 8 nördlich von Turku ist **Uusikaupunki (Nystad)**, eine für diese Küste typische Stadt. Einen geschichtlichen Höhepunkt erlebte sie, als hier am 30. August 1721 zwischen Schweden und Rußland der Friede von Nystad geschlossen wurde, der das blutige Zeitalter des „Großen Hasses" beendete. Ende des 19. Jahrhunderts war es Heimathafen der zweitgrößten Segelflotte Finnlands. Als jedoch die Dampfschiffahrt aufkam, ging es mit der Stadt bergab. Sie erholte sich erst wieder, als sich in den sechziger Jahren neue Industriezweige ansiedelten. Im Automobilunternehmen Saab-Valmet werden Werksbesichtigungen durchgeführt, und im firmeneigenen Museum sind die erfolgreichen Rallyefahrzeuge der Marke zu sehen. Der Hafen dient heute nur noch als Ausgangspunkt für Bootsfahrten um die hübsche Inselgruppe; in den früheren Salzlagern sind jetzt Antiquitätengeschäfte und Restaurants untergebracht.

Doch Zeugnisse aus der Vergangenheit erinnern an die Zeit der Seefahrt. Im Haus von F. W. Wahlberg, einem früheren Schiffseigner und Tabakwarenhersteller, befindet sich das **Kulturmuseum**; auf dem **Vallimäki-Hügel** steht eine Lotsenhütte, die von 1857 bis 1967 benutzt wurde und jetzt ein kleines Museum ist. Die 1629 fertiggestellte Kirche erhielt 1730 ein Kuppeldach. Der **Windmühlenpark** (Myllymäki) der Stadt erinnert daran, daß viele Seeleute später auf den Müllerberuf umsattelten.

**Rauma** ist eine der sechs finnischen Städte, die im Mittelalter gegründet wurden. Heute ist es die größte ihrer Art in Finnland. In den etwa 600 Holzhäusern, die in Pastelltönen gestrichen sind, wohnen ungefähr 1000 Menschen. Die Wohnhäuser und Geschäfte stammen zwar aus dem 18. und 19. Jahrhundert, aber die engen Straßen verlaufen noch so wie im 16. Jahrhundert.

Wie die meisten Städte an der Westküste erlebte Rauma in der Zeit der Segel-

**Vorherige Seiten**: Windmühlen in Uusikaupunki (Nystad). **Links**: Himmelschor in der Kirche von Rauma. **Rechts**: Boote sind aus dem Stadtbild von Uusikaupunki nicht wegzudenken.

schiffahrt eine Blüte. Das **Marela-Museum** war früher das Haus des führenden Spediteurs Abraham Marelin. Ein Großteil der Inneneinrichtung – Vertäfelung, Öfen und Türen – ist erhalten geblieben. Sehenswert ist die dort ausgestellte Sammlung zeitgenössischer Kleidung. Auch das um die Jahrhundertwende entstandene Seemannshaus Kristi und das Stadtmuseum im Alten Rathaus erinnern an die große Zeit der Seefahrt.

**Feine Spitzen:** Die zweite Hauptattraktion des Museums sind Spitzen, denn in Rauma wird seit Mitte des 18. Jahrhunderts das Spitzenklöppeln betrieben. Heute kann niemand mehr sagen, wer diese Kunst in die Stadt gebracht hat. Es könnten Seeleute gewesen sein, Franziskaner oder Franziskanerinnen von Vadstena in Schweden oder eine Adlige aus den Niederlanden, um nur einige Vermutungen zu nennen. In den fünfziger Jahren des vorigen Jahrhunderts hatte sich das Spitzenklöppeln, das damals nahezu jede Einwohnerin beherrschte, zu einem wichtigen Industriezweig entwickelt. Doch irgendwann kamen die Spitzenhütchen aus der Mode. In den letzten vierzig Jahren ist das Interesse an Spitzen wieder ständig gewachsen. So wird im Sommer eine „Woche der Spitzen" veranstaltet, und viele Damen in Rauma verstehen sich wieder auf die alte Kunst.

Die 47 Kilometer weiter nördlich gelegene Stadt **Pori** wurde 1558 von Herzog Johan von Schweden an der Flußmündung des Kokemäenjoki gegründet. An der bottnischen Küste kommt es häufig vor, daß sich das Meer zurückzieht. Die ehemalige Hafenstadt Pori liegt heute zehn Kilometer vom Meer entfernt. Seit ihrer Gründung ist die Stadt neunmal abgebrannt, was selbst für finnische Verhältnisse einen traurigen Rekord darstellt. Nach dem letzten Feuer im Jahre 1852 wurde das Stadtzentrum in elegantem Stil wieder aufgebaut. Das heute 77 000 Einwohner zählende Pori ist vor allem eine Industrie- und Hafenstadt.

Zu den nach 1852 errichteten Gebäuden gehört der im venezianischen Stil erbaute **Jennélius-Palast**, in dem das Rathaus untergebracht ist. Das 1884 fertiggestellte Theater von Pori wurde vollständig restauriert. Eher ausgefallen ist

das **Jusélius-Mausoleum**, das ein Geschäftsmann aus Pori zur Erinnerung an seine Tochter errichten ließ. Eine der Hauptattraktionen der Stadt ist das Satakunta-Regionalmuseum von 1888. Dieses größte und umfassendste kulturhistorische Museum Finnlands verfügt über 60 000 Ausstellungsstücke sowie ein Archiv mit 110 000 Fotografien und 10 000 Büchern. Besonders faszinierend ist die Abteilung über Pori selbst.

**Jazz im Juli:** Auf der im Fluß gelegenen Insel Kirjuinluoto gibt es einen Naturpark mit einem Freilichttheater, in dem jedes Jahr das **Jazzfestival von Pori** stattfindet. Von allen Festivals, die während des Sommers in Finnland veranstaltet werden, ist dieses nicht nur eines der bekanntesten, sondern auch eines der ältesten. Seit 1966 lockt es jeden Juli Jazzmusiker aus der ganzen Welt hierher, die diese alte Stadt eine Woche lang Tag und Nacht mit Jazzmusik erfüllen. Jede Ecke der Stadt wird genutzt, um die jährlich 40 000 bis 60 000 Besucher unterzubringen, die die Einwohnerzahl kurzzeitig um mehr als die Hälfte ansteigen lassen.

Auf der dem Hafen abgewandten Seite der 20 Kilometer langen Halbinsel, die von Pori zur Insel Reposaari führt, zieht sich ein schöner Sandstrand entlang. Hier befinden sich ein großes Hotel und ein Kongreßzentrum. Als Antwort auf das steigende Interesse am Golfsport wurde ein neuer Golfplatz angelegt.

**Kristinestad (Kristiinankaupunki)** wurde 1649 von dem berühmten finnischen Grafen Per Brahe gegründet. Als Meister der Diplomatie verstand er es, die Stadt sowohl nach seiner Frau als auch der schwedisch-finnischen Königin zu benennen. Den schwedischen Einfluß erkennt man noch heute daran, daß etwa 58 Prozent der Bevölkerung schwedisch sprechen und den schwedischen Namen der Stadt dem finnischen vorziehen. Trotz seiner illustren Anfänge blieb Kristinestad bis zum 19. Jahrhundert eine ruhige Stadt. Danach wurde es der Heimathafen einer der größten finnischen Handelsflotten und zu einem Zentrum des Schiffbaus. Dies wird auch im **Schifffahrtsmuseum** deutlich, das im Haus des früheren Schiffseigners S. A. Wende-

**Moderne und Mittelalter am Flußufer in Pori.**

lin untergebracht ist. Hier wie andernorts wurden die Schiffseigner von der Ablösung der Segel- durch die Dampfschiffahrt überrascht. Der Eisenbahnbau im Jahre 1912 konnte den wirtschaftlichen Niedergang der Stadt nicht aufhalten, und viele Einwohner wanderten nach Amerika aus.

Heute ist Kristinestad ein bescheidenes Städtchen am Meer mit einem interessanten Stadtbild, das unter anderem durch das 1856 von E. B. Lohrmann errichtete Rathaus geprägt wird. Während der schwedischen Herrschaft mußte jeder, der in die Stadt wollte, Wegezoll zahlen. In dem Zollhaus von 1720 ist heute das Fremdenverkehrsbüro untergebracht. Das Zollhaus am nördlichen Ende der Stadt stammt schon aus dem Jahre 1680, und die älteste Straße trägt den merkwürdigen Namen Katzenpeitschergasse. Die nach einer anderen schwedisch-finnischen Königin benannte **Ulrika-Eleonora-Kirche** aus dem Jahre 1700 wurde 1965 restauriert und neu geweiht.

Sehenswert ist das Museum im **Labell-Haus**. Labell war ein polnischer Adliger und Glücksritter, der die Tochter des Bürgermeisters heiratete und ihren Namen annahm. Er wohnte im alten Haus der Familie Labell, das nach und nach erweitert wurde, so daß in den zehn Räumen die verschiedenen Stilrichtungen des 18. und des frühen 19. Jahrhunderts vertreten sind. Richtung Norden fährt man von Kristinestad am besten auf einer Nebenstraße weiter, die nach Nordwesten hin an der Küste verläuft und so eine schöne Aussicht auf das Meer bietet.

**Vaasa (Vasa)** trennt den Norden vom Süden. Die Stadt ging aus Alt-Vaasa hervor, das im 14. Jahrhundert gegründet wurde, als das Gelände der heutigen Stadt noch unter dem Meeresspiegel lag. In ihrer wechselvollen Geschichte wurde die Stadt mehrmals durch Kriege und Brände verwüstet. Nach dem letzten Feuer im Jahre 1852 blieben nur noch ein paar glimmende Ruinen übrig.

Während des Bürgerkriegs von 1918 war das Gebiet um Vaasa eine Hochburg der „Weißen“. Das an der Staatsstraße 16 landeinwärts gelegene **Lapua** ist die Geburtsstätte der antikommunistischen La-

**Links und rechts: Die schönsten Strände Finnlands liegen an der Westküste.**

pua-Bewegung, die 1930 ihren größten Erfolg hatte, als 12 000 Menschen aus allen Teilen Finnlands im „Bauernmarsch“ nach Helsinki zogen und so die Regierung zwangen, den Kommunismus zu verbieten. Heute ist das 55 000 Seelen zählende Vaasa eine hübsche Stadt mit breiten Straßen und einem großen Marktplatz. Axel Setterberg entwarf die orthodoxe Kirche, die von den alten Gebäuden aus der Zeit des russischen Großfürstentums umgeben ist. Das Rathaus aus dem Jahre 1883 ist eine Arbeit von Magnus Isaeus und sehr beeindruckend. Den besten Blick über die Stadt hat man, wenn man die 200 Stufen des Turmes hinter dem Polizeipräsidium hinaufsteigt.

In Vaasa gibt es eine Vielzahl von Museen, die das Leben der Region widerspiegeln. Die bedeutendsten sind das **Südbottnische Museum** und die **Hedmann-Sammlung** mit Exponaten aus Geschichte und Kunst. Das Freilichtmuseum Brage zeigt die Lebensbedingungen der südbottnischen Bauern Ende des 19. Jahrhunderts. Die Intensität des kulturellen Lebens wird in mehreren Kunstmuseen und drei Theatern deutlich. Einem ganz anderen Bereich widmet sich das **Auto- und Motor-Museum**, in dem eine Sammlung liebevoll restaurierter Oldtimer ausgestellt ist.

**Kunst und Theater:** Von einer angrenzenden, über einen Damm erreichbaren Insel aus befahren Fähren drei Routen nach Schweden. Ältere Kinder lieben das farbenfrohe **Wasalandia** mit den üblichen Volksfestattraktionen. Ein paar hundert Meter weiter können Sie in eine abgeschlossene tropische „Wasserwelt“ eintauchen. Vorgelagerte Inseln, die nur mit Fähren erreichbar sind, machen den Reiz von Vaasa aus, sowie alte Bauernhöfe und zwei Windmühlen, die im wenige Kilometer entfernten **Stundars** zu bestaunen sind.

Das 1620 von Schwedens kriegerischem König Gustav II. Adolf gegründete **Nykarleby** (**Uusikaarlepy**) liegt einer hübschen Inselgruppe gegenüber. Die 1708 erbaute **St.-Birgitta-Kirche** ist eine der schönsten in Südbottnien. Die Deckengemälde stammen von Daniel Hjulström und Johan Alm, während die

weitaus jüngeren Glasmalereien hinter dem Altar erst 1940 von Lennart Segerstrahle angefertigt wurden. Die Thelin-Orgel aus dem Jahre 1876 ist von unschätzbarem Wert.

Auch Nykarleby ist eine Stadt mit geschichtlicher Bedeutung. Am 13. September 1808 wehrte eine schwedisch-finnische Einheit den Angriff russischer Soldaten unmittelbar vor den Toren der Stadt ab. An dieses Ereignis erinnern ein Denkmal für Generalmajor G. C. von Döbeln sowie ein Gedicht des finnischen Nationaldichters J. L. Runeberg. Nach dieser kurzen Zeit des Ruhms entwickelte sich Nykarleby nicht in gleichem Maße wie andere Küstenstädte. Heute leben dort nur 8000 Menschen. Zwar wurde um die Jahrhundertwende eine Schmalspureisenbahn eingeweiht, doch da sie nur wenig zur Förderung von Industrie und Handel beitrug, wurde sie schon 1916 wieder stillgelegt. Dank einer Museumsgesellschaft zieht die 55 Jahre alte Dampflok „Emma" den Schmalspurzug an den Sommerwochenenden auf einer etwa zwei Kilometer langen Strecke wieder durch die Lande. Genauso anziehend wie die Fahrt sind die Kuchen, die im alten Bahnhof angeboten werden.

Das weiter im Norden gelegene **Jakobstad (Pietarsaari)** ist nach Jacob de la Gardie, einem der berühmtesten finnischen Militärkommandeure, benannt und wurde Mitte des 17. Jahrhunderts von seiner Witwe gegründet. Der größte Teil der Stadt wurde während des russisch-schwedischen Krieges Anfang des 18. Jahrhunderts zerstört. Dennoch wurde Jakobstad das wichtigste Schiffbauzentrum Finnlands, in dem Schiffe für Handelsrouten um die ganze Welt hergestellt wurden. Im 18. Jahrhundert hatte keine Kaufmanns- oder Schiffseignerfamilie mehr Einfluß in der Stadt als die Familie Malm. Einer der Malms, der als reichster Mann Finnlands galt, hinterließ bei seinem Tod 6,5 Millionen Goldmark, was damals ein unvorstellbares Vermögen war. Das Haus der Familie Malm ist heute ein Museum. Eines der bekanntesten Segelschiffe der Stadt, die *Jakobstads Wapen* aus dem Jahre 1767, wurde von Fredrik Henrik af Chapman entwor-

**Wasalandia, die Hauptattraktion für Kinder in Vaasa.**

fen, einem der berühmtesten Schiffbauingenieure des 18. Jahrhunderts. Ein exakter Nachbau der *Jakobstads Wapen* nach Originalzeichnungen wurde erst kürzlich fertiggestellt. In Jakobstad steht auch die älteste Tabakwarenfabrik Europas, deren Bürogebäude von der angeblich größten Uhr Finnlands gekrönt wird. Außerdem weist Jakobstad ein Zichorien-, ein Tabak- und ein Motorradmuseum auf. Im älteren Teil der Stadt stehen ungefähr 300 Holzhäuser, die von den stolzen Eigentümern mit größter Sorgfalt restauriert wurden. Für den Weg von Jakobstad nach Kokkola (Karleby) sollte man die reizvolle „Straße der sieben Brücken" wählen, die über den Archipel vor der Küste führt.

**Kokkolas berühmter Sohn:** Wie Nykarleby wurde **Karleby** (**Kokkola**) 1620 von König Gustav II. Adolf gegründet. Auch Karleby durchlief in seiner Geschichte den Zyklus aus Wachstum, Blüte, Niedergang und einem zweiten Aufschwung in den sechziger Jahren, als neue Industriezweige entstanden sowie ein neuer Hafen, der fernab vom Stadtzentrum in Ykspihlaja (Yxpila) angelegt wurde. Entscheidenden Einfluß auf die Entwicklung von Kokkola hatte Anders Chydenius (1729-1803). Er war Geistlicher, Mitglied des Parlaments, Volkswirtschaftler und einer der ersten Verfechter des Wirtschaftsliberalismus. Zu seinen Lebzeiten mußte der Teer, der eigentlich seiner Heimatstadt und der Küste Wohlstand bringen sollte, über Stockholm ins Ausland verkauft werden, so daß in der damaligen Hauptstadt von Schweden-Finnland die meisten Gewinne gemacht wurden. Vor allem durch das Engagement von Chydenius wurde das Stockholmer Monopol gebrochen, und ab 1765 erhielt eine Stadt nach der anderen die „Stapelrechte", nämlich die Freiheit, den Teer direkt an ausländische Kunden zu verkaufen.

Das **Rathaus von Kokkola** wurde von C. L. Engel entworfen. Doch das eigenartigste Kuriosum der Stadt befindet sich in einem kleinen Gebäude im Englischen Park. Was es mit diesem „englischen Langboot" auf sich hat, ist der zugehörigen Schrifttafel zu entnehmen: „Im Jahre

**Rein in die Schwimmweste, und los geht's!**

1854 griff die britische Flotte im Rahmen des Krim-Krieges die Küste des Bottnischen Meerbusens an. Von zwei englischen Fregatten wurden neun Boote zu einem Angriff auf Kokkola ausgebracht. Jedes verfügte über eine Kanone und etwa 30 Mann Besatzung. Nach einstündiger Schlacht mußte sich der Angreifer zurückziehen. Eines der Boote strandete und wurde aufgebracht. Neun Besatzungsmitglieder wurden getötet und 22 gefangengenommen.

Dies ist die einzige Kriegstrophäe, die je der Königlich Britischen Flotte entrissen wurde. Das war bei der Schlacht von Halkokari."

Entlang der etwa 230 Kilometer langen Straße zwischen Kokkola und der im Norden gelegenen Stadt Oulu gibt es nur zwei bedeutende Orte. Die Sanddünen an der Mündung des **Kalajoki** haben die gleichnamige Stadt zu einem Erholungsgebiet für Angler, Segel- und Badefreunde gemacht. Weiter nördlich liegt die Stadt **Raahe (Brahestad)**, die 1649 von Graf Per Brahe gegründet wurde. Die Verschiffung von Waren war früher die wichtigste Industrie; heute sind die Rautaruukki-Stahlwerke, die glücklicherweise am Stadtrand liegen, von größter wirtschaftlicher Bedeutung. Beliebt sind Werksführungen und Bootsfahrten um die der Küste vorgelagerten Inseln.

Das 100 000 Seelen zählende **Oulu** ist die größte Stadt in Nordfinnland. Es verdankt seine Entstehung dem Fluß Oulu und König Karl IX. von Schweden. Eine frühe Blüte erlebte Oulu durch den Teer, der für das Kalfatern der Holzschiffe so wichtig war. Nachdem die übermäßige Teergewinnung in Mitteleuropa im 18. Jahrhundert zu einem Rückgang der Nadelwälder führte, zog dieser Industriezweig in das Ostseegebiet. Der südbottnische Raum wurde bald zu einem der wichtigsten Gebiete zur Teergewinnung.

**Teer-Dörfer:** Die Gewinnung von Teer war eine langwierige Angelegenheit, an der die gesamte nördliche Region beteiligt war. Holzscheite wurden in mit Torf abgedeckten Gruben verbrannt, aus denen der Teer dann über hölzerne Rinnen in Fässer lief. Jedes Dorf östlich von Oulu hatte seine schwelenden Teergruben. Tausende von Teerfässern wurden in langen schmalen Booten an die Küste gebracht. 1781 richteten die Kaufleute von Oulu eine Teerbörse ein, und im 19. Jahrhundert war die Stadt im Teerexport weltweit führend. Die wirtschaftliche Blüte endete abrupt, als die Teerbörse 1901 in Flammen aufging. Als die Zeit der Segelschiffahrt vorbei war, versiegte auch die Nachfrage nach Teer.

Teergruben und Teerboote können im **Turkansaari-Freilichtmuseum** (*Turkansaaren Ulkomuseo*) besichtigt werden, das auf einer kleinen Insel im Oulujoki, 14 Kilometer östlich von Oulu an der Staatsstraße 12 liegt. Das sehenswerte Museum wurde 1922 gegründet und verfügt über eine Sammlung von 19 südbottnischen Gebäuden.

Nach den Zeiten des Teers und der Segelschiffahrt versank Oulu in Apathie, aus der es erst mit der Gründung einer Universität in den sechziger Jahren erwachte. Dadurch wurde die Region für High-Tech-Unternehmen attraktiv. Es wurde sogar ein finnisches Technologieforschungszentrum geschaffen. Die intensive Beschäftigung mit der neuesten

**Es ist schon fast eine Kunst, in Finnland *keinen* Fisch zu fangen.**

Technologie führte 1988 schließlich zur Eröffnung des **Wissenschaftszentrums Tietomaa**. Die insgesamt sieben Museen von Oulu decken den gesamten Bereich von Geologie und Zoologie bis hin zum ältesten Holzhaus der Stadt aus dem Jahr 1737 ab. Die neue, elegante **Kunstgalerie** zeigt eine ständige Ausstellung zeitgenössischer finnischer Kunst sowie Wanderausstellungen.

1822 brannte auch diese Stadt einmal nieder. Das neue Stadtzentrum und die neue Kathedrale tragen die Handschrift des unermüdlichen Architekten C. L. Engel. Dazwischen stehen die typischen Gebäude der Moderne. Inseln, die über Brücken zu erreichen sind, sowie der Fluß Oulu und grüne Lungen bereichern die Stadt. Auf **Linnansaari** ist eine Burgruine zu sehen; das Seemannshäuser-Museum befindet sich auf Pikisaari; auf Raatinsaari gibt es Freizeiteinrichtungen und ein Erholungsbad. Die größere Insel Mustasaari bietet ein Freizeitzentrum und einen Vergnügungspark.

**Richtung Schweden:** Auf dem Weg von Oulu nach Kemi an der schwedischen Grenze müssen Straße und Eisenbahnschienen zahlreiche Flüsse überqueren, die in den Bottnischen Meerbusen münden. **Kemi**, der Seehafen von Lappland, wird recht euphemistisch auch als die „Perle des Bottnischen Meerbusens" bezeichnet. Die im Zweiten Weltkrieg größtenteils zerstörte Stadt ist heute eine Hafen- und Industriestadt. Im **Geschichtsmuseum** und im **Arbeitermuseum** wird gezeigt, unter welchen Bedingungen die Fabrikarbeiter in den zwanziger und dreißiger Jahren leben mußten. In der **Edelsteingalerie Kemi** befinden sich eine Sammlung von etwa 3000 Edelsteinen sowie Nachbildungen von einigen der berühmtesten Kronjuwelen Europas. Darunter ist auch die Krone des Königs von Finnland, der nie regierte. Wenn man im Winter so weit nach Norden gereist ist, bietet sich eine Fahrt mit dem 1961 gebauten Eisbrecher *Sampo* an, der eine Eisdecke von bis zu zwei Metern Dicke durchbrechen kann.

Kemi liegt an der Mündung des Kemijoki. Etwas weiter nördlich, an der Mündung des Tornionjoki, liegt direkt an der

**Ton in Ton mit der winterlichen Landschaft: die Ainola-Bibliothek in Oulu.**

Grenze die Stadt **Tornio** mit dem größten Flughafen der Region. Das 1621 gegründete Tornio, das in die schwedische Stadt Haparanda übergeht, war aufgrund seiner Grenzlage Schauplatz vieler erbitterter Schlachten.

Glücklicherweise sind die drei wichtigsten Kirchen der Stadt erhalten geblieben. Die **Tornio-Kirche** mit ihrem separaten Glockenturm wurde 1686 fertiggestellt. Die am Stadtrand gelegene **Alatornio-Kirche**, das größte kirchliche Gebäude in Nordfinnland, bietet 1400 Gläubigen Platz und ist ein Beispiel für den neoklassischen Baustil eines Jaakko Rijf. Zar Alexander I. ordnete 1825 den Bau einer **orthodoxen Kirche** an. Nach der Unabhängigkeit Finnlands wurde das heutige kleine Gotteshaus aus dem Jahre 1884 fast 70 Jahre lang nicht mehr genutzt. 1987 wurde die Kirche restauriert und neu geweiht.

Das **Kunstmuseum** beherbergt die Sammlung der Aine-Kuvataide-Stiftung sowie ein historisches Museum, das einen Eindruck von der Geschichte Westlapplands vermittelt. An schönen Tagen bietet sich die Aussichtsplattform auf dem Wasserturm für einen Blick auf die Stadt und ihre Umgebung an.

Der **Golfclub Tornio** ist sicher der eigenartigste in ganz Europa. Bei einer Spielrunde von 18 Löchern werden neun Löcher in Finnland gespielt und neun in Schweden. Kompliziert wird das Spiel durch den Zeitunterschied von einer Stunde. Ein besonderes Erlebnis ist es, zur Zeit der Mitternachtssonne im Sommer nachts an einem Spiel teilzunehmen.

Fünfzehn Kilometer nördlich von Tornio befinden sich abseits der E78 die längsten Stromschnellen des Landes, die **Kukkolankoski**. Sie sind 3500 Meter lang und erreichen eine Falltiefe von bis zu 13,8 Metern. Noch heute benutzen die Fischer, wenn sie auf den schwankenden Holzstegen über dem Fluß stehen, Netze mit langen Stöcken. Im **Myllypirtti-Restaurant** wird frischer Fisch vom Grill serviert. Wer hier ißt, beendet auf würdige Weise die 766 Kilometer lange Fahrt entlang der Küste, an der schon immer Meer, Flüsse und Schiffe die Lebensgrundlage der Menschen bildeten.

**Seeluft macht hungrig.**

## SAUNAFREUDEN

Auf einer Reise durch Finnland erlebt man immer wieder unvergeßliche Dinge. Hierzu zählt sicher auch der Besuch einer finnischen Sauna. Nach offiziellen Statistiken gibt es in Finnland mehr als 625 000 Saunas – die Heißluftbäder in Privat- und Sommerhäusern an den Ufern der mehr als 100 000 Seen und des Meeres nicht mitgerechnet.

Der Ursprung der Sauna ist nicht bekannt, doch in Finnland gibt es sie schon über 2000 Jahre. Ein finnisches Sprichwort lautet: „Zuerst wird die Sauna gebaut, und dann das Haus." In den ländlichen Gebieten Finnlands wurde dies auch so gehandhabt, da man sich in der Sauna nicht nur wusch, sondern auch Kinder zur Welt brachte und Würste räucherte.

Inwzischen ist die Sauna schon lange ihren ländlichen Ursprüngen entwachsen. Wer keinen Zugang zu einer privaten Sauna hat, findet heute sowohl in der Großstadt als auch im kleinsten Dorf öffentliche Saunas.

Für die Benutzung der Sauna gibt es keine allgemeingültigen Regeln. Für die Temperatur wie für alles andere auch ist die persönliche Vorliebe entscheidend. Die Idealtemperatur liegt zwischen 80 und 100° C. Über die heißen Steine der Sauna wird Wasser geschüttet, um einen trockenen Dampf (*löyly*) zu erzeugen, der die Hitze erträglicher macht und die Transpiration anregt. Üblich ist es auch, sich mit einer nassen Birkengerte, der *vihta*, zu bürsten. Auf diese Weise erfüllt nicht nur ein frischer Duft den Raum, sondern es werden auch Blutzirkulation und Transpiration stimuliert.

Wie lange man in der Sauna sitzt, bleibt jedem selbst überlassen. Es wird kein Wettbewerb ausgetragen, wer es am längsten aushält. Wenn man genug hat, geht man zum Abkühlen über. Meist duscht man sich kalt, doch wenn die Sauna an einem See oder am Meer liegt, bringt ein Bad im kalten Wasser den Kreislauf richtig in Schwung. Im Winter springen mutige Leute sogar durch ein Loch in der Eisdecke oder wälzen sich im Schnee. Beides ist für Menschen mit hohem Blutdruck nicht zu empfehlen. Das Aufheizen und Abkühlen kann beliebig oft wiederholt werden, doch die meisten hören nach dem dritten Mal auf. Bald melden sich Hunger und Durst. Ein Bier, ein alkoholfreies Getränk oder Kaffee und ein kleiner Snack gehören zum Abschluß des Rituals unbedingt dazu.

**<u>Oben</u>: Alt und jung lieben die Sauna.**

Eine wirkliche finnische Sauna ist kein Sex-Treffpunkt wie in manchen anderen Ländern. Es herrschen strenge Verhaltensregeln und trotz der Nacktheit ist die finnische Sauna ein moralischer Ort. Meist saunen Männer nur mit Männern und Frauen nur mit Frauen. Die gemischte Sauna wird nur von Familien gemeinsam besucht und hängt vom Alter der Kinder ab.

Nach einem Saunabesuch fühlt man sich entspannt und erfrischt. Dennoch steckt mehr dahinter als nur Körperpflege. Es ist ein soziales Ereignis, eine Gelegenheit zur Unterhaltung mit Gleich- und auch Andersgesinnten. Titel und Stellung werden zusammen mit den Kleidern in der Umkleidekabine zurückgelassen. In Finnland ist es nicht ungewöhnlich, daß eine Vorstandssitzung in der Sauna abgehalten wird oder daß sich die Regierungsmitglieder dort treffen.

Auch wenn Ihr Hotel eine eigene Sauna aufweist, ist eine traditionelle Rauchsauna immer einen Besuch wert. Diese findet man bei der Finnischen Saunagesellschaft auf der Insel Lauttasaari westlich der Stadtmitte von Helsinki. Im Sommer kann man nach der Sauna im Meer schwimmen und im Winter durch ein Loch in der Eisdecke springen. Sonntags und montags sind die Saunaanlagen geschlossen, donnerstags ist Damen-Sauna. (Die Öffnungszeiten können unter Tel.: 67 86 77 erfragt werden.) ■

KÖKAR
LEMLAND
LUMPARLAND
MARIEHAMN
SALTVIK
SUND
SOTTUNGA
VÅRDÖ

# DIE ÅLANDINSELN

Die Ålandinseln (finnisch „Ahvenanmaa") sind eine Reihe von Schären vor der finnischen Westküste. Die meisten Nicht-Skandinavier haben nie von ihnen gehört, obwohl sie Teil eines halbautonomen politischen Gebildes sind, in dem die hier lebenden 25 000 schwedisch sprechenden Menschen mehr Selbstbestimmungsrechte haben als die Bewohner der Provinz Quebec in Kanada oder die Schotten in Großbritannien.

Als die Russen 1917 damit begannen, Truppen auf die Inseln zu schicken, bildeten die Ålandinseln die Westgrenze des russischen Großfürstentums, das Finnland damals war. Während Finnland kurz darauf seine Unabhängigkeit feierte, ersuchten die Bewohner der Ålandinseln von 1918 bis 1919 darum, ein Teil von Schweden zu werden.

Der Völkerbund sprach damals die Ålandinseln als entmilitarisierte, halbautonome Zone dem Staat Finnland zu (mit Schwedisch als Amtssprache). Heute sind die Åländer jedoch genauso stolz darauf, Finnen zu sein, wie die Bewohner des Festlands, und sie freuen sich mit ihnen, wenn ein Sportler aus Finnland den schwedischen Gegner schlägt.

Das bedeutet aber nicht, daß sich die Åländer für gewöhnliche Finnen halten. Seit Urzeiten bewohnen sie diese Inseln, was dazu führte, daß sie eine eigene Kultur und einen ausgeprägten Stolz auf ihre aländische Identität entwickelten. Die Tatsache, daß der Anschluß an Schweden nicht vollzogen wurde, hat diesen Nationalstolz nur noch verstärkt. Daher sollte man einen Åländer nie einen Schweden nennen. Man kann ihn zwar als Finnen bezeichnen, aber am liebsten hört er den Namen Åländer.

Im Juni, Juli und August präsentiert sich die Inselgruppe als ein Archipel mit unzähligen Meeresarmen, an denen winzige, sonnige Badestrände aus von Gletschern geglättetem Granit liegen. Auf einigen spenden dünne Zypressen etwas Schatten. Fischerhütten schmiegen sich an die Ränder der felsigen Vorgebirge, die von den zwischen Schweden und Finnland verkehrenden Fähren oder von privaten Yachten aus wie Spielzeughäuser wirken. Die Winter sind hier naß und windig, und es schneit nur selten.

**Vorherige Seiten: Begehrtes Reiseziel aller Kanuten: die Ålandinseln. Links: Wappen der Ålandinseln im Museum von Mariehamn.**

Zwar sind die Inseln ein Anziehungspunkt für ganze Flotten von fast übertrieben großen Segel- und Motoryachten und deren Eigentümern, doch herrscht hier nie eine elitäre Clubatmosphäre.

**Handel in alten Zeiten:** Über viele Jahrhunderte hinweg haben die Åländer ihren Lebensunterhalt dem Boden und dem Meer abgerungen. Von wenigen Ausnahmen abgesehen, waren ihnen die mit Titel und Landbesitz verbundenen Privilegien des schwedisch-finnischen Adels auf dem Festland fremd. „Und deshalb", sagt ein junger Åländer, „fühlen wir Åländer uns trotz des Sprachunterschieds oft den Finnen auf dem Festland verbundener als den Schweden. Wir hatten immer dieselben Lebensgrundlagen – Landwirtschaft, Fischfang, Forstwirtschaft und Schiffahrt. Hier gibt es keine alten Herzöge."

Mit dem Segelschiff brauchte man sechs Wochen für die Fahrt nach Helsinki, wo die Åländer mit Seehundfellen und Öl handelten und Äpfel, Heringe und *limpa* (süßes Schwarzbrot) verkauften.

Heute verdienen die Åländer ihren Lebensunterhalt auf weniger mühsame Weise. Fünfzehn Prozent sind im Tourismus beschäftigt, und 30 Prozent arbeiten in Dienstleistungsberufen, die mit dem Tourismus in Zusammenhang stehen. Gleich dahinter rangieren Landwirtschaft, Fischfang und Bauhandwerk. Auf Seehundjagd geht heute keiner mehr. Eine Spezialität der Inseln sind neben dem *limpa* die finnischen Kartoffelchips, die aus auf den Ålandinseln geernteten Kartoffeln hergestellt werden.

Alle zwei Jahre sind die Ålandinseln Gastgeber der internationalen **Insel-Olympiade**. Die Teilnehmer kommen in erster Linie von britischen Inseln, wie den Shetland- oder den Falkland-Inseln. In den letzten Jahren sorgten zum Beispiel die estnischen Trainer von der Balteninsel Saaremaa für einigen Wirbel, als sie ohne einen Pfennig ankamen und Geld für die Verpflegung ihrer Athleten verlangten – und zwar in US-Dollar. (Sie bekamen Essensgutscheine.)

**Traditionen der Schiffahrt:** Der früher in großem Maßstab betriebene Schiffsbau ist fast völlig ausgestorben, doch ein großer Teil der finnischen Handelsflotte ist immer noch im Besitz von aländischen Reedern. Erst kürzlich wurde beim Bau von zwei hochseetauglichen Segelschiffen die traditionelle Schiffsbaukunst der Åländer wiederbelebt. Die Fähren zwischen Finnland und Schweden bieten unzählige Arbeitsplätze, doch einige Åländer arbeiten auf Handelsschiffen, die auf den Routen der früheren Getreideschiffe in der ganzen Welt unterwegs sind.

**Mariehamn**, die Hauptstadt der Hauptinsel Åland, hat 10 000 Einwohner. Ursprünglich stand hier einmal die Stadt Langnäs, von der im Süden von Mariehamn noch einige Gebäude erhalten sind. Mariehamn ist die einzige Siedlung in der Größe einer Stadt, doch es gibt viele jahrhundertealte Dörfer, wie **Önningby** auf Jomala. Die kleinsten Inseln sind entweder völlig unbesiedelt oder werden von nur einer Familie bewohnt.

Die mit einem kostenlosen Fährdienst miteinander verbundenen Hauptinseln sind Åland, Föglö, Kökar, Sottunga, Kumlinge und Brändö. Eine Reise über die Inseln unternimmt man am besten mit dem Fahrrad und der Fähre. Von Åland verkehrt täglich eine Fahrradfähre nach **Prästö**; die Drahtesel können in den Häfen von Mariehamn gemietet werden.

Nur in Mariehamn gibt es richtige Hotels. Ein Boothotel bietet sich im Sommer insbesondere für Pauschalreisen an (Tel.: 928/137 55). Auf den kleineren Inseln übernachten Touristen auf Campingplätzen, in Ferienhäusern und Pensionen. Über Ålandsresor (Tel.: 928/280 40) und Viking Line (Tel.: 928/262 11) können Ferienhäuser gebucht werden.

Im Westhafen von Mariehamn befindet sich das **viermastige Museumsschiff** *Pommern*, das zusammen mit einem Besuch im nahegelegenen **Åland-Schiffahrtsmuseum** einen vollständigen Einblick in die Geschichte der Hochseeschiffahrt dieses Archipels bietet.

Die Kultur kommt im **Ålandmuseum** in der Storagatan 9 zu ihrem Recht. Dort sind auf den Ålandinseln gefundene Gegenstände aus prähistorischer Zeit,

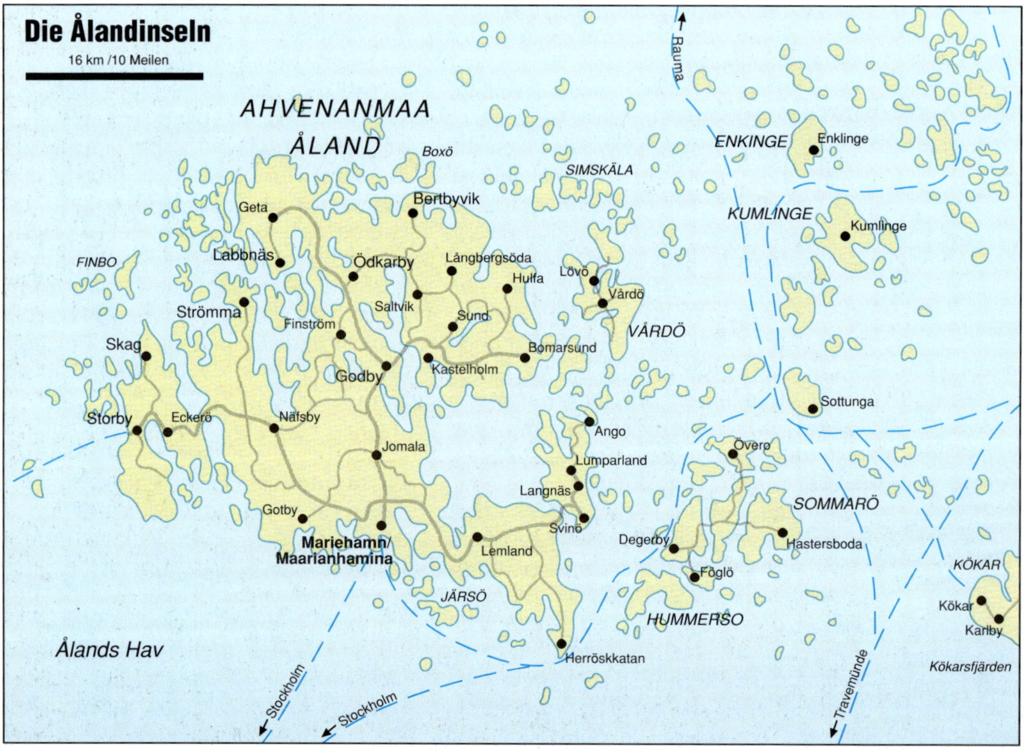

aus der Eiszeit und der Bronzezeit ausgestellt. (Die englische Broschüre kostet 1 Finnmark.) Aus etwas neuerer Zeit stammen die Funde von Ausgrabungen bei Kirchen aus dem Mittelalter.

**Hochzeitsbräuche:** Auf den Ålandinseln gibt es einige außergewöhnliche Hochzeitsbräuche. So waren die Bräute von manchen Inseln bis vor kurzem schwarz gekleidet. Manche zukünftige Ehefrauen tragen noch die traditionelle hohe Krone aus Birkenblättern und Wildblumen. Eine weitere Tradition ist glücklicherweise erhalten geblieben: Eine echte Åland-Hochzeit dauert mehrere Tage.

Der **Vogelpark Lilla Holmen** (Eintritt frei) unterhalb des Osthafens ist ein Insel-Naturpark, in dem Pfaue und Hühner, aber auch Angorakaninchen und Meerschweinchen (in Käfigen) leben. Der kleine Streifen Strand ist weit genug entfernt, damit Sie Ihr Picknick nicht mit zudringlichen Vögeln teilen müssen.

In der weiten Landschaft um Mariehamn wechseln Felder mit Meeresblick und dichte, würzig riechende Kiefern- und Birkenwälder einander ab. Besonders schön ist die Szenerie entlang den Meerengen. Besonders auffällig am **Hafen von Eckerö** sind die kirschroten Bootshäuser. In Eckerö kann man die Mitternachtssonne vom abendlichen Eintauchen ins Meer bis zu ihrem frühen Aufgang beobachten. Eckerö liegt dem schwedischen Festland (Grisslehamn) am nächsten und ist daher ein beliebter Ausgangspunkt für Autofähren. Die Überfahrt dauert etwa zwei Stunden.

**Postboot-Rennen:** Von Eckerö aus startet Mitte Juni auch das **Postrodden** (Postboot-Rennen), eine Neuinszenierung der früher mühseligen Beförderung der Post nach Stockholm. Die Teilnehmer tragen dabei historische Kostüme und werden im alten Postarbeiter-Hotel in Storby untergebracht.

Weiter nördlich in **Geta** trifft man auf riesige Granitschelfs. Die darin eingebetteten natürlichen Grotten wurden vor Urzeiten von den Gletschern und später durch das Meer gegraben. Am Ende der Straße nach Geta liegt ein kleines Restaurant. Der Höhlenpfad beginnt rechts davon. Die wackligen Steinhaufen am

**Gepflegte Anlagen und Boote in Mariehamn.**

Rand des Pfads sollen Überbleibsel von alten Brotöfen sein.

Die Gegend um Saltvik, Sund, Lumparland und Lemland auf der Ostseite der Insel wird landwirtschaftlich genutzt. Durch seine waldgesäumten schmalen Buchten, die einen natürlichen Schutz vor der offenen See bieten, ist der **Lumparland-Sund** ein idealer Ort zum Angeln und Picknicken.

Im Nordosten der Ålandinseln liegen die historischen Festungen **Kastelholm** und **Bomarsund**. **Kastelholm** war früher das Verwaltungszentrum der Inseln. Seine Geschichte läßt sich bis ins 14. Jahrhundert zurückverfolgen. 1829 begannen die Russen mit der Befestigung, doch Kastelholm fiel schließlich einem Brand zum Opfer. Im Moment sind hier Restaurierungsarbeiten im Gange. In der Nähe befinden sich das kulturhistorische Museum und das Jan-Karlsgarden-Freilichtmuseum. Vier Kilometer nördlich von Kastelholm steht die Granitkirche von Sund aus dem 13. Jahrhundert.

Etwa zehn Kilometer östlich von Kastelholm liegt die Festung **Bomarsund**, die von den Russen als Festungsareal angelegt und während des Krim-Krieges durch britisches und französisches Artilleriefeuer bezwungen wurde. Im Frieden von Paris 1856 erklärte man die Inseln zur entmilitarisierten Zone, womit sich für die Bewohner der Waffendienst erübrigte. Auch heute noch sind die Åländer vom Wehrdienst für Finnland befreit.

**Vogelinsel:** Südöstlich der Ålandinseln liegt die am zweitstärksten besiedelte Inselgruppe **Föglö**. Die Fähre (die Überfahrt von Svinö auf Åland dauert etwa 30 Minuten, der Bus von Mariehamn nach Svinö braucht ungefähr 40 Minuten) legt in der malerischen Hafenstadt **Degerby** an. Im Osten der Insel liegt ein Vogelreservat, das zur Gestaltung des Inselwappens mit drei goldenen Vögeln anregte.

Die **Maria-Magdalena-Kirche** von Degerby war für die Seefahrer in der nördlichen Ostsee früher ein wichtiger Orientierungspunkt. Sie steht im Norden von Degerby und stammt aus dem 12. Jahrhundert. 1859 kostete ihre Renovierung 10 000 Rubel. Auf dem Altar steht ein kostbares Silberkruzifix aus dem 16.

**Die Åländer lieben schwedische Volkstänze.**

Jahrhundert, das erst in den sechziger Jahren ausgegraben wurde und in einem Glaskasten aufbewahrt wird. Die Sakristei birgt eine außergewöhnliche Sammlung an Meßgewändern.

Auf dem **Maria-Magdalena-Friedhof** macht man eine ungewöhnliche Entdeckung: Auf mehreren Grabsteinen steht der Name Peron. Jeder Bewohner von Föglö namens Peron ist mit der Familie des verstorbenen argentinischen Präsidenten verwandt. Angeblich hatte ein argentinischer Seemann in der Zollstation von Degerby zu tun, heiratete eine Frau aus Degerby und blieb auf der Insel.

Weitere kulturelle Attraktionen sind das winzige **Föglömuseet** am Hafen von Degerby und die dortigen Kunsthandwerksläden. Die leeren Straßen auf Föglö ohne nennenswerte Steigungen bieten wunderbare Voraussetzungen für Fahrradtouren über Weideland und durch moosbewachsene Wäldchen.

Von Degerby braucht man mit dem Fahrrad eine gute Stunde nach **Överö**, der nördlichsten der Föglö-Inseln. Nur über die letzte Meerenge führt keine Brücke. Hier muß man an Bord einer Seilfähre gehen, die wie die Fähren zwischen den Inseln als eine Verlängerung der Straßen angesehen werden und daher gebührenfrei sind.

**Die *Pommern*, heute ein Museumsschiff.**

Wenn man kein Ferienhaus auf den Föglö-Inseln gemietet hat, kann man nur noch im reizvollen **Enigheten-Gästehaus** in Degerby, einem ehemaligen Gut, übernachten (Tel.: 928/503 10).

**Archäologische Schätze:** Kökar ist eine kahle Insel, und deshalb hat man oft den Blick aufs offene Meer frei. An der Felsenküste bei **Hamnö** befindet sich eine faszinierende **mittelalterliche Kirche**, die von Franziskanern gegründet wurde. Im Boden um die Kirche lagen große archäologische Schätze verborgen, unter anderem ein mittelalterlicher Friedhof, estnische Münzen und der ursprüngliche Taufstein der Kirche, der heute in der Nähe des Altars steht. Die übrigen Funde sind in der Steinkapelle auf dem Kirchhof ausgestellt, in der unter der Woche Andachten stattfinden.

In der Nähe des Taufsteins steht ein Stein, der **Stephanus Laurentii** gedenkt, dem 1496 als erstem Finnen die Würde eines Doktors der Theologie verliehen wurde. Am Eingang zum Kirchhof steht ein Steinkatafalk, in dem die Toten vor der eigentlichen Trauerfeier in der Kirche noch heute aufgebahrt werden. Bei der Renovierung im Jahre 1784 wurde die schöne alte Kirche in ihren heutigen Zustand versetzt.

Das **Kökarmuseum** verfügt über eine einmalige Sammlung alter Fotos. Die Hinweise zu diesen Fotos wurden von Bewohnern handschriftlich korrigiert, die beispielsweise ihren falsch benannten Opa erkannt haben. Auch landwirtschaftliche Geräte und Trachten sind zu sehen, und auf Tafeln wird geschildert, wie der Versuch der Deutschen scheiterte, im Zweiten Weltkrieg den Leuchtturm von Kökar zu zerstören. Zwei Lebensmittelgeschäfte, ein Restaurant, eine Bank und zwei Taxis stehen dem Urlauber hier zur Verfügung. Das Gästehaus **Anton's** (Tel.: 928/557 29) hat einen Strand, einen Campingplatz und einen Fahrradverleih. In **Karlby** wurde 1991 eine Anlage mit Ferienhäusern im Stil eines norwegischen Fischerdorfes eröffnet.

# DIE SEENPLATTE

Wäre ganz Schottland mit Wasser bedeckt, und würde man auf dieser Wasserfläche 33 000 Inseln und Halbinseln verteilen, so entspräche dies etwa allein dem Saimaa-Seengebiet. Wenn man das Päijänne-Seensystem hinzunähme, wäre auch Wales überflutet.

Das Saimaa- und das Päijänne-Seengebiet in Zentralfinnland gehören zu den attraktivsten Reisezielen des Landes, die jährlich von Tausenden von Urlaubern besucht werden. Doch trotz der vielen Besucher ist die Seenplatte aufgrund ihrer riesigen Fläche nie überlaufen. Große und kleine Seen, sanft geschwungene Buchten mit gelb-grauen Stränden, zerklüftete Küsten, reißende Ströme, die zwischen Uferböschungen oder über verborgene Felsen fließen, all dies erwartet Sie in diesem Teil Finnlands.

Wo das Land das Wasser trennt, haben finnische Ingenieure bereits im 19. Jahrhundert Verbindungskanäle angelegt. Heute können kleine wie große Schiffe problemlos auf beiden Seengebieten fahren. Sie laufen kleine, günstig gelegene Orte an, die seit Jahrhunderten besiedelt sind, sowie unbewohnte Seeufer.

Die Ufer sind teils flach, teils erheben sich dort auch Landrücken, von denen Felsen und Bäume in den Himmel zeigen. Diese abwechslungsreiche Landschaft hat ihren Ursprung in der Eiszeit, als die Gletscher die Umrisse der Seen und die Hügelketten formten, deren bekannteste sich bei Punkaharju über eine Strecke von sieben Kilometern zwischen den Seen hindurchzieht. Im Saimaa-Gebiet kommt eine Robbenart vor, die es nur hier gibt: die Saimaa-Marmorrobbe. Ihren Vorfahren war der Weg zum Meer durch die Gletscher versperrt, so daß ihr Lebensraum auf die Seenplatte beschränkt wurde.

Es gibt zwei Arten, die großen Seen kennenzulernen: Entweder man unternimmt eine Kreuzfahrt, oder man mietet sich wie die meisten Finnen eine kleine Hütte am Ufer, um zu angeln, zu schwimmen, mit dem Kanu zu fahren oder einfach nur in der Sonne zu sitzen.

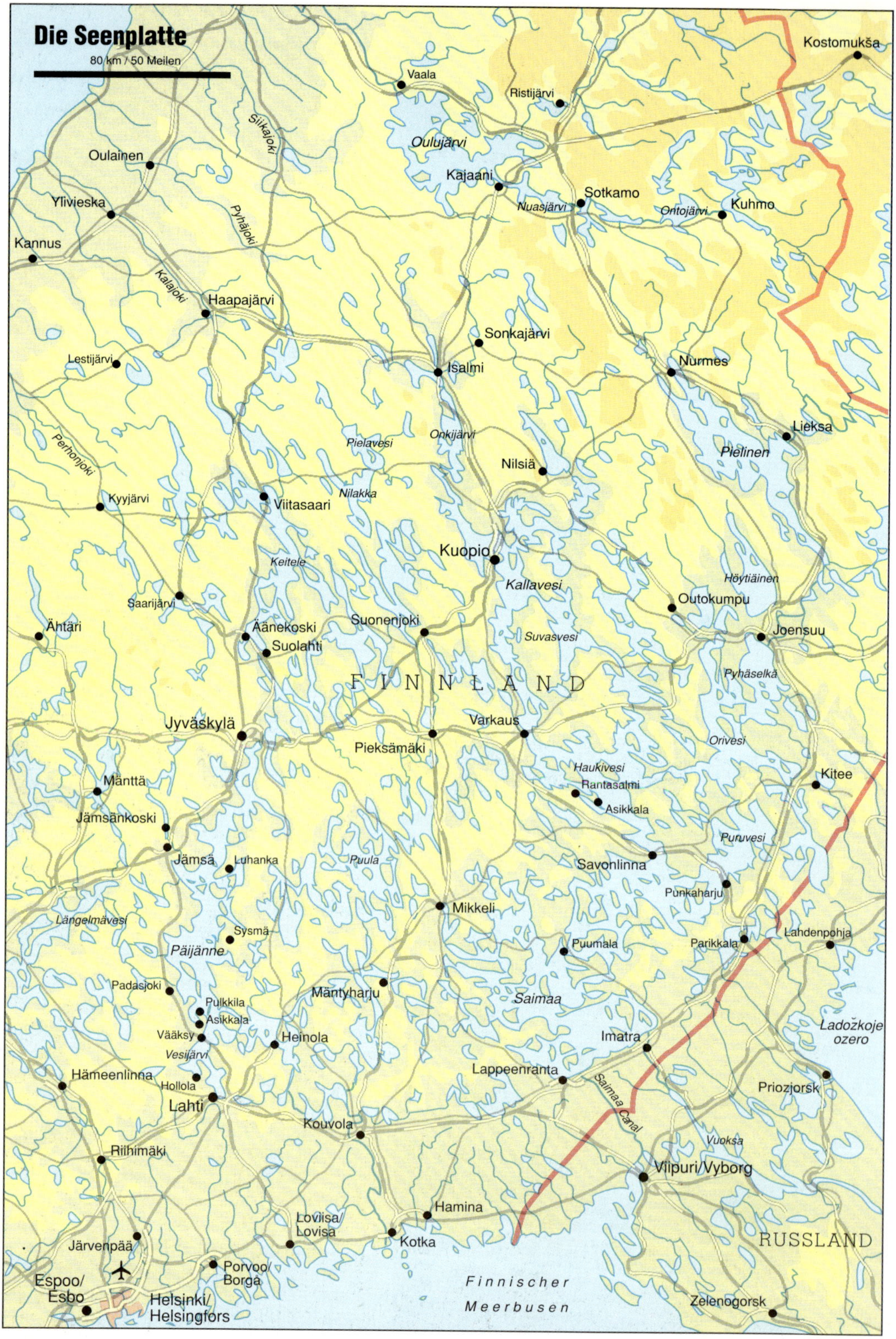
Die Seenplatte
80 km / 50 Meilen
Vaala
Ristijärvi
Kostomukša
Siikajoki
Oulujärvi
Oulainen
Kajaani
Sotkamo
Nuasjärvi
Ontojärvi
Kuhmo
Ylivieska
Pyhäjoki
Kannus
Kalajoki
Haapajärvi
Sonkajärvi
Lestijärvi
Iisalmi
Nurmes
Lieksa
Pielinen
Onkijärvi
Pielavesi
Perhonjoki
Nilsiä
Nilakka
Kyyjärvi
Viitasaari
Kuopio
Keitele
Kallavesi
Höytiäinen
Saarijärvi
Outokumpu
Ähtäri
Äänekoski
Suonenjoki
Joensuu
Suolahti
Suvasvesi
Pyhäselkä
FINNLAND
Jyväskylä
Varkaus
Pieksämäki
Orivesi
Haukivesi
Kitee
Mänttä
Rantasalmi
Asikkala
Jämsänkoski
Puruvesi
Jämsä
Luhanka
Puula
Savonlinna
Punkaharju
Längelmävesi
Mikkeli
Sysmä
Parikkala
Lahdenpohja
Puumala
Päijänne
Padasjoki
Mäntyharju
Saimaa
Pulkkila
Asikkala
Ladožkoje ozero
Vääksy
Heinola
Imatra
Vesijärvi
Hämeenlinna
Lappeenranta
Priozjorsk
Hollola
Saimaa Canal
Lahti
Kouvola
Vuoksa
Riihimäki
Viipuri/Vyborg
Hamina
Loviisa/ Lovisa
Kotka
Järvenpää
RUSSLAND
Porvoo/ Borgå
Espoo/ Esbo
Finnischer Meerbusen
Helsinki/ Helsingfors
Zelenogorsk

**Das Saimaa-Seengebiet:** Die große Saimaa-Wasserstraße war die historische Pufferzone zwischen dem Königreich Schweden-Finnland und dem zaristischen Rußland und gehörte daher in ständigem Wechsel mal zum einen und mal zum anderen Land. Später wurde diese Wasserstraße ein Teil der längsten Grenze zwischen einem westlichen Land und der Sowjetunion. Die Auswirkungen dieser Grenzverschiebungen sind auf der Reise durch diese traumhafte Gegend immer wieder sichtbar.

Eine zerstückeltere oder ausgeprägtere Wasserlandschaft als das Saimaa-Seengebiet kann man sich nur schwer vorstellen. Große und kleine Seen sind durch Flüsse und Kanäle miteinander verbunden und von Landzungen und Buchten umgeben. Und oft hat eine große Insel ihren eigenen kleinen See. Etwa ein Viertel der Saimaa-Region mit einer Gesamtfläche von 70 000 Quadratkilometern ist mit Wasser bedeckt.

**Vorherige Seiten: Sonnenuntergang bei Aurinko. Harmonie in Blau und Grün: die Seenplatte. Unten: Ohne Boot geht hier gar nichts.**

Die Wasserstraßen des Saimaa-Gebietes waren ein natürliches Verkehrsnetz für Waren und Menschen, lange bevor Eisenbahnen und vor allem Straßen in die entfernteren Gegenden vordrangen. Auch heute noch verfügen alle Häuser am Ufer über ein Ruderboot, das normalerweise auch einen Außenbordmotor hat. Und Schlepper, die Baumstammketten von bis zu anderthalb Kilometer Länge hinter sich her ziehen, sind ein alltäglicher Anblick.

Die Ursprünge des Tourismus gehen auf das 19. Jahrhundert zurück, als wohlhabende Bürger aus St. Petersburg die damals neue Eisenbahn bestiegen, um eine Reise in das angrenzende Großfürstentum Finnland zu unternehmen. Die wichtigsten Attraktionen waren für sie die neuen Kurorte mit ihren Heilquellen, die Naturwunder, beispielsweise die schäumenden Stromschnellen von Imatra, die Jagd und das Fischen.

Meistens nähert man sich dem Saimaa-Gebiet über die etwa 140 Kilometer nordöstlich von Helsinki gelegene Industriestadt **Kouvola**, einem bedeutenden Verkehrsknotenpunkt. Es gibt durchaus kürzere Wege, um **Kuopio** zu erreichen, doch um das Saimaa-Gebiet wirklich

kennenzulernen, sollte man diese meiden und zunächst auf der Straße 6 Richtung Osten fahren. Nach etwa 80 Kilometern erreicht man **Lappeenranta**, die wichtigste Stadt in Südkarelien.

Wie in fast jedem finnischen Ort haben Arbeit und Freizeit auch in Lappeenranta einen gleich hohen Stellenwert. Es gibt viel Industrie und einige hervorragende Ferieneinrichtungen – beispielsweise für den Wassersport. Die Kuranlagen, die noch aus der zaristischen Zeit um 1820 stammen, wurden in den letzten Jahren neu belebt. Die Stadt ist darüber hinaus die südliche Endstation für die ehrwürdige Saimaa-Flotte.

In der Geschichte hatte die Stadt auch militärische Bedeutung. Im 18. Jahrhundert wurde sie von den Schweden befestigt, dann von den Russen zerstört und anschließend von diesen wieder aufgebaut. Die Festung Linnoitus ist der interessanteste Teil der Stadt. Dort befinden sich die älteste orthodoxe Kirche Finnlands aus dem Jahre 1785, das südkarelische Museum *(Etelä-Karjalan museo)* und das Kavalleriemuseum *(Ratsuväkimuseo)*, eine Reihe von Kunstwerkstätten sowie zahlreiche Militäranlagen.

Lappeenranta liegt nur wenige Kilometer von der russischen Grenze entfernt. Zu der Zeit, als Vyborg (Viipuri) und ein Großteil des riesigen Ladoga-Sees zum finnischen Großfürstentum gehörten, sowie in den ersten Jahrzehnten nach der Unabhängigkeit war dies jedoch nicht der Fall. Auch nicht 1856, als der **Saimaa-Kanal** fertiggestellt wurde, der das Saimaa-Gebiet mit dem Golf von Finnland verband und so die Entwicklung vieler Binnenhäfen förderte, zu denen auch Lappeenranta gehörte.

Britische Reisende priesen den Kanal, der kurz hinter Lappeenranta von der Nationalstraße 6 gekreuzt wird, seinerzeit als eine der größten technischen Leistungen des 19. Jahrhunderts. Aufgrund von Reparationsforderungen lag mehr als die Hälfte des Kanals nach dem Zweiten Weltkrieg auf sowjetischem Gebiet. Bis in die sechziger Jahre hinein wurde er nicht benutzt und verfiel mehr und mehr. Nach langwierigen Verhandlungen, in denen sich Finnland zur Finanzierung der

**Lappeenranta nahe der Grenze war bei den russischen Reisenden des 19. Jahrhunderts besonders beliebt.**

Renovierung verpflichtete, konnte das Land den Kanal nach seiner Wiedereröffnung 1968 wieder nutzen. Heute werden darauf jährlich eine Million Tonnen Güter und etwa 30 000 Menschen befördert, die so durch eine „Seitentür“ auf russisches Territorium gelangen.

Wenn auch Seen und Wälder im südlichen Saimaa-Gebiet vorherrschen, so ist es doch zum Teil auch industrialisiert. Der wohl größte industrielle Ballungsraum Finnlands mit **Imatra** als Zentrum befindet sich nur wenige Kilometer davon entfernt. Diese Stadt wurde von einem britischen Besucher um die Jahrhundertwende in maßloser Übertreibung als das „finnische Niagara“ bezeichnet. Doch immerhin waren die sehenswerten **Imatrankoski** (Stromschnellen) für die Entstehung des großen, inzwischen restaurierten **Imatran Valtionhotelli** verantwortlich, das für die Unterbringung der vielen vornehmen Besucher erbaut wurde. Die Bändigung der Stromschnellen führte schließlich zu einem Boom in der Industrie. Glücklicherweise können sie in ihrer ganzen Gewalt und Schönheit an bestimmten Tagen im Sommer besichtigt werden; die Daten sollten Sie vorher unbedingt beim Fremdenverkehrsbüro erfragen, denn es gibt sonst kaum andere Sehenswürdigkeiten.

Etwa 50 Kilometer hinter Imatra verläuft die Straße 6 nur wenige hundert Meter von der russischen Grenze entfernt. Bei **Parikkala** macht die Straße einen Bogen nach Norden, und der Abstand zur Grenze wird größer. Wechselt man dann auf die Straße 14, erreicht man bald eine der größten landschaftlichen Attraktionen Finnlands.

**Punkaharju** gehört zu den unzähligen Landrücken, die die letzte Eiszeit in Finnland hinterlassen hat. Manchmal ist er gerade breit genug für die Straße; an anderen Stellen bietet er sogar Raum für herrliche Kiefer- und Birkenwälder. Das Licht ändert sich ständig, so daß die Seen und der Himmel, Inseln und Schären, die Granitfelsen und das „grüne Gold der Wälder“ immer wieder anders aussehen.

In die Landschaft eingebettet sind gut ausgestattete Ferienzentren, beispielsweise das **Freizeitzentrum Kesämaa**

**Bootsrennen im Saimaa-Seengebiet.**

**(Sommerland)** für Familien. Das beeindruckende Kunstzentrum von **Retretti** sollte man sich auf keinen Fall entgehen lassen. Ein Teil dieses Zentrums ist in Höhlen untergebracht, die in den Fels gesprengt wurden. Künstliche Teiche und Wasserfälle bilden den Rahmen für Wanderausstellungen. Ein Konzertsaal unter der Erde faßt über 1000 Zuschauer. Die sehenswerten Skulpturen in den Kieferwäldern um Retretti stammen von Olavi Lanu.

Im Sommer verkehrt regelmäßig ein Passagierschiff zwischen Punkaharju/ Retretti und Savonlinna. Diese wunderschöne Rundfahrt zwischen den Inseln hindurch dauert mehr als zwei Stunden, während man auf der Straße nur zwanzig Minuten unterwegs ist. Wenn man mit dem Auto reist, sollte man auf der Straße 71 einen kleinen Umweg über **Kerimäki** machen, einer für Finnland typischen ländlichen Streugemeinde mit der größten Holzkirche der Welt (1848), in ihr finden 3500 Menschen Platz.

**Savonlinna** – der Name bedeutet „Savoburg" – erstreckt sich über eine Reihe von miteinander verbundenen Inseln. Sie ist die reizvollste finnische Seenstadt und ein idealer Ausgangspunkt für Ausflüge. Neben der mittelalterlichen Burg Olavinlinna befinden sich Kuranlagen, ausgezeichnete Wassersportanlagen und zahlreiche Sehenswürdigkeiten. Zu den vielen kulturellen Veranstaltungen gehört das **Internationale Opernfestival**, das jedes Jahr im Juli stattfindet. Eintrittskarten und Unterkunft für dieses weltbekannte Festival läßt man sich am besten schon lange im voraus reservieren.

**Olavinlinna** liegt auf einer kleinen Insel unweit vom Stadtzentrum und wartet mit allem auf, was man von einer mittelalterlichen Burg erwartet: massive Granitmauern, Wälle, Schießscharten, drei große, runde Türme (ursprünglich waren es einmal fünf), einen Rittersaal und ein furchterregendes Burgverlies. Die 1475 von dem dänischen Adligen Erik Axelsson Tott errichtete Burg war als eines der wichtigsten Bollwerke gegen die Russen gedacht, doch wegen der häufigen Grenzverschiebungen lag Olavinlinna oft weit vom Schlachtfeld entfernt.

**Burg Olavinlinna in Savonlinna – ein angemessener Schauplatz für das jedes Jahr stattfindende Internationale Opernfestival.**

Als Kulisse für eine Oper ist die Burg hervorragend geeignet, ganz gleich, ob es sich um *Aida* auf italienisch, *Rusalka* auf tschechisch oder *Die vertauschte Braut* auf finnisch handelt. Opernatmosphäre herrscht nicht erst, wenn sich der Vorhang hebt, sondern bereits dann, wenn man sich der massiven Burganlage nähert. Viele Opernbesucher kommen in Abendkleidung, und die meisten haben wohlweislich eine Decke dabei, denn die finnischen Sommernächte sind ziemlich kühl. Nach der Vorstellung, wenn es langsam dunkel wird, ist Olavinlinna in ein weiches Licht getaucht. In dieser romantischen Stimmung kehrt man in die Stadt zurück, vorbei an geöffneten Boutiquen und Cafés.

Savonlinna selbst entwickelte sich aus einem kleinen Handelszentrum bei der Burg, dessen Wachstum durch Kriege und Brände stark gehemmt wurde. Das Aufkommen der Dampfschiffe und die Eröffnung des Saimaa-Kanals sorgten für die notwendige Initialzündung, denn durch seine Lage ist die Stadt ein natürlicher Verkehrsknotenpunkt für das gesamte Saimaa-Gebiet.

Es ist lange her, daß die Saimaa-Flotte von mit Holz befeuerten Dampfmaschinen angetrieben wurde, doch einige der hübschen Doppeldecker-Holzschiffe wurden vor mehr als sechzig Jahren auf Dieselantrieb umgebaut und verkehren noch heute. Im Passagierhafen von Savonlinna kann man beobachten, wie diese nostalgischen Schiffe morgens den Hafen verlassen und abends wieder zurückkehren. Dieser Hafen liegt direkt neben dem Marktplatz auf dem **Kauppatori** im Zentrum der Stadt. Sehenswert ist außerdem das in der Nähe der Burg ausgestellte Museumsschiff *Salama*, ein 1874 gebautes Dampfschiff, das 1898 auf Grund lief und 1971 aus dem See geborgen wurde. Es ist Teil des **Museums für Binnenschiffahrt**, das in einem angrenzenden Gebäude einen hervorragenden Überblick über die Schiffahrtsgeschichte in der Saimaa-Region bietet.

Für die Schiffsreise von Savonlinna nach Kuopio benötigt man einen ganzen Tag. Für den Reisenden ist dies eine einmalige Gelegenheit, diese Seenlandschaft hautnah zu erleben. Denn nur vom See aus kann man die sich langsam entfaltende Szenerie in vollem Umfang an sich vorüberziehen lassen: Wald und Wiesen, Schilf- und Granitufer, ganz aus Holz errichtete Bauernhöfe, Sommerhäuser und Inseln.

Mit dem Auto fährt man von Savonlinna aus entweder in westlicher Richtung auf den Straßen 14 und 5 nach Mikkeli und weiter nach Westen in das Päijänne-Seengebiet (siehe Seite 246) oder reist an den nördlichen Rand des Saimaa-Gebiets jenseits von Kuopio.

**Mikkeli** ist ein freundliches Marktstädtchen. Das Hauptquartier General Mannerheims aus dem Zweiten Weltkrieg ist heute ein Museum *(Päämajamuseo)*. Zu den Ausstellungsgegenständen gehört der *Daily Telegraph* vom 18. Dezember 1939 mit der Schlagzeile „Finnland vernichtet zwei sowjetische Divisionen". Direkt vor der Stadt liegt das **Familien-Freizeitzentrum Visulahti** in einem Park mit lebensgroßen Dinosaurier-Nachbildungen.

Für die Route nach Kuopio verläßt man die Straße 14 etwa 35 Kilometer westlich

**Die unendliche Weite der Seen ist ein Paradies für begeisterte Wasserskiläufer.**

von Savonlinna und folgt der Straße 464, die auf dem Weg über **Rantasalmi** einen attraktiven Ausblick auf eine wasserreiche Landschaft bietet. Diese Straße trifft südlich von Varkaus auf die Straße 5. **Varkaus** ist eine Industriestadt, Musikfreunde sollten sich das **Museum für mechanische Musik**, das einzige seiner Art in Skandinavien, nicht entgehen lassen. Eine typisch finnische Gemeinde findet man jedoch in dem 15 Kilometer weiter südlich gelegenen Städtchen **Joroinen**. Einen Kontrast zur Modernität dieser Stadt bilden die hübschen, alten Bauernhöfe und Gutshäuser, die in der fruchtbaren Landschaft verstreut liegen.

Die Straße 5 ist der direkte Weg nach Kuopio, 75 Kilometer nördlich von Varkaus. Westlich von Varkaus liegt an der Nationalstraße 23, die ebenfalls zum Päijänne-Seengebiet führt am westlichen Rand des Saimaa-Gebiets, die hübsche Landgemeinde Pieksämäki. Nordöstlich von Varkaus führt die Straße 23 nach Joensuu in Nordkarelien (siehe Seite 255). Dabei führt sie im Abstand von nur wenigen Kilometern an zwei bedeutenden religiösen Einrichtungen vorbei: dem orthodoxen Mönchskloster **Uusi Valamo** und dem Nonnenkloster **Lintula**. Einen Hinweis auf die Geschichte des Mönchsklosters liefert schon sein Name: Valamo heißt die große Insel auf dem Ladoga-See, auf der im Mittelalter ein orthodoxes Konvent gegründet wurde, das im Laufe der Jahrhunderte immer mehr Pilger anzog. Erst in neuerer Zeit ging es mit dem Kloster bergab. Während des finnisch-russischen Winterkrieges 1939/40 wurden die noch verbliebenen Mönche vertrieben. Schließlich stand man ihnen ein ehemaliges Gutshaus mit Nebengebäuden zu, das heutige **Uusi („Neu“) Valamo**. Seitdem hat Uusi Valamo so etwas wie eine Renaissance erlebt, und der Zustrom junger Mönche sichert seine Zukunft. Eine hübsche, neue Kirche wurde 1977 fertiggestellt; daneben wurden eine Cafeteria, ein Andenkenladen und sogar ein Hotel geschaffen, um der steigenden Besucherzahl gerecht zu werden.

**Eine Seefahrt, die ist lustig...**

Die frommen Bewohner der beiden Klöster tragen durch ihre Arbeit auf den

herrlichen Feldern am See zu ihrem Lebensunterhalt bei. Die vergleichsweise bescheideneren Ausblicke in Lintula sind dabei vielleicht einer geistlichen Haltung zuträglicher.

**Kuopio** ist ein durchweg schönes Städtchen, in dem vor allem im Sommer reges Leben herrscht. Zu den vielen hier stattfindenden Veranstaltungen zählt unter anderem das **Internationale Tanz- und Musikfestival** im Juni. Der tägliche Markt gehört zu den abwechslungsreichsten außerhalb von Helsinki, und da er fast den gesamten Tori (Marktplatz) von Kuopio einnimmt, ist er kaum zu verfehlen. Hier kann man das frisch zubereitete, traditionelle *kalakukko* (Fisch und Schweinefleisch in einem Roggenteigmantel) probieren; im Sommer lockt auch das Angebot an verschiedenen Pilzen und saftigen Beeren, die frisch aus den Wäldern und Mooren kommen.

Wie in vielen anderen finnischen Provinzstädtchen, die sich im 18. und 19. Jahrhundert entwickelt haben, wird auch in Kuopio der schachbrettartige Grundriß der Stadt deutlich, den man sonst fast nur in den USA findet. Damit sollte ein genügend großer Abstand zwischen den meist aus Holz errichteten Gebäuden erreicht werden, um im Brandfall ein Übergreifen der Flammen zu verhindern. Leider ließ sich dies jedoch nur selten vermeiden. Die meisten der verbliebenen Holzgebäude wurden inzwischen durch moderne Bauten ersetzt. Im südlich vom Marktplatz gelegenen **Freilichtmuseum** in der Kirkkokatu 22 sind einige der ursprünglichen Wohnhäuser, Lagerhäuser und Gärten zu sehen.

Östlich vom Marktplatz beherbergt das **Kuopiomuseum** in der Kauppakatu 23 eine hervorragende Sammlung von Gegenständen der regionalen Kultur- und Naturgeschichte. Der finnische Staatsmann Johan Vilhelm Snellman wirkte und heiratete hier in den vierziger Jahren des letzten Jahrhunderts. Das Haus der Eheleute in der **Snellmaninkatu 19** ist heute ebenfalls ein Museum.

Das am Rande des Stadtzentrums gelegene, in Westeuropa einmalige **Orthodoxe Kirchenmuseum** in der Karjalankatu 1 verfügt über eine Sammlung von

**Die Familie kommt mit: Fährschiffer bei der Arbeit.**

Ikonen (viele davon aus dem 18. Jahrhundert) und Sakralgegenständen, die aus Valamo und Konevitsa in Karelien sowie aus Petsamo hoch oben im Norden hierher gebracht wurden, als diese Gebiete an die Sowjetunion abgetreten werden mußten. Hinter dem Museum liegt der Puijo-Hügel mit dem über 70 Meter hohen **Puijo-Turm**. Von der Aussichtsplattform und dem Drehrestaurant aus hat man einen wunderschönen Ausblick auf die Seen und Wälder, die am Horizont miteinander verschmelzen. Man sollte versuchen, etwa zwei Stunden vor Sonnenuntergang herzukommen; die Farben wirken dann wie von einer anderen Welt.

In dem etwa 80 Kilometer nördlich von Kuopio gelegenen **Iisalmi** befindet man sich fast genau auf halber Strecke zwischen Helsinki und dem Polarkreis – und immer noch im Saimaa-Gebiet. Iisalmi ist eine freundliche kleine Provinzstadt. Hier wurde 1861 der Schriftsteller Juhani Aho geboren – das Haus der Familie am Rande der Stadt ist heute ein Museum –, und 1808 fand hier eine der zahllosen Schlachten zwischen Finnland und Rußland statt. (Die finnischen Truppen siegten, obwohl sie gegen eine siebenfache Übermacht kämpften.) In einem neuen **karelisch-orthodoxen Kulturzentrum** sind wertvolle Reliquien ausgestellt, die aus heute russischen Gebieten gerettet wurden, sowie 80 Modelle von Kirchen und Kapellen, die in diesen Gebieten zerstört wurden.

**Das Päijänne-Seengebiet:** Der Päijänne-See ist der längste und tiefste See Finnlands. Er hat eine Länge von 119 Kilometern, ein Vielfaches länger ist jedoch sein erstaunlicher Uferverlauf. An den gegenüberliegenden Enden des Seensystems liegen zwei bedeutende Städte Finnlands: Lahti und Jyväskylä. Angesichts der weiten Wasserlandschaft zwischen beiden Städten gaben sich die Eisenbahningenieure geschlagen, doch mit dem westlichen Teil des Päijänne-Gebiets sind die zwei Zentren über eine der wichtigsten Autobahnen Europas, die E4, und mit dem östlichen Teil über langsamere, aber dafür attraktivere Straßen verbunden. Als Alternative bietet sich im Sommer eine beschauliche Schiffahrt an.

**Lahti von der Sprungschanze aus.**

Da diese Gegend Zentralfinnlands immer weiter von den unruhigen Grenzregionen entfernt war als viele andere Landesteile, gab es hier weniger Auseinandersetzungen. Auch der Tourismus kam erst später auf, aber man hat den Anschluß nicht verpaßt. In diesem bewaldeten Herz des Landes ist die Landschaft so traumhaft wie eh und je.

**Lahti** liegt 103 Kilometer nördlich von Helsinki an der Straße 4 (E4). Die Stadt erstreckt sich über einen Teil einer topographischen Besonderheit Finnlands, das ausgedehnte Berggebiet Salpausselkä. Hier werden regelmäßig internationale Ski-Meisterschaften ausgetragen. Das **Sportzentrum Lahti** bietet einige der besten Wintersportanlagen Finnlands, unter anderem drei Sprungschanzen (50, 70 und 90 Meter).

**Bunter Marktplatz:** Von der Aussichtsplattform auf der höchsten Sprungschanze hat man einen schönen Blick über die Stadt. Dahinter sieht man die schimmernde Wasserfläche des **Vesijärvi-Sees**, der ein paar Meilen weiter nördlich über den **Vääksy-Kanal** mit dem Päijänne-Seengebiet verbunden ist. Lahti ist eine weitgehend neue Stadt. Zu den wenigen älteren Gebäuden gehört das **Rathaus** aus dem Jahre 1912, das wie viele andere öffentliche Bauten aus dieser Zeit von Eliel Saarinen entworfen wurde. Drei Straßen weiter nördlich befindet sich der vor allem morgens belebte Marktplatz, und noch einmal zwei Straßen weiter die individuell gestaltete **Kreuzkirche** von 1978. Dies ist das letzte finnische Gotteshaus, das Alvar Aalto entwarf. Die durch ihre Einfachheit beeindruckende Kirche ist der zentrale Veranstaltungsort für das jeden Sommer stattfindende Orgelfestival von Lahti.

Das **Geschichtsmuseum von Lahti** im Herrenhaus Lahti, einem recht exotischen Bau aus dem späten 19. Jahrhundert in der Lahdenkatu 4, verfügt über sehr gute regionale Ethnographie- und Kunstsammlungen. Im ein paar Kilometer nordwestlich gelegenen **Tiirismaa-Gebiet** können Sie die höchste Erhebung Südfinnlands (223 Meter), einige der ältesten Felsen des Landes und das Touristenzentrum **Messilä** bestaunen, das ein

**Kirche von Hollola.**

altes Gutshaus, ein Kunstgewerbe-Zentrum und einen Vergnügungspark umfaßt. Ein paar Kilometer weiter steht die aus Graustein erbaute **Kirche von Hollola** mit ein paar besonders schönen Holzfiguren. Sie gehört zu den größten und schönsten der etwa achtzig Kirchen aus dem 15. Jahrhundert, die in Finnland erhalten geblieben sind. In der Nähe befinden sich ein Landwirtschaftsmuseum und einige hervorragende Cafés.

Fünfundreißig Kilometer nordöstlich von Lahti liegt das hübsche Städtchen **Heinola** (siehe auch das Kapitel *Kanu und Natur* auf Seite 249) an der Straße 5. Auf dem Weg dorthin kommt man an dem hochklassigen **Finnischen Sportinstitut** in Vierumäki vorbei. Ein Blick auf die Karte verrät, wie umständlich diese Strecke mit dem Schiff zurückzulegen ist. Zunächst ist der Vääksy-Kanal bis in das Päijänne-Gebiet zu befahren, und dann geht es auf engen Wasserstraßen weiter nach Südosten in breitere Gewässer, die nach Heinola führen.

**Fischen auf einfache Art:** Die **Jyrängönkoski-Stromschnellen** bei Heinola bieten gute Voraussetzungen für Kanuten und Fischer, die ihre Netze nach Regenbogenforellen auswerfen. Regenbogenforellen kann man mit größeren Erfolgsaussichten auch aus den Becken im **Fischereizentrum Siltasaari** angeln, das an den Stromschnellen liegt.

Um die Jahrhundertwende entwickelte sich Heinola zu einem Kurort. Einige Holzbauten stammen noch aus dieser Zeit, unter anderem der **Chinesische Pavillon** im Park, in dem heute ein Restaurant untergebracht ist. Nicht weit entfernt bildet der **Kirkkolampi-Teich** den Mittelpunkt des Vogelschutzgebietes (mit Vogelklinik). Die Hauptkirche der Stadt, ein achteckiger Bau aus dem frühen 19. Jahrhundert, verfügt über einen Glockenturm, der von dem Architekten C. L. Engel entworfen wurde. Berühmtheit erlangte Engel mit seinen neoklassizistischen Bauten in Helsinki.

Von Heinola aus führt die Straße 5 weiter nach Nordosten in das westliche Saimaa-Gebiet. Von dort aus könnte man nach Norden auf die Straße 59 abbiegen, die nach Jyväskylä führt, doch es gibt

**Der finnische Sommer ist kurz, aber farbenfroh.**

eine zwar längere, aber attraktivere Route. Dazu verläßt man Lahti Richtung Norden auf der Straße 4 (E4) und biegt nach 25 Kilometern, kurz nach Überquerung des Vääksy-Kanals, bei **Asikkala** nach rechts auf die Nebenstraße 314 ab. Kurz darauf führt diese über mehrere Kilometer an dem Landrücken **Pulkkilnaharju** vorbei, einem weiteren Überbleibsel aus der letzten Eiszeit. Weiter geht es auf asphaltierten, aber schlechten Straßen über **Sysmä** und **Luhanka**, über Landzungen, Buchten, Kaps und miteinander verbundene Inseln, die das gezackte Ostufer des Päijänne-Sees ausmachen. In Luhanka wirft das **Kleinbauernmuseum Peltola** (*Mäkitupalaismuseo*) Licht auf das karge Leben der vielen Kleinbauern des 19. Jahrhunderts.

Um bei Korpilahti für das letzte Stück bis Jyväskylä auf die Straße 4 (E4) zurückzugelangen, muß man die Autofähre über den **Kärkistensalmi**, eine der vielen engen Wasserstraßen des Päijänne-Gebiets, nehmen. Sehenswert ist etwas abseits dieser Route die etwa 60 Kilometer nördlich von Lahti gelegene, lange und schmale Insel **Kelvenne** mit ihren Seen und Lagunen. Man erreicht sie vom Kulasvuori-Campingplatz in **Padasjoki** aus. Die Straße 4 führt außerdem um **Jämsä** herum und an der Industriestadt **Jämsänkoski** vorbei.

**Pionier der finnischen Sprache: Jyväskylä** ist eine vielseitige Stadt, die vor allem von Industrie, Sport, Kunst und Architektur geprägt wird. Historische Bedeutung hat es als Bildungszentrum, das sehr viel zur kulturellen Entwicklung des Landes beigetragen hat. Denn zu einem Zeitpunkt, als die finnische Sprache von den herrschenden schwedischen Klassen noch als die Sprache der Bauern angesehen wurde, eröffnete man hier 1858 eine Oberschule und nur wenige Jahre später ein Lehrerseminar, in denen auf Finnisch unterrichtet wurde. Das Campus der Universität ist das Werk von Alvar Aalto. In Jyväskylä begann dieser angesehene Architekt seine Karriere, und nicht weniger als 30 bedeutende Gebäude in dieser Gegend stammen von ihm, unter anderem auch das **Alvar-Aalto-Museum** in der Alvar Aaltonkatu 7.

**Grenzenlose Wasserlandschaft aus der Vogelperspektive.**

Wie viele andere Städte Finnlands, in denen die alten Holzgebäude den Flammen zum Opfer fielen oder im Namen des Fortschritts ersetzt wurden, präsentiert sich auch Jyväskylä vor allem modern. Von der Aussichtsplattform des **Wasserturms** hat man den Blick über die Stadt bis hin zu den Seen frei. International bekannt wurde Jyväskylä als Austragungsort für die 1000-Seen-Rallye, die bedeutendste Motorsport-Veranstaltung in Finnland, die jedes Jahr im August 400 000 Zuschauer anlockt. Für das **Kunstfestival** im Juni wird jedes Jahr ein anderes Thema gewählt, das in all seinen Aspekten in Seminaren, Ausstellungen, Konzerten und Theateraufführungen behandelt wird.

Einen Blick in die Vergangenheit der Region gewährt das sehr gute **Zentralfinnische Museum**. Wenn man mehr Zeit hat, lohnt es sich, westwärts auf der Straße 23 einen Abstecher nach **Petäjävesi** (32 Kilometer) und **Keuruu** (weitere 28 Kilometer) zu machen. In beiden Orten stehen in einer ländlichen Umgebung, die für Zentralfinnland typisch ist, reizvolle Holzkirchen aus dem 18. Jahrhundert. Die Straße 23 führt von dort weiter westlich nach Virrat, das am nördlichen Ende der Schiffslinie mit dem romantischen Namen „Dichterweg" liegt (siehe auch Seite 187).

Nördlich von Jyväskylä führt die Straße 4 (E4) durch eine stark bewaldete Seenlandschaft, in der sich mehr und mehr Ferien- und Freizeitzentren ansiedeln. Nach 35 Kilometern zweigt die Straße 13 nach links ab und führt nach **Saarijärvi**, dem Mittelpunkt eines schönen Feriengebiets. Kurz davor sollte man auf der Straße 630 Richtung Süden abbiegen und dann ein kurzes Stück in östlicher Richtung nach **Summassaari** fahren, wo ein Steinzeitdorf wieder aufgebaut wurde. Kurz hinter Saarijärvi befindet sich in **Kolkanlahti** ein elegantes Haus aus dem 19. Jahrhundert, in dem der finnische Nationaldichter J. L. Runeberg in den zwanziger Jahren des letzten Jahrhunderts als Privatlehrer arbeitete.

Nachdem man an **Äänekoski** vorbeigefahren ist, führt die Straße 4 weiter in den tiefen Norden, Richtung Polarkreis.

**Links: Markt, und rechts: Fischmarkt in Jyväskylä.**

## KANU UND NATUR

Eines der interessantesten Ereignisse im europäischen Kanu-Veranstaltungskalender ist das Arktische Kanu-Rennen, das jeden Sommer nördlich des Polarkreises stattfindet. Hierbei legen die Kanufahrer auf den reißenden Grenzflüssen zwischen Schweden und Finnland von Kilpisjärvi nach Tornio 537 Kilometer zurück. Beim sechstägigen Kanu-Mannschaftswettbewerb im Juni treten die Wassersportler auf einer Strecke von 700 Kilometern durchs gesamte Saimaa-Seengebiet gegeneinander an.

Trotz der 187 888 Seen und unzähligen Flüsse ist in Finnland das Paddeln erstaunlicherweise erst in den letzten Jahren populär geworden. Jetzt steigt jedoch die Zahl variabler Pauschalangebote. Die Preise variieren je nachdem, ob Sie in einer Gruppe oder alleine reisen, ob Sie eine Landkarte ausleihen und/oder einen Führer brauchen.

Mehrere bewährte Routen schließen sich zu einem Kreis von 350 Kilometern, der in Heinola beginnt und endet. Für diese Tour benötigt man zehn bis 15 Tage, sie kann aber auch in leichter zu bewältigende Zwei- oder Fünf-Tages-Strecken aufgeteilt werden. Oder wie wär's mit einer Kanufahrt durch eine arktische Wildnis, 320 Kilometer den Ounasjoki von Enontekiö nach Rovaniemi in Finnisch-Lappland hinunter? Die Stromschnellen haben meist den Schwierigkeitsgrad I, manche auch Grad III. Es besteht jedoch die Möglichkeit, die gefährlichsten zu umgehen. Eine weitere Tour folgt der über 280 Kilometer langen Route von Kuhmo über Kainuu nach Oulu zum Bottnischen Meerbusen, die früher von Teerbooten befahren wurde.

Wenn Sie die Idee reizt, Ihre eigene Route über die Seen zu planen, gibt es dafür viele verschiedene Möglichkeiten. Jede der 19 Straßenkarten, die Finnland im Maßstab 1:200 000 abbildet, ist für die allgemeine Planung meistens ausreichend. Für besondere Details sind jedoch die speziellen inländischen Wasserkarten, z. B. für das Saimaa-Seengebiet im Maßstab 1:40 000 oder 1:50 000, unumgänglich.

Erst wenn Sie in Ihrem Kanu sitzen und sich der Realität stellen müssen, wird Ihnen das Ausmaß der Navigationsprobleme bewußt. Von Ihrer Position im Kanu sieht eine Insel aus wie die andere, und es ist schon eine Kunst, eine Insel als eine solche zu erkennen. Bald werden Sie für das Kanufahren auf finnischen Seen lebenswichtige Hilfen schätzen lernen: nämlich Kompaß und Fernglas (letzteres ist ebenso nützlich zur Vogelbeobachtung).

Die größte Unannehmlichkeit, die manchmal auch zu einer echten Gefahr werden kann, ist der Wind. Mit Sicherheit haben Sie oft mit Gegen- oder Seitenwind zu kämpfen. Jähe Böen haben schon so manchen Wassersportler überrascht. Steuern Sie bei den ersten Anzeichen eines Sturmes Land an.

Weit entfernt von Siedlungen kann sich in solch verlassenen Landschaften das wilde Campen als schwieriger erweisen, als Sie denken. Der größte Teil der Küstenlinie ist entweder felsig oder von breiten Schilfgürteln gesäumt. Einmal gelandet, ist es nicht einfach, selbst für ein kleines Zelt zwischen den Bäumen Platz zu finden. Und wo es eine freie Stelle gibt, wurde diese wahrscheinlich für ein Ferienhaus geschaffen oder wird als Ackerland genutzt. Das Recht sein Zelt überall aufzuschlagen, wurde von vielen Touristen mißbraucht, deshalb sollte man – wo immer möglich – erst fragen, bevor man sein Lager errichtet.

Details über Kanutouren können Sie bei der Finnischen Tourismus-Gesellschaft, den örtlichen Tourismusbüros oder der Finnischen Kanu-Vereinigung, Radiokatu 20, 00240 Helsinki, erfahren. In vielen Orten werden Sie auch in den Kanuklubs herzlich willkommen geheißen. ■

**Oben: Natur pur: Mit dem Kanu durch die finnische Wildnis.**

# KARELIEN

Ostfinnland ist eine Übergangszone zwischen der Seenplatte im Südosten und Lappland im Norden. In dieser Wildmark leben nur wenige Menschen, doch Karelien verzaubert jeden mit seinen Farben, seinen Kirchen und seinen Traditionen.

Finnlands berühmteste und am meisten fotografierte Landschaft erstreckt sich unterhalb der erhabenen Gipfel des Koli-Berggebietes oberhalb des Pielinen-Sees. Hier kann man einen wunderschönen Winterurlaub verbringen. Der „Weg der Runen und Grenzmarken" führt den Reisenden an Schlachtfeldern des Zweiten Weltkrieges und Stromschnellen vorbei in die Wildnis.

**Joensuu** an der Mündung des Piesjoki ist die „Hauptstadt" von Nordkarelien. Die entspannte und einladende Atmosphäre der Stadt ist darauf zurückzuführen, daß der Großteil der Einwohner Karelier sind. Dieses Volk steht in dem Ruf, ausgesprochen humorvoll und schlagfertig zu sein, wovon sich der Reisende auf dem geschäftigen Marktplatz selbst überzeugen kann.

**Festivalstadt:** Jedes Jahr Ende Juni findet auf der **Joensuu-Liederbühne** ein Liederfestival statt. Das **Nordkarelien-Museum** (*Pohjois-Karjalan museo*) stellt prähistorische und historische Gegenstände aus, weiterhin erfährt man hier Wissenswertes über die Volkskultur dieser Gegend. Im Kunstmuseum finden Sie eine Ikonensammlung sowie Gemälde finnischer Künstler aus dem 19. und 20. Jahrhundert. Der Botanische Garten der Stadt lädt zu einem Spaziergang ein, und in vielen Restaurants können Sie sich an karelischen Spezialitäten gütlich tun. Das **Restaurant Puukello** serviert karelische Pasteten mit gesalzenem Fisch und karelische Braten.

Warum fahren Sie nicht so weit nach Osten, wie das in Finnland möglich ist, bevor Sie Richtung Norden weiterziehen? Verlassen Sie Joensuu auf der Straße 6 und fahren Sie dann auf der Straße 73 70 Kilometer Richtung Osten nach **Ilomantsi**. Im Zweiten Weltkrieg wurde in Ilomantsi heftig gekämpft. Das **Haus des Kriegers** in Hattuvaara kennzeichnet die Stelle, an der die Kämpfe 1944 zu Ende gingen. Seit dem 14. Jahrhundert war die Stadt eine Hochburg des orthodoxen Glaubens, ihre Hauptkirche ist dem heiligen Elias geweiht. Was Musik und Farben angeht, ist das Dorf **Rääkkylä** unschlagbar. Es liegt einige Kilometer südlich von Joensuu an einer Nebenstraße am Südufer des Pyhäselkä-Sees. Seine bekannte Volksmusikgruppe gewann den nationalen Volksmusikwettbewerb und viele andere Auszeichnungen. Einige junge Musiker in Rääkkylä spielen die *kantele*, ein typisch karelisches, zitherähnliches Saiteninstrument.

Im Norden von Joensuu führt die Straße 18 aus der Stadt hinaus nach Eno. An der Straßengabelung fahren Sie nach rechts Richtung Osten auf die Straße 73, die am Ostufer des Pielinen-Sees entlang nach Lieksa verläuft. Die Straßen durch diese Gegend sind geteert und in sehr gutem Zustand, doch sie sind keine Autobahnen und unterscheiden sich manchmal kaum von den Nebenstraßen und Wegen, die in den Wald führen. Die

**Vorherige Seiten: Raus aus dem Wasser und rein in die Pfanne – Anglerurlaub in Karelien. Links: Das macht Spaß! Wildwasserfahrten bei Kainu. Rechts: Warm eingepackt für einen Tag im Freien.**

Hauptstraßen und Städte sind meist gut beschildert.

**Wildwasserfahrten:** Die **Ruunakoski-Stromschnellen** sind ein Anblick, den man auf keinen Fall versäumen sollte, wenn man sich in Lieksa aufhält. Über 31 Kilometer kämpft sich der Ruuna durch sechs schäumende Stromschnellen und fällt auf dem Weg 15 Meter ab. Mit einer Schwimmweste, wasserfester Kleidung und in Begleitung eines erfahrenen Führers sind Wildwasserfahrten nicht gefährlich. Das **Pielinen-Freilichtmuseum** (*Pielinen Museo*) umfaßt zahlreiche Gebäude aus unterschiedlichen Zeiten, das älteste stammt aus dem 17. Jahrhundert. In **Vuonisjärvi** befindet sich das Atelier des Holzbildhauers Eeva Ryynänen, und in **Kaksinkantaja** sind in einer Ausstellung Bärenschädel und ausgestopfte Tiere zu sehen, die von dem Jäger Väinö Heikkinen erbeutet wurden.

**Lieksa** wurde vor weniger als 20 Jahren gegründet. Auf einem Stadtgebiet, das größer als London ist, leben nur 19 000 Menschen (und ein paar Bären). Lieksa ist vielleicht nicht die anziehendste finnische Stadt, aber immerhin ein wichtiger Ausgangspunkt für Touristen, die diesen Teil der finnischen Wildnis erkunden wollen, der sich bis an die russische Grenze erstreckt. Auerhähne, Elche, Bären, Rentiere und sogar Wölfe sind in diesen dichten Wäldern beheimatet. Einen Eindruck von der Größe dieses Gebietes erhalten Sie vom 47 Meter hohen Wasserturm der Stadt aus.

„Gehen Sie niemals allein wandern!" heißt das Motto in dieser Region. Insbesondere unerfahrene Wanderer sollten sich nie ohne Führer auf den Weg machen. Auf den meisten Touren benötigt man eine Campingausrüstung, die Sie zusammen mit Landkarten in den Geschäften von Lieksa erstehen können. Zu empfehlen ist der „Bärenpfad" an der russischen Grenze entlang.

Forellen, Lachs, Brassen und andere Süßwasserfische tummeln sich in diesen unverschmutzten Gewässern. Nehmen Sie an einer Fischexpedition mit fachmännischer Führung teil, wenn Sie selbst angeln möchten. Pauschalangebote beinhalten Führung, Transport, Unterkunft

**Frischgepflückte Wildblumen.**

und Angelerlaubnis. Individualreisende erhalten bei den Postämtern allgemeine Angelkarten, die Fremdenverkehrsämter vergeben regionale Angelkarten.

Von Lieksa führt die Straße 73 nach **Nurmes**, die einstündige Fahrt verläuft in der Nähe des Pielinen-Sees. Das 1556 erstmals geschichtlich erwähnte Nurmes mauserte sich erst 1974 zur Stadt. Dieser Ort im Land der Birken liegt zwischen zwei Seen auf der Nordseite des Pienlinen-Sees. Die Holzhäuser im karelischen Stil machen die Stadt zu einer der schönsten Finnlands.

**Bomba** ist ein traditionelles, karelisches Haus in Ritoniemi, ungefähr anderthalb Kilometer von Nurmes entfernt. Es steht in einem erst kürzlich erbauten „karelischen Dorf", in dem Touristen nicht nur übernachten, sondern auch hervorragend speisen können.

Zu den Spezialitäten des Bomba-Hauses gehören verschiedene Pasteten (mit Reis- oder Kartoffelfüllung), eine kleine Lachsart, kaltgeräucherter Weißfisch, warmgeräuchertes Lamm, Butter mit gekochtem Ei, Wildfleischbällchen, gebratene Waldpilze sowie gebackener Käse mit Brombeermarmelade.

Es wäre schade, würde man Finnland wieder verlassen, ohne einmal mit einem Dampfschiff gefahren zu sein. Am besten lassen Sie Ihr Auto in Nurmes stehen und besteigen einen Dampfer, der den Pielinen-See hinunter zur **Koli-Berglandschaft** fährt. Auf der Reise begegnen Sie vielleicht der größten Binnenfähre Finnlands sowie zahlreichen kleinen und großen Schiffen.

Die Koli-Berge erheben sich über dem Westufer des Sees. Ihr höchster Gipfel, der Ukko-Koli (Alter Koli), erreicht 347 Meter. Steigen Sie die Stufen zur Bergspitze hinauf, und Sie werden mit einem wunderbaren Ausblick belohnt, der bereits große Künstler wie Albert Edelfelt und Eero Järnefelt begeisterte. Sie verewigten die Koli-Berge um die Jahrhundertwende in ihren Gemälden. Auch Jean Sibelius wob seine Eindrücke von dieser typisch finnischen Landschaft in seine Sinfonien ein.

**Der Wildnisweg Richtung Norden:** Finnlands Weg durch die Wildnis Richtung

**Typisch karelisches Haus.**

## DIE KARELIER

Wenn Finnland eine Seele hat, dann lebt diese Seele in Karelien. Zogen die Finnen in den Krieg, dann war Karelien von dem Krieg betroffen. Die Musen favorisierten Karelien, denn in den meisten Kompositionen von Sibelius findet sich ein karelisches Thema, und die Karelische Suite verbindet Elegie und Patriotismus in höchster Form.

Die Gemeinden in Karelien sind die ältesten in Finnland, wie Entdeckungen aus der Bronze- und Eisenzeit zeigen. Ihre wahren Ursprünge liegen in Mythen und Legenden verborgen. Aber vielleicht sind sie gar nicht einmal so sehr verborgen, denn die *Kalevala*, die große epische Saga, berichtet eigentlich von den Kareliern.

Dieses lange Nationalepos, das im 18. und 19. Jahrhundert zum Eckpfeiler der finnischen Kultur wurde, erzählt, wie die nordischen Helden mit Magie und Schwert die Mächte des Bösen bekämpften. Es berichtet von Hochzeiten, Ritualen, gefährlichen Bärenjagden und Reisen ins Jenseits.

In der Geschichtsschreibung erscheinen die Karelier als ein Volk, das in dem wald- und seenreichen Gebiet zwischen der heutigen Südostgrenze zu Rußland und dem Weißen Meer lebte. Sie kamen unter den Einfluß der Russen, nahmen aber deswegen noch lange keine russischen Gewohnheiten an. Durch Holzeinschlag und Brandrodung verwandelten sie undurchdringliche Waldgebiete in fruchtbare Felder.

Das Getreide, das sie anbauten, mußte getrocknet werden. Die Wärmeerzeugung mit Dampf war vermutlich eine russische Erfindung, doch die Karelier übernahmen dieses Verfahren und verfeinerten es. Zunächst diente es dem Trocknen von Getreide, später dann zur Entspannung und Heilung der Menschen – die Sauna war geboren.

Die griechisch-orthodoxe Kirche hat unter den Kareliern 60 000 Mitglieder und in Südostfinnland findet man heute viele ihrer Kirchen. Der karelische Dialekt ist nahezu ausgestorben, ursprünglich gab es zwei verschiedene Arten.

Der schreckliche Winterkrieg 1939/40 wurde geführt, um Karelien nicht an Rußland zu verlieren. Doch diese Auseinandersetzung, in der sich Finnland so tapfer schlug, war nur einer von etwa 200 Kriegen, in denen um Karelien gekämpft wurde. Danach blieb von Finnisch-Karelien nicht viel übrig.

Aufgrund der Siedlungspolitik, die Finnland nach dem Ende des Fortsetzungskrieges aufgezwungen wurde, mußten ungefähr 400 000 Karelier in den vierziger Jahren ihre Häuser verlassen und wurden andernorts wieder angesiedelt. Die Karelische Landenge war an den Feind gefallen, ebenso ganz Ostkarelien, das nun von Russen und Weißrussen besiedelt wurde.

Das heutige Karelien ist nur noch ein Fragment seines früheren Erscheinungsbildes. Seine ehemaligen Bewohner, die in der Regel lebhafter als die restlichen, eher schweigsamen Finnen sind, leben im ganzen Land verstreut. Die wenigen Zurückgebliebenen wohnen entweder als Minderheit in Rußland oder in kleinen Walddörfern auf finnischem Gebiet. Das moderne Finnisch-Karelien wird von einer Linie begrenzt, die etwa parallel zur Grenze zwischen Lieska und der Karelischen Landenge verläuft.

Dieses Gebiet unterscheidet sich deutlich vom restlichen Finnland. Vielleicht hängt es mit der schmackhaften Zubereitung der Speisen zusammen. Probieren Sie unbedingt den Lachs, er schmeckt hier besonders köstlich. Vielleicht ist es auch die an eine Kathedrale erinnernde Würde des Waldes, in dem der Auerhahn die Flügel spreizt und der stattliche Elch über das Moos schreitet. Das karelische Vermächtnis ist aber mehr als eine verlorene Heimat. In Sauna, Saga und Sibelius lebt Karelien ewig weiter. ■

**Oben: Karelische Familie im Sonntagsstaat.**

Norden weist drei Markenzeichen des Landes auf: Sauna, Lachs und eine traumhafte Landschaft. Besonders stark vertreten sind diese drei Aspekte in der Region, die nördlich von Nurmes an der Linie beginnt, die der Oulu-See und -Fluß bilden, und sich Richtung Norden bis nach Rovaniemi und Lappland erstreckt.

In Finnland kommt auf durchschnittlich vier Menschen eine Sauna. Kein Wunder also, daß ausländische Besucher überall auf sie treffen werden: im Hotel, in Privathäusern, auf Schiffen, in Feriendörfern und Waldcamps. Jeder Finne ist stolz auf die Sauna, das Wort, das die finnische Sprache dem Rest der Welt schenkte. Mit nichts kann man einen langen Tag an der frischen Luft besser abschließen als mit einigen Saunagängen.

Im Fluß – und auf dem Ofen – findet man einen klassischen karelischen Fisch, den Atlantiklachs. Obwohl Finnland nicht am Atlantik liegt, kommen in den Binnenseen dieser Gegend – dank der Eiszeit – dieselben Lachse vor.

Die Nationalparks sind geschützte Gebiete, in denen die Natur so unberührt wie möglich bleibt. In den größeren Parks wurden für Touristen jedoch Pfade markiert, Campingplätze angelegt und Hütten erbaut. Außerhalb vom eigentlichen Park warten dann Hotels auf Gäste. Es mag kaum notwendig erscheinen, bestimmte Gebiete zu Nationalparks zu erklären, da das Land über so viel unverschmutztes Territorium verfügt. Doch Finnland kann im Ganzen mit 25 Nationalparks aufwarten, von denen die schönsten an diesem Weg durch die Wildnis Richtung Norden liegen.

Von Osten führt der schnellste Weg nach Zentralfinnland von Nurmes auf der Straße 75 nach Kuhmo. Sie können aber auch auf der Straße 18 Richtung Norden fahren und entweder vor Sotkamo nach rechts auf die Straße 76 abbiegen, um nach Kuhmo zu kommen, oder nach links auf der Straße 18 weiter nach Kajaani am Oulu-See im Westen fahren. (Von der Westküste aus gelangen Sie nach Zentralfinnland, indem Sie von Oulu aus dem Wasserweg folgen, der den Fluß Oulu, den Oulu-See, Kajaani und Kuhmo miteinander verbindet.)

**Erzbischof Paavali segnet die Eröffnung des Hauses Bomba in der Nähe von Nurmes.**

**Eine natürliche Welt:** Bevor Sie auf der Straße 18 in das Oulu-Gebiet kommen, können Sie einen Umweg zum abgelegenen **Tiilika-Nationalpark** in der Nähe von Rautavaara machen. Nach Valtimo, ungefähr 20 Kilometer nördlich von Nurmes, biegen Sie links auf die Straße 585 Richtung Rautavaara ab. Nach etwa 40 Kilometern erreichen Sie den Nationalpark. Er wurde gegründet, um das unbewohnte Moorgebiet um den **Tiilika-See** zu schützen. Übernachten und vorzüglich speisen können Sie im Kalevala Hotel. Fahren Sie dann zurück auf die Straße 18 und weiter Richtung Norden.

Der **Hiidenportti-Nationalpark** liegt im Südosten von Sotkamo und ist ebenfalls von der Straße 18 aus zu erreichen. Biegen Sie von der Straße 18 rechts auf die Straße 584 ab, nach ungefähr 20 Kilometern beginnt der Park auf der linken Seite. Durch diese rauhe Gegend zieht sich die Hiidenportti-Schlucht, ein Grabenbruch mit steilen, bis zu 20 Meter hohen Felswänden. Sowohl der Nationalpark als auch das benachbarte Peurajärvi-Gebiet verfügen über markierte Wege mit Zeltplätzen. Sie können sich zwar auf unzähligen Nebenstraßen zurück nach Sotkamo kämpfen, doch solange Sie nicht auf ein Abenteuer aus sind, ist es einfacher, auf der Straße 18 den Rückweg anzutreten.

Je weiter man nach Norden kommt, um so größer ist die Wahrscheinlichkeit, sowohl innerhalb als auch außerhalb von Nationalparks auf Rentiere zu treffen. Diese Tiere sind die Haupteinnahmequelle für viele Menschen, die in diesem Teil Finnlands leben. Sie sollten daher besonders vorsichtig fahren, wenn Sie hier mit dem Auto unterwegs sind.

**Die Grenze: Kuhmo** ist eine von dichtem Wald umgebene Grenzstadt in der Wildnis von Kainuu. Sie ist die größte Gemeinde von ganz Finnland und hat ein Einzugsgebiet von 5458 Quadratkilometern. Kuhmo liegt zwar in einer einsamen und menschenleeren Gegend nahe der russischen Grenze, doch die Stadt hat sich aufgrund des jährlich stattfindenden **Kuhmo-Kammermusikfestivals** einen internationalen Ruf erworben. Fünfzig Kilometer östlich erinnert in Saunajärvi das **Winterkriegsdenkmal** an den verzweifelten, 100 Tage dauernden Kampf Finnlands gegen eine große gegnerische Übermacht im Jahre 1940.

Einst wurde in dieser Gegend Teer produziert. In dem langen Herstellungsprozeß wurden Bäume gefällt, liegen gelassen und schließlich verbrannt, um die klebrige Flüssigkeit zu gewinnen, die die Grundlage für Teer bildet. Sobald er in Fässer abgefüllt war, wurde der Teer von Bauern auf kleine Boote verladen und nach Oulu gebracht. Hier wurde er zum Teil von Schiffsbauern für ihr eigenen Schiffe gekauft und zum Teil von Exportunternehmen ins Ausland verschifft. Im 19. Jahrhundert war Finnland der größte Teerexporteur der Welt.

Im **Kalevala-Dorf** in einem Park außerhalb von Kuhmo werden Volkstraditionen gepflegt. Man möchte den Besuchern eine Ahnung von der finnischen Kultur vermitteln, die von Künstlern wie Elias Lönnrot und Akseli Gallen-Kallela in ihren Werken verewigt wurde. Das Ergebnis dieser Bemühungen ist eine sehr lebendige Demonstration der Alltagskultur vergangener Zeiten.

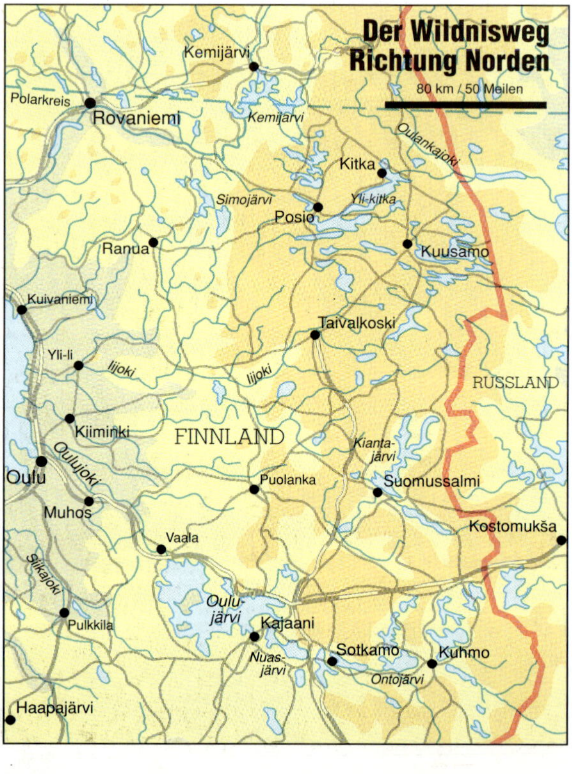

Das Dorf dient auch als Szenerie für zahlreiche Veranstaltungen, wie zum Beispiel Schauspiele, Feste und Theateraufführungen. Auf Führungen erfährt der Besucher, wie in dieser Gegend früher gejagt und gefischt und wie Teer hergestellt wurde. Außerdem werden im Kalevala-Dorf Modelle von Vogel- und Bärenfallen ausgestellt.

Nördlich von Kuhmo in Lentiira befindet sich das **Kiefernhalbinsel-Abenteuerdorf**, eine der einladendsten und komfortabelsten Hüttenanlagen am See. Die finnische Gastfreundschaft findet hier in Form von Rauchsauna und kaltem Bier einen Ausdruck.

**Dunkle, grüne Wälder:** Eine lange, gerade Straße durch einige von Finnlands dunkelsten Wäldern führt im Westen aus Kuhmo heraus nach Sotkamo und weiter nach Kajaani am Ufer des Oulu-Sees. Einst wurden hier die Teerfässer gesammelt, bevor sie auf die Reise an die Küste geschickt wurden.

1651 wurde **Kajaani** von dem schwedischen Generalgouverneur Per Brahe im Schutz einer bereits bestehenden Festung gegründet, die als Bastion gegen Rußland gedacht war. Doch im Jahre 1716 fiel die Festung, und die ganze Stadt wurde in dem schrecklichen Krieg zwischen Schweden und Rußland dem Erdboden gleichgemacht. Die Stadt ist auch als das Zuhause von Urho Kekkonen bekannt, dem finnischen Präsidenten, der am längsten amtierte. Die Ruinen der **Festung** aus dem Jahre 1604 sind heute noch zu besichtigen. Das **Rathaus** ist ein Werk des weitgereisten deutschen Architekten C. L. Engel, der auch viele Bauten in Helsinki entwarf. Der alte Teerbootkanal und das Haus des Schleusenwärters am Fluß sind noch erhalten.

Der **Stall des Zaren** in **Paltaniemi** ist ein Überbleibsel eines Besuchs von Alexander I. Paltaniemi ist der Geburtsort des Dichters Eino Leino und verfügt über ein **Kultur- und Kongreßzentrum**. Fünfzehn Kilometer von hier bietet das **Ruuhijärvi-Wildnisdorf** friedliche Fischgründe sowie alte Jagdhütten, die das ganze Jahr über geöffnet sind.

Die Straße von Kajaani nach Oulu verläuft am Oulu-See entlang. Bevor man

**Luchs, Elch, Bär und Wolf sind in der finnischen Wildmark beheimatet.**

nach Oulu kommt, führt diese Route durch Muhos, wo die zweitälteste Kirche Finnlands steht. Sie wurde 1634 erbaut. In Oulu wird die Tradition der Teerherstellung fortgeführt, am Abend der Sommersonnenwende werden in der Stadt die Teergruben angezündet. (Siehe auch *Am Bottnischen Meerbusen*, Seite 213.)

Die Entfernungen sind in dieser kaum bevölkerten Gegend, in der viele Finnen ihren Wander-, Angler- oder Naturuslaub verbringen, sehr groß. Der nächste größere Ort, Kuusamo, liegt fast an der russischen Grenze, 280 Kilometer nordöstlich von Oulu. (Wenn Sie gern einen Umweg machen möchten, biegen Sie in Pudasjärvi ab und fahren auf die Straße 78. Nach 70 Kilometern erreichen Sie Ranua, wo Sie den nördlichsten Tierpark der Welt besuchen können.)

**Wildes Wasser und stürmischer Wind:** Kuusamo liegt in einer wunderbar wilden Landschaft, mit einer Tundra so weit das Auge reicht sowie Wäldern und Flüssen, die durch Schluchten und Canyons brechen. Das häufigste Geräusch in dieser Gegend ist das Rauschen des Wassers und das Brausen des Windes hoch in den Bäumen. Dutzende von Stromschnellen ziehen Kanufahrer und Fischer an. Der Oulankajoki und der Iijoki sind ideal für Familienausflüge mit dem Kanu, auf den Kitkajoki dagegen sollten sich nur erfahrene Kanufahrer wagen.

Sowohl Flüsse als auch Seen bieten viele exzellente Anglerplätze. Aufgrund der guten Wartung der Fischgründe taucht die braune Forelle in den Flüssen um den Paanajärvi-See jedes Jahr zahlreicher auf. Die vielen Blau- und Himbeeren, die in der arktischen Tundra weit verbreitet sind, warten nur darauf, von Ihnen gepflückt zu werden. Der einzige Haken an der Sache sind die Mücken, die im Sommer besonders aggressiv sind.

Sommer wie Winter dient dieses weite Land vielen Menschen zur Erholung. Das **Karhuntassu-Tourismuszentrum** wurde gebaut, um über jede Form des Aktiv-Urlaubs, jede Unterkunftsmöglichkeit und jeden anderen Aspekt dieser Region Auskunft zu geben. Im Winter bekommt man mit dem Schneemobil vom verschneiten Land am meisten zu sehen, ohne sich zu sehr anstrengen zu müssen. Doch viele verzichten wegen der Motorgeräusche und Abgase gern auf diese bequeme Art der Fortbewegung.

In der Nähe gibt es zwei Nationalparks. Der **Oulanka** im Norden erstreckt sich über eine unberührte Gegend mit einer Fläche von 270 Quadratkilometern. Hier begeistern Schluchten, reißende Ströme und bunte Blumenwiesen den Reisenden. **Karhunkierros**, der berühmteste Wanderweg Finnlands, zieht sich über 75 Kilometer durch den Oulanka-Canyon zu den Rukatunturi-Fjälls. Ein paar Kilometer auf diesem Weg vermitteln Ihnen eine Ahnung von der Schönheit dieser Landschaft. Sollten Sie die ganze Strecke entlangwandern wollen, benötigen Sie mit Übernachtungen einige Tage. Im Nordosten von Oulanka befindet sich der Nationalpark **Riisitunturi**, eine unberührte Hügel- und Moorlandschaft.

Kaum wahrnehmbar haben sich Landschaft und Kultur auf dem Weg durch die Wildnis Richtung Norden verändert: von den Traditionen Kareliens zum alten Lebensstil der Samen. Hier beginnt zweifelsohne das Land der Lappen.

**Zwei Fliegen mit einer Klappe: Jagen und Fischen lassen sich gut kombinieren.**

## AUF DER JAGD

In den Wäldern des Nordens lebt der finnische Elchbulle, mit einer Schulterhöhe von fast zwei Metern ist er eine majestätische Erscheinung. Der von einem mächtigen Geweih gekrönte König des Waldes ist längst nicht so schwerfällig und träge, wie er wirken mag. Leise, wachsam, flink und mit hochentwickelten Sinnen stellt dieser Titan der Tundra und frühere Zeitgenosse des Dinosauriers die Fähigkeiten und die Belastbarkeit des modernen Jägers auf eine harte Probe.

Die Elche werden gejagt, damit ihre Nahrungsgrundlage bewahrt und das für die finnische Wirtschaft so wichtige Jungholz vor ihnen geschützt wird. Die Elche vermehren sich in Finnland so stark, daß jährlich 50 000 Tiere geschossen werden müssen.

Hügel und Mulden, Felsen, dichtes Buschwerk und der Baumreichtum der subarktischen Tundra erschweren die Verfolgung der Elche. Auch modernste Waffen können da wenig ausrichten; die größte Hilfe für den Jäger sind gut ausgebildete Hunde.

Ein Elch, ganz gleich ob männlich oder weiblich, ist groß genug, um einen Hund ignorieren zu können. Manchmal flüchtet der Elch, aber nicht aus Angst. Die besten Jagdhunde stehen 24 Stunden bei einem Elch und kläffen. Wenn sich der Koloß bewegt, nimmt der Hund die Fährte auf, ohne Laut zu geben. Fängt der Hund wieder zu bellen an, ist das für den Jäger das Signal dafür, daß der Elch stehengeblieben ist und die Annäherung beginnen kann.

Auf dem Boden knackt es bei jedem Schritt. Der Jäger muß ganz leise näherkommen, das letzte Stück muß er vielleicht kriechen. Er muß sichergehen, daß der Wind für ihn günstig steht. Jeden Moment kann das Tier ihn wittern. Ein plötzliches Geräusch läßt den Elch aufschrecken, und eine falsche Bewegung kann die Anstrengungen eines ganzen Tages zunichte machen.

Wie für die Jagd auf den Elch ist die Ausdünnung des Bestands auch der Grund für die Jagd auf den Wolf. Wölfe durchstreifen immer noch das Grenzgebiet zwischen Finnland und Rußland, die Finnen behaupten, auf russischer Seite gäbe es mehr davon. In Rußland sind diese Tiere eine Plage und Bedrohung für die Menschen ebenso wie die Bären.

Eine seltene Spezies von Waldrentieren lebt auf beiden Seiten der Grenze und wird oft zur Beute der Wölfe. Im Gegensatz zu den in Finnland seltenen Bären, die in den Höhlen der finnischen Wälder ihre Jungen aufziehen, vermehren sich die Wölfe nicht in Finnland, sondern kehren nach ihren Beutezügen nach Rußland zurück.

Die Wolfsjagd ist eine äußerst schwierige Angelegenheit. Doch die finnischen Berufsjäger wenden ein ausgeklügeltes, auch in anderen osteuropäischen Ländern übliches Verfahren an, um die Wölfe einzukreisen. Die Männer legen im Wald Schnüre mit roten Fähnchen aus. Aufgrund irgendeines seltsamen Instinkts werden diese Linien von den Wölfen nicht überschritten – sie verhalten sich also genau umgekehrt wie Stiere angesichts eines roten Tuches. Anschließend treiben die Jagdhelfer die Wölfe zu den Jägern. Jetzt wären die Jäger mit ihren Gewehren eigentlich überlegen, doch da die Wölfe schlau und schnell sind, können viele entkommen. Ohne diesen Trick würde kaum ein Jäger einen Wolf schießen können.

In Finnland können Sie mit einem Führer auf Jagd gehen. Die Elchjagd, die drei bis vier Tage dauert, ist besonders beliebt. Während dieser Zeit lebt man in einer Hütte, die stets sauber und hell ist und aus neuem Holz erbaut wurde. Und wenn man dann stundenlang im Wald war, gibt es abends nichts Schöneres als eine Sauna, um sich rundum wohl zu fühlen. ■

**Oben: Warten auf Beute.**

2
6

# LAPPLAND

Zwei Hauptstraßen ziehen sich Richtung Norden durch die Provinz Lappland (Lappi). Die Straße 4, manchmal auch die Eismeerstraße genannt, verbindet Kemi mit Rovaniemi und verläuft dann weiter nordöstlich durch immer weniger bewohnte Landschaften bis nach Karigasniemi an der norwegischen Grenze. Die Straße 21 (E78) dagegen führt von Tornio flußaufwärts durch das Tornio-Tal und weiter an Flüssen entlang, die die Grenze zu Schweden bilden. Die E78 trifft in der Nähe von Kilpisjärvi auf die norwegische Grenze. Diese Straße, die parallel zur Flußroute des Arktischen Kanu-Rennens verläuft (siehe auch Seite 249), ist auch als der *Weg der Vier Winde* bekannt. Sie wurde nach den vier Ecken der traditionellen Kopfbedeckung der Samen benannt. Über Brücken oder auf Fähren gelangen Sie ans andere Ufer nach Schweden.

Die beiden Routen sind jeweils 542 und 284 Kilometer lang. Auf beiden Straßen bekommen Sie einen oberflächlichen Eindruck von der arktischen Landschaft, doch keine der beiden kann Ihnen auch nur die leiseste Ahnung vom eigentlichen Lappland vermitteln. Um das herauszufinden, müssen Sie die Hauptstraßen – und möglichst auch noch die Nebenstraßen – verlassen und sich zu Fuß, mit einem Kanu oder – im Winter – auf Skiern auf den Weg machen. Oft findet man wenige hundert Meter vom modernsten Hotel schon ein einsames Plätzchen. Zu einem wahren Naturerlebnis wird die lappländische Landschaft jedoch erst, wenn man sich etwas weiter und länger von menschlichen Behausungen entfernt. Die Notwendigkeit angemessener Kleidung und Ausrüstung kann gar nicht genügend betont werden: Das Wetter schwingt oft plötzlich um, und dann kann die arktische Wildnis zu einem äußerst unangenehmen Ort werden.

Je weiter man gen Norden fährt, desto knorriger werden die Bäume, desto seltener die Wälder und Dörfer. Die Hügel erscheinen dagegen immer zahlreicher und höher am Horizont, bis man schließlich die Fjälls Nord- und Nordwest-Lapplands mit ihren kahlen Gipfeln erreicht. Oberhalb der Baumgrenze kriecht die Vegetation am Boden: Wacholder, Weiden und Fjällbirken klammern sich zwischen Moosen und Flechten, kleinen Lichtnelken und zartem Steinbrech an die Berghänge. Im Sommer sollten Sie sich reichlich mit Insektenschutzmitteln eindecken; offensichtlich hat jedes Paradies seine Schlange!

1944 verfolgte die deutsche Armee die Taktik der verbrannten Erde, als sie sich Richtung Norden nach Norwegen zurückzog. Daher findet man alte Gebäude, die den Krieg überlebten, heute nur noch abseits der Hauptstraßen.

Von Kemi folgt die Straße 4 dem Tal des Kemijoki, in dem ein Boom in der Holzindustrie eine Siedlung nach der anderen aus dem Boden schießen ließ. Nach 115 Kilometer erreichen Sie **Rovaniemi**. Das ganz in der Nähe des Nördlichen Polarkreises gelegene Verwaltungszentrum Lapplands ist der Ausgangsort für die meisten Touren in die Provinz. Die Stadt liegt sehr günstig am Zusammen-

**Vorherige Seiten: Die Jockeys, und links: die Zuschauer beim Rentierrennen in Inari. Rechts: Einen echten Golfer hält das bißchen Schnee nicht vom Spielen ab.**

fluß des Ounasjoki und Kemijoki. Nach dem Zweiten Weltkrieg wurde sie komplett wieder aufgebaut und hat seitdem ihre Einwohnerzahl fast vervierfacht. (Heute zählt die Stadt ungefähr 33 000 Einwohner.) Im Frühsommer treiben auf dem Ounasjoki immer noch frisch gefällte Holzstämme aus den Wäldern Zentrallapplands Richtung Rovaniemi. Über der Stadt erheben sich die bewaldeten Hänge von **Ounasvaara**, einem sehr gut erschlossenen Skigebiet und dem Schauplatz internationaler Winterspiele. In der Mittsommernacht versammeln sich hier viele Menschen, um die nicht untergehende Sonne zu betrachten.

Der Plan zum Wiederaufbau Rovaniemis stammt von Alvar Aalto, der auch den Gebäudekomplex des **Lappia-Hauses** in der Hallituskatu entwarf, in dem das Provinzmuseum, ein Theater, Kongreßsäle und eine Bücherei untergebracht sind. Im Provinzmuseum erhalten Sie einen Gesamtüberblick über die Flora und Fauna Lapplands, die Traditionen der Samen und die Geschichte Rovaniemis. Die Bauernhäuser aus dem 19. Jahrhundert im **Pöykkölä-Freilichtmuseum** am Kemijoki, drei Kilometer südlich auf der Straße 78, vermitteln jedoch ein lebendigeres Bild vom Lebensstil der ehemaligen Einwohner der Stadt. In der **Lutherischen Kirche** können Sie ein modernes, riesiges Altargemälde bewundern: *Die Quelle allen Lebens* von Lennart Segerstråle.

Acht Kilometer nordöstlich der Stadt auf der Straße 4, gleich nach der Abzweigung zum Flughafen von Rovaniemi, können Sie den Weihnachtsmann in seiner **Polarkreis-Werkstatt** besuchen. Auf dem Postamt werden jährlich Tausende von Briefen von Kindern aus der ganzen Welt abgefertigt, außerdem wartet das Dorf mit guten Geschäften, einer Glasfabrik, einigen Rentieren und natürlich dem Nikolaus persönlich auf.

Östlich der Straße 4 in Südlappland wurden einige Fjällgebiete für den Winter- und Sommertourismus erschlossen. Besonders schön ist das **Pyhätunturi**-Fjällgebiet, ungefähr 135 Kilometer nordöstlich von Rovaniemi. **Luostotunturi** befindet sich im Norden von Pyhätunturi und südlich von Sodankylä.

Die stark bewaldete Landschaft wird Richtung Norden immer menschenleerer. **Sodankylä**, 130 Kilometer von Rovaniemi entfernt, ist der erste größere Ort, eine vor langer Zeit gegründete Gemeinde, die angeblich die älteste in ganz Finnland sein soll. Neben der Steinkirche aus dem 19. Jahrhundert steht deren Vorgängerin aus Holz, die älteste Kirche Lapplands, die 1689 erbaut wurde. Aus südöstlicher Richtung führt die Straße 5 nach Sodankylä hinein, während kleinere Straßen nach Osten und Westen verstreut liegende, winzige Ortschaften miteinander verbinden. Die nächsten 100 Kilometer Richtung Norden gibt es nichts von Interesse, bis Sie ein paar Kilometer nach Vuotso **Tankavaara** erreichen.

Über ein Jahrhundert lang wurde in verschiedenen Teilen Lapplands Gold aus Sand ausgewaschen. In **Kultala** (*kulta* bedeutet Gold), in der unwegsamen Wildnis an den Ufern des Ivalojoki, können Sie heute noch eine Goldwäscherei besichtigen, die 1870 gegründet wurde, als fast 500 Männer im Flußschlamm nach dem gelben Metall suchten. We-

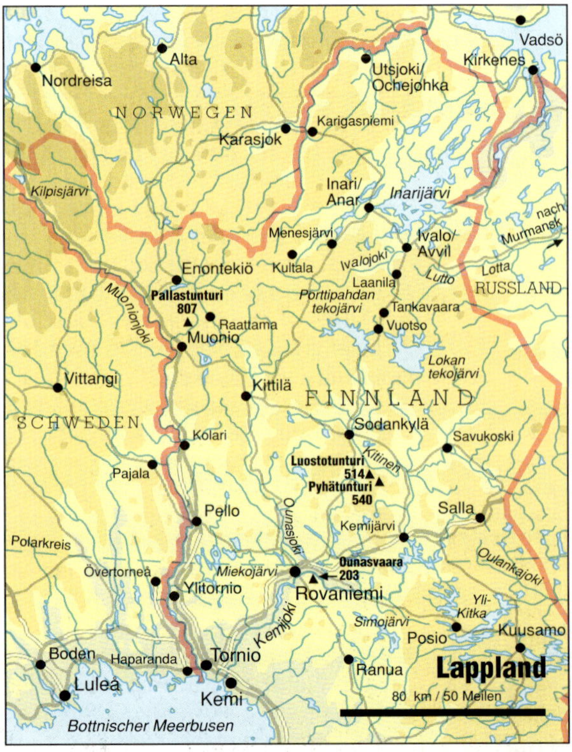

sentlich zugänglicher ist dagegen das **Goldmuseum** (*Kultamuseo*) in Tankavaara. Hier können Sie nicht nur mehr über die hoffnungsvollen Sucher der Vergangenheit erfahren, sondern gegen eine geringe Gebühr und unter fachmännischer Aufsicht sogar selbst eine Stunde, einen Tag oder sogar mehrere Tage lang Gold waschen.

Tankavaara ist eine der vielen kleinen Samengemeinden, in der Unterkünfte mit Selbstverpflegung angeboten werden. Ungefähr 40 Kilometer weiter nördlich warten moderne Hotels auf Touristen. Sie liegen zum Teil in **Laanila** und zum Teil in den Wäldern und auf den Hängen des **Saariselkä** verstreut, einem riesigen, urwüchsigen Fjällgebiet an der russischen Grenze. Ein Großteil dieses Gebietes wurde zum Nationalpark Urho Kekkonen erklärt, der nach dem am längsten amtierenden, ehemaligen finnischen Präsidenten benannt wurde.

Nach weiteren 23 Kilometern kommen Sie an der Abzweigung zum Flughafen von Ivalo, Finnlands nördlichstem Flughafen, vorbei. Wenige Kilometer weiter erreichen Sie dann **Ivalo**, das sich am Ostufer des Ivalojoki ausbreitet. Ivalo ist die größte Gemeinde in Nordlappland und kann mit modernen Läden, einem Krankenhaus, einem erstklassigen Hotel und mehreren Schulen aufwarten. Was die Kultur der Samen anbelangt, ist es jedoch von geringerer Bedeutung als Inari. Die kleine **orthodoxe Kirche** aus Holz ist sehr sehenswert. Sie liegt versteckt im Wald und wird von Skoltsamen besucht, einer Gruppe von Samen, die früher in dem Gebiet lebten, das 1944 der Sowjetunion überlassen wurde. Diese Samen tragen eine andere Tracht, sprechen eine andere Sprache und pflegen andere Traditionen als der Rest der Samen.

Die **Lutherische Kirche** in Ivalo befindet sich in der Nähe der Brücke, auf der die Straße 4 über den Ivalojoki führt. Von hier sind es noch 39 Kilometer nach Inari. Ein Großteil der herrlichen Strecke verläuft am Ufer des Inari-Sees entlang. Das Dorf **Inari** ist ein idealer Ausgangspunkt für Wanderungen in die Wildnis. Es ist zwar kleiner als Ivalo, aber dennoch das Verwaltungszentrum einer großen, wenn

**Schneemonster mit Unschuldsengel.**

auch spärlich bevölkerten Gegend und der traditionelle Treffpunkt der Samen, die von nah und fern anreisen, um hier Hochzeiten und andere Feste zu feiern. Der **Inari-See** ist mit einer Wasseroberfläche von 1300 Quadratkilometern Finnlands drittgrößter See. Manche seiner 3000 Inseln werden von den Samen als heilig betrachtet. Er ist ein wilder, einsamer, aber wunderschöner See, Gegenstand vieler Lieder und Legenden.

Das hervorragende Freilicht-**Samenmuseum** (*Saamelaismuseo*) in Inari umfaßt alte Gebäude und Geräte, die den ehemals nomadischen Lebensstil der jagenden und fischenden Samen veranschaulichen. Ein gekennzeichneter Pfad (15 Kilometer hin und zurück) führt vom Museum zu einer abgelegenen Holzkirche aus dem 18. Jahrhundert in **Pielppajärvi**. Sie ist eines der ältesten Gebäude Lapplands. Der Standort der Kirche ist ein hübsches Fleckchen Erde, und der Spaziergang dorthin wird Ihnen eine Ahnung von der Stille Lapplands vermitteln. Sie können die Kirche jedoch auch mit dem Boot erreichen.

Die Straße 955 führt von Inari Richtung Südwesten in die Samengemeinde **Menesjärvi** (40 Kilometer). Von hier kann man auf der Straße und anschließend mit dem Boot oder zu Fuß durch das wildromantische Tal des Lemmenjoki („Fluß der Liebe") zu einem abgelegenen Goldsucher-Camp weiterreisen. Der Fluß gab einem weiteren riesigen Nationalpark seinen Namen. Dieses Gebiet ist heute zwar weniger isoliert als vor einigen Jahrzehnten, doch es ist immer noch eine sehr einsame Gegend mit felsigen Canyons und dichtem Urwald. Wer keine Erfahrung im Reisen durch Wildnisgebiete hat, sollte sich nicht ohne einen Führer hierher wagen. (Von Menesjärvi führt die Straße 955 quer durch Lappland und trifft in Kittilä auf die Straße 79.)

Um Inari und nördlich davon verläuft die Straße durch einige hübsche Ferienorte, in deren Unterkünften man sich meist selbst verpflegt. Nach 26 Kilometern kommen Sie nach **Kaamanen**. Hier biegt eine kleinere Straße Richtung Nordosten nach **Sevettijärvi** (97 Kilometer) ab, der modernen, neuen Gemein-

**Wo die Straßen aufhören, begibt man sich aufs Wasser.**

de der Skoltsamen. Wenige Kilometer nördlich von Kaamanen gabelt sich die Straße wieder: Eine Nebenstraße führt Richtung Norden nach Utsjoki (94 Kilometer) an der norwegischen Grenze, und die Straße 4 führt in nordwestlicher Richtung nach Karigasniemi (66 Kilometer), ebenfalls an der norwegischen Grenze.

Auf beiden Routen gestaltet sich die Landschaft zunehmend hügeliger, wilder und menschenleerer. Oberhalb der Nadelbaumgrenze überlebt nur die widerstandsfähige Fjällbirke, ihre knorrigen, sich windenden Äste machen einen eigentümlich biblischen Eindruck in dieser kahlen, arktischen Landschaft. Die schönere Route führt an verschiedenen Seen vorbei nach Utsjoki. Ganz in der Nähe liegt der **Kevo-Naturpark**, in dem die Universität Turku eine Forschungsstation betreibt.

**Utsjoki** ist eine bedeutende Samengemeinde und eignet sich hervorragend für einen Fischer- oder Bergsteigerurlaub in Finnlands nördlichster Ecke. Die Kirche der Gemeinde aus dem Jahre 1860 ist eines der wenigen Gotteshäuser Lapplands, die im Zweiten Weltkrieg nicht zerstört wurden. Das Dorf zieht sich über einige Kilometer an der Straße entlang hin, so als würde es dem Utsjoki flußabwärts zu seinem Zusammenfluß mit dem Tenojoki folgen. Der Tenojoki ist für seinen Lachsreichtum berühmt.

Sowohl Utsjoki als auch **Karigasniemi** werden von Fjälls beherrscht, die Ailigas heißen. Die Fjälls, die über Karigasniemi emporragen, sind über 620 Meter hoch. Von diesen Grenzsiedlungen können Sie auch auf norwegischen Straßen weiterfahren und schließlich bei Kilpisjärvi oder Enontekiö wieder nach Westlappland zurückkehren.

Ihre Tour durch Westlappland wird wahrscheinlich in Tornio, ungefähr 80 Kilometer südlich des Nördlichen Polarkreises, beginnen. Der *Weg der Vier Winde*, nämlich die Straße 21 (E78), führt durch ein ganz anderes Lappland als die Eismeerstraße, denn der untere Abschnitt des Tornio-Tales ist relativ stark besiedelt. Außerdem fährt die Eisenbahn bis Kolari, ungefähr 186 Kilometer nördlich von Tornio.

**Symphonie in Grün, Gelb und Rot: Lappland im Sommer.**

Der südliche Teil dieser Strecke führt durch eine Reihe kleiner Gemeinden, deren Einwohner sich in diesem milden Klima hauptsächlich von der Land- und Milchwirtschaft ernähren. In **Kukkola** sollten Sie die Kukkolankoski, die größten Stromschnellen des Tornionjoki, aufsuchen, wo noch auf traditionelle Art mit Keschern Lachs gefischt wird. Etwa 70 Kilometer nördlich von Tornio, hinter Ylitornio, kann man auf dem **Aavasaksa**-Hügel (242 Meter) die Mitternachtssonne beobachten. Etwas weiter nördlich überqueren Sie in der Nähe von Juoksenki den Nördlichen Polarkreis. Auf der Straße, die zwischen **Pello** und **Kolari** hindurchführt, wird die Szenerie wilder, und die Besiedelung wird spärlicher. Südlich von Kolari geht der Tornionjoki in einen seiner Nebenflüsse, den Muonionjoki, über, der an der finnisch-schwedischen Grenze verläuft.

Etwa zehn Kilometer nördlich von Kolari führt ein lohnenswerter Umweg auf der Straße 939 rechts nach **Äkäslompolo**. Die Strecke ist ungefähr 30 Kilometer lang. Dieses Touristenzentrum liegt an einem kleinen See und ist von bewaldeten Hügeln und Fjälls mit kahlen Gipfeln umgeben. Der höchste Fjäll ist der Ylläs mit 718 Metern. Wer nicht gut zu Fuß ist, kann sich vom Sessellift hinaufbringen lassen. Ein markierter Pfad folgt der Fjällkette, die sich von hier nordwärts zieht, und führt schließlich nach etwa 150 Kilometern zur Pallastunturi-Fjällgruppe. Dieser schöne Wanderweg ist ideal für alle, die gut ausgerüstet sind. Übernachten kann man in Hütten mitten in der Wildnis, die sogar auf Straßenkarten im Maßstab 1:200 000 eingezeichnet sind.

Von Äkäslompolo können Sie auf Nebenstraßen Richtung Norden weiterfahren und nach 31 Kilometer links auf die Straße 79 abbiegen. Dies ist die Hauptstraße, die von Rovaniemi nach Westlappland führt. Nach weiteren zehn Kilometern biegen Sie nach rechts auf die Nebenstraße 957 ab, die sich für die Fahrt nach Enontekiö am besten eignet. Eine Abzweigung nach links führt nach insgesamt 21 Kilometern zur einsamen Hotelanlage **Pallastunturi**, die herrlich zwischen fünf der 14 gleichnamigen Fjälls eingebettet liegt. Der höchste Fjäll ist der Taivaskero mit 807 Metern. Von hier stehen viele Fjällwanderwege zur Auswahl: zum Beispiel der 37 Kilometer lange Weg von Yllästunturi über die Fjälls nach Enontekiö. Auf der Straße 957 fahren Sie dann weiter ins obere Ounasjoki-Tal und über den kleinen Ort **Raattama** nach **Ketomella**, wo Sie eine Autofähre über den Fluß bringt. Vor nicht allzu langer Zeit war dieser Teil des Tales nur zu Fuß, mit dem Boot oder dem Schlitten zugänglich, daher haben einige Bauernhäuser den Krieg überlebt. Auf der ganzen Strecke haben Sie eine herrliche Aussicht auf die Pallas- und anschließend auf die Ounas-Fjälls. An der Kreuzung in **Peltovuoma** biegen Sie Richtung Westen nach Enontekiö ab und kommen bei Palojoensuu schließlich wieder auf die Straße 21.

**Enontekiö**, das auch unter seinem ehemaligen Namen Hetta bekannt ist, ist eines der am schönsten gelegenen Dörfer der Provinz. Die Häuser liegen verstreut zwischen Wiesen am Nordufer des Ounas-Sees. Am anderen Ufer erheben sich die Ounas-Fjälls, von denen der Outtakka

**Hier wird Rentierfleisch zum Trocknen aufgehängt.**

mit seinen 723 Metern der höchste ist. Vor nicht allzu langer Zeit war dies ein ziemlich abgelegener Ort am Ende der Straßen, doch heute ist er sowohl mit dem Flugzeug als auch mit dem Auto aus allen Richtungen zu erreichen.

Die meisten Gebäude in Enontekiö sind modern, unter anderem auch die hübsche Holzkirche. Den Fischern, Wanderern und Kanufahrern, die hierher reisen, stehen – vom Campingplatz bis zum Luxushotel – verschiedene Unterkünfte zur Auswahl. Enontekiö ist auch ein wichtiger Ort für die Samen Westlapplands, von denen die meisten auf den einsamen Höfen oder in den winzigen Dörfern dieser Gegend leben.

Von Palo Joensuu führt die Straße 21 weiter nordwestlich durch die Täler des Muonionjoki und Könkämäeno. Wenige Meilen nördlich von **Kaaresuvanto** kommen Sie unterhalb der Nadelbaumgrenze an den letzten Kiefern vorbei. Im Süden und im Norden von **Ropinsalmi** haben Sie eine herrliche Aussicht auf die Pättikkäkoski und Saukkokoski, zwei der Stromschnellen, die beim Arktischen Kanu-Rennen eine wirkliche Herausforderung für die Teilnehmer darstellen. Hier sind die Berge bereits über 1000 Meter hoch. An Finnlands nordwestlichster Spitze ragt der Haltia mit seinen 1328 Metern aus einem unbesiedelten Niemandsland an der norwegischen Küste hervor. Leichter zugänglich ist der **Saana** (1029 Meter), ein heiliger Fjäll der Samen, der sich über das Feriendorf **Kilpisjärvi** erhebt. Von hier führt ein Pfad zum **Grenzstein**, der die Verbindungsstelle des Länderdreiecks Finnland-Schweden-Norwegen kennzeichnet. Für das **Malla-Naturreservat** benötigen Sie eine Eintrittserlaubnis.

Der Rest dieser immensen, leeren, rauhen und grandiosen Weiten ist genauso frei wie die Naturelemente – und genauso unberechenbar. Machen Sie sich *nie* ohne geeignete Ausrüstung und genügend Proviant auf den Weg. Wer sich nicht auskennt, sollte auch nur mit Führer losmarschieren. Sagen Sie *immer* jemandem Bescheid, wohin Sie wollen und wann Sie zurückzukehren gedenken. Das kann man gar nicht oft genug betonen.

**Das Fladenbrot des hohen Nordens hat einen unverwechselbaren Geschmack.**

APA GUIDES

# Reisetips

# FÜR LEUTE, DIE DEN WERT DER ZEIT ZU SCHÄTZEN WISSEN.

Bevor Sie sich für eine Patek Philippe *Abb. 1* entscheiden, sollten Sie ein paar grundsätzliche Dinge wissen. Anhand von Stichworten wie Präzision, Wert und Zuverlässigkeit erklären wir Ihnen, warum die Uhr, welche wir für Sie anfertigen, vollkommen anders ist als alle anderen Uhren.

**"Pünktlichkeit ist die Höflichkeit der Könige", pflegte Louis XVIII. zu sagen.**

Wir glauben in aller Bescheidenheit, daß wir beim Thema Pünktlichkeit auch den Ansprüchen der Könige gewachsen sind. So haben wir unter anderem ein mechanisches Laufwerk hergestellt, das in vollkommener Übereinstimmung mit dem gregorianischen Kalender die Schaltjahre der nächsten fünf Jahrhunderte berücksichtigt: Es fügt den Jahren 2000 und 2400 jeweils einen Tag hinzu, überspringt aber die Jahre 2100, 2200 und 2300 *Abb. 2.* Allerdings sollte so eine Uhr von Zeit zu Zeit neu justiert werden: Denken Sie bitte alle 3333 Jahre und 122 Tage daran, die Uhr um einen Tag vorzustellen, damit sie wieder mit der Himmels-Uhr übereinstimmt. Solche Dimensionen erreichen wir natürlich nur, weil wir bei der Herstellung jeder Uhr, also auch Ihrer, zu den absoluten physikalischen, wenn nicht metaphysischen Grenzen der Präzision und des Machbaren vorstoßen.

**Fragen Sie bitte nicht "wieviel?"**

Versetzen Sie sich einmal in die Welt der Sammler, die bei Auktionen Höchstpreise bieten, um eine Patek Philippe zu erwerben. Vielleicht schätzen sie die Einzigartigkeit der Feinmechanik und des Laufwerks, vielleicht die Schönheit einer Patek Philippe oder weil es eine Rarität ist. Wir glauben jedoch, daß hinter jedem Mehrgebot von US$ 500'000.– auch die Überzeugung steht, daß eine Patek Philippe, selbst wenn sie 50 Jahre oder älter ist, auch für zukünftige Generationen noch mit äußerster Präzision arbeiten wird. Falls wir nun in Ihnen den Wunsch nach einer Patek Philippe geweckt haben, versichern wir Ihnen folgendes: Die Uhr, die wir für Sie herstellen, wird besagten Sammlerstücken technisch noch überlegen sein. Schließlich ist es bei uns Tradition, daß wir laufend nach noch perfekteren mechanischen Lösungen für höchste Zuverlässigkeit und perfekte Zeitkontrolle suchen. Darum wird Ihre Patek Philippe über Neuerungen verfügen *Abb. 3,* von denen die Meisteruhrmacher, welche diese großartigen Armbanduhren vor 50 Jahren schufen, nicht einmal zu träumen wagten *Abb. 4.* Gleichzeitig sind wir natürlich bestrebt, Ihre Finanzkraft nicht über Gebühr zu strapazieren.

**Besitz als Erlebnis.**

Stellen Sie sich vor, heute wäre der Tag, an dem Ihnen Ihre Patek Philippe überreicht wird. Das Gehäuse birgt die Huldigung des Uhrmachers an das Geheimnis "Zeit". Er hat jedes Rädchen mit einer Kehlung versehen und es zu einem strahlenden Ring poliert. Die Platten und Brücken aus Gold und kostbaren Legierungen sind fein gerippt. Kleinste Oberflächen wurden facettiert und auf das Mikron genau geschliffen. Ganz zum Schluß, nach monate- oder jahrelanger Arbeit, prägt der Uhrmacher ein kleines Zeichen in die Hauptbrücke Ihrer Patek Philippe: das Genfer Siegel – die höchste Auszeichnung großer Uhrmacherkunst, verliehen von der Regierung des Kantons Genf *Abb. 5.*

**Äußerlichkeiten, die innere Werte verheißen.** *Abb. 6.*

Wenn Sie Ihre Uhr bestellen, legen Sie zweifellos Wert darauf, daß deren Äußeres die Vollendung und die Eleganz des Uhrwerks im Innern widerspiegelt. Darum ist es gut für Sie zu wissen, daß wir Ihre Patek Philippe exakt nach Ihren Wünschen künstlerisch gestalten können. Unsere Graveure sind beispielsweise in der Lage, ein subtiles Spiel von Licht und Schatten auf die goldene Rückseite unserer einzigartigen Taschenuhren zu zaubern *Abb. 7.* Wenn Sie uns Ihr Lieblingsbild bringen, fertigen unsere Emailleure davon eine Miniatur mit den feinsten Details an *Abb. 8.* Unsere Gehäusemacher sind stolz auf die perfekt guillochierte Lunette ihrer Armbanduhr und unsere Kettenschmiede auf ihr kostbares Geschmeide *Abb. 9* und *10.* Wir möchten Sie noch auf die Meisterschaft unserer Goldschmiede aufmerksam machen und auf die Erfahrung unserer Edelsteinspezialisten, wenn es darum geht, die schönsten Steine auszuwählen und einzupassen *Abb. 11* und *12.*

**Es gibt Dinge, die bereiten schon Freude, bevor man sie besitzt.**

Sicher verstehen und schätzen Sie es, daß Uhren, wie wir sie herstellen, immer nur in begrenzter Stückzahl gefertigt werden können. (Die vier Calibre 89-Uhren, an denen wir zur Zeit arbeiten, benötigen neun Jahre bis zur Fertigstellung.) Darum wollen wir Ihnen nicht versprechen, daß wir Ihren Wunsch sofort erfüllen können. Die Zeit, während der Sie auf Ihre Patek Philippe *Abb. 13* warten, ist jedoch die schönste Gelegenheit, sich in Gedanken über die philosophischen Dimensionen der Zeit zu ergehen.

*Falls Sie weitere Informationen zu einer bestimmten Patek Philippe Uhr oder zur Uhrmacherkunst im allgemeinen wünschen, würden wir uns freuen, Ihnen weiterzuhelfen. Schicken Sie uns Ihre Visitenkarte*

*Abb. 1: Eine klassische Patek Philippe in ihrer dezenten Schönheit.*

*Abb. 2: Eine der 33 Komplikationen der Calibre 89 ist ein Satellitenrad, das alle 400 Jahre eine Umdrehung macht.*

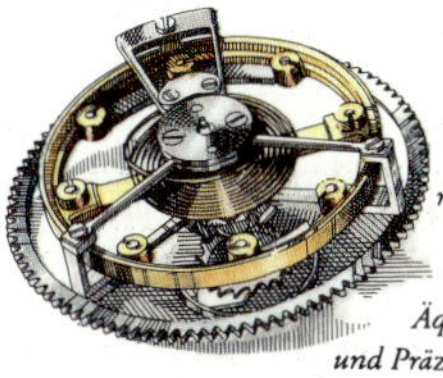

*Abb. 3: Bis heute die fortschrittlichste mechanisch regulierte Vorrichtung: Patek Philippe Gyromax demonstriert die Äquivalenz von Einfachheit und Präzision.*

*Abb. 4: Armbanduhren von Patek Philippe, links um 1930, rechts von 1990. Echte Uhrmacherkunst hat Tradition und Zukunft.*

*Abb. 5: Das Genfer Siegel wird nur Uhren verliehen, welche dem hohen Standard der Uhrmacherkunst entsprechen, wie sie in der Genfer Gesetzgebung verankert ist.*

*Abb. 6: Ihre Freude am Besitz einer kostbaren Patek Philippe ist das höchste Ziel all jener, die an ihrer Entstehung mitarbeiten.*

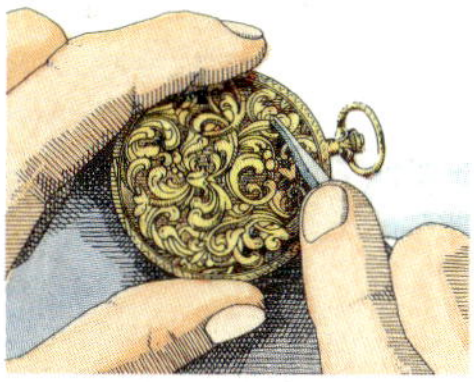

*Abb. 7: Eine zeitlose Arabeske ziert eine zeitlose Patek Philippe.*

*Abb. 8: Vier Monate lang arbeitet ein Künstler täglich sechs Stunden, bis eine Email-Miniatur auf dem Gehäuse einer Taschenuhr vollendet ist.*

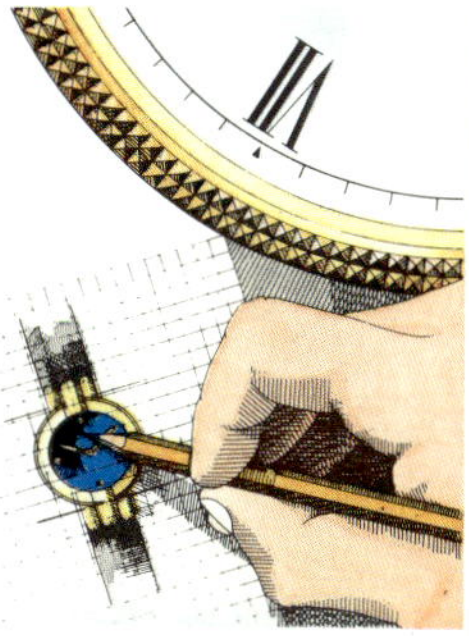

*Abb. 9: Harmonie im Design als Symbiose von Schlichtheit und Perfektion an einer Calatrava Damenarmbanduhr.*

*Abb. 10: Der Kettenschmied formt mit Kraft und Feingefühl das Band für eine Patek Philippe.*

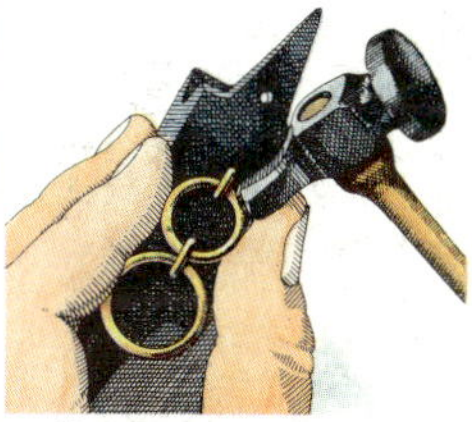

*Abb. 11: Goldene Ringe: ein Symbol für vollendete Einheit.*

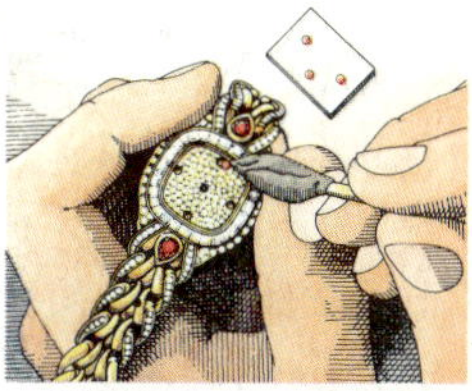

*Abb. 12: Daran erkennen Sie den wahren Meister des Edelsteines: Er bringt die ganze Schönheit seiner wertvollen Steine vollendet zur Geltung.*

PATEK PHILIPPE
GENEVE

*Abb. 13: Das diskrete Zeichen jener Leute, die den Wert der Zeit zu schätzen wissen.*

*mit dem Vermerk «Bücherkatalog», damit wir Ihnen ein Verzeichnis unserer Publikationen zustellen können. Patek Philippe, 41 rue du Rhône, 1204 Genf, Schweiz, Tel. +41 22/310 03 66.*

REMY XO BECAUSE LIFE IS WHAT YOU MAKE IT

# KURZFÜHRER

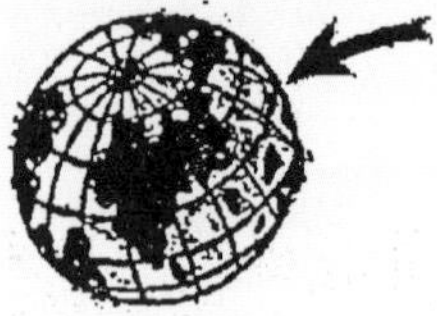

# Landeskunde

## Regierung & Wirtschaft

Finnland hat eine parlamentarische Demokratie mit einem Präsidenten und einem Premierminister. Der Präsident wird seit 1994 direkt für sechs Jahre gewählt, während der Premierminister bei einer Konferenz der Parteien ausgewählt wird, die zu dem jeweiligen Zeitpunkt die Regierung stellen.

Von den Sozialdemokraten geführte Koalitionsregierungen haben bisher die kurze Geschichte Finnlands als unabhängige Republik bestimmt. Doch die Regierung, die sich nach den Parlamentswahlen Anfang 1991 bildete, ist in der Beziehung außergewöhnlich, daß die Zentrumspartei, eine ehemalige Agrarunion, an ihrer Spitze steht. Die Konservativen, die Schwedische Volkspartei und der Christliche Bund, sind ebenfalls in der Regierung. Die Sozialdemokraten, die drittstärkste Partei des Landes, fungieren zum ersten Mal als Opposition.

Die vor der Westküste gelegenen Ålandinseln, auf denen schwedisch gesprochen wird, werden von einem Parlamentsmitglied in der Eduskunta (dem nationalen Parlament) in Helsinki vertreten. Die Inseln sind teilweise autonom, sie verfügen über ihr eigenes Parlament, das Landsting, in dem regionale Angelegenheiten und Haushalte behandelt werden. In Finnland gibt es 461 Gemeinden, die für das Sozial- und Bildungswesen verantwortlich sind.

Vor dem Ende des Zweiten Weltkrieges wurde die finnische Wirtschaft von der Landwirtschaft bestimmt. Handel wurde nur mit landwirtschaftlichen Produkten und Textilien getrieben. Heute gibt es nur noch wenige Firmen, die im 19. Jahrhundert gegründet wurden und bis ins 20. Jahrhundert überlebten. Der Familienbetrieb Ahlstrom Oy z.B. begann als Unternehmen der Metallverarbeitung und ist heute auch in der Papierherstellung tätig.

Die Verpflichtung Finnlands, nach dem Zweiten Weltkrieg Reparationen an die Sowjetunion zu zahlen, brachte die moderne Industrie nachhaltig in Schwung, da das Land einen Großteil seiner Schulden mit Fertigwaren begleichen konnte.

Unternehmen der Papierindustrie, der Forstwirtschaft sowie einige Elektronik- und Maschinenbaufirmen wie Nokia (tragbare Telefone) und Neste (Ölraffinerien) sind heute die Giganten der finnischen Industrie.

Dienstleistungs- und Landwirtschaftsbetriebe machen den Rest der Wirtschaft aus. Wenn die finnischen Bauern auch mehr als in anderen Ländern subventioniert werden, so ist der Landwirt doch auch hier eine aussterbende Art. Heutzutage ist weniger als ein Drittel der Bevölkerung in der Landwirtschaft tätig.

## Geographie & Bevölkerung

Finnland liegt an der Ostsee zwischen Schweden im Westen und Rußland im Osten. Ein winziger Streifen Norwegens macht einen Bogen um die Spitze Finnlands und grenzt dann an Rußland. Die Grenze Finnlands mit Schweden ist 586 Kilometer lang, die mit Norwegen 716 und die mit Rußland 1269 Kilometer. Etwa ein Drittel der Landesfläche liegt nördlich des Polarkreises, der die Südgrenze Lapplands bildet.

Finnland erstreckt sich über eine Fläche von 338 000 Quadratkilometern und ist damit das siebtgrößte Land Europas. Die Bevölkerungsdichte ist mit nur 17 Einwohnern pro Quadratkilometer sehr gering. Insgesamt leben in Finnland fünf Millionen Menschen, etwa 40 % davon in ländlichen Gebieten. Ungefähr 500 000 Finnen leben im Großraum Helsinki. Die übrigen Großstädte – Espoo, Tampere, Turku, Vantaa, Oulu und Lahti – haben weniger als 200 000 Einwohner.

69 % der Fläche Finnlands sind von Wäldern, 10 % von Seen bedeckt, und 8 % werden landwirtschaftlich genutzt. Nach der letzten Eiszeit blieben viele flache Landschaften zurück, doch zum Norden hin schoben die Gletscher aufgefaltete Berge in die Landschaft. Auf diese Weise entstanden die berühmten Fjälls (tunturi) von Lappland. Der höchste dieser Berge ist der Haltia mit etwas über 1400 Metern. Die Seen konzentrieren sich auf das südliche Zentralfinnland.

In Finnland werden folgende Sprachen gesprochen: Finnisch von 93,1 % der Finnen, Schwedisch von 5,8 % und Samisch von den weniger als 2000 finnischen Samen bzw. Lappen. Da Finnisch weltweit die Muttersprache von nur etwa fünf Millionen Menschen ist, sind Fremdsprachen in Finnland von großer Bedeutung. Viele Finnen beherrschen Deutsch, die meisten Englisch.

Die lutherische und griechisch-orthodoxe Religion sind die beiden „offiziellen" Konfessionen.

## Zeit

In Finnland gilt die osteuropäische Zeit. Wenn die Uhren in Berlin, Wien und Zürich 12 Uhr schlagen, ist es in Helsinki schon 13 Uhr. Die Sommerzeit beginnt am letzten Wochenende im März und endet am letzten Septemberwochenende.

## Klima

Noch läßt sich nichts Endgültiges über die Folgen des Treibhauseffekts sagen, doch sind die Winter in Finnland in den letzten Jahren etwas milder gewesen, als es früher der Fall war (die Durchschnittstemperatur im Februar betrug in Helsinki -4° C und in Ivalo in Nordlappland -9° C).

Es wird so spät Frühling, daß die Übergangszeit zwischen Winter und Sommer nur ganz kurz ist; dasselbe gilt auch für den Herbst. Gewöhnlich regnet es im Frühling und Herbst sehr viel. Das Kontinentalklima bewirkt kalte Winter und warme Sommer. Die finnische Westküste gehört zu den sonnigsten Gebieten Nordeuropas. Der Sommer beginnt zwar erst spät, doch werden in Helsinki durchschnittliche Tageshöchsttemperaturen um 25° C und in Lappland um 20° C erreicht. Die Luft ist stets frisch und anregend und die Temperaturen der flachen Gewässer steigen ab Mitte Juni bis über 20°.

## Sitten & Gebräuche

Die Finnen sind im allgemeinen sehr höflich, besonders zu ausländischen Gästen. Ein „Verzeihung" ist bei ihnen jedoch nicht üblich, wenn man sich beim Vorübergehen berührt oder gar jemandem auf den Fuß tritt. Dies ist darauf zurückzuführen, daß es im Finnischen kein einfaches Wort für „Ver-

THOMAS COOK
MASTERCARD
TRAVELLERS CHEQUES...
Thomas Cook
Travellers Cheques
MasterCard

zeihung“ oder „Entschuldigen Sie bitte“ gibt. Für schwerwiegenderes Fehlverhalten oder betont höflichen Umgang gibt es das Wort anteeksi. Bei kleineren Fehltritten genügt meistens ein „Hoppla“, um zu zeigen, daß man den Rempler bemerkt hat.

Wenn man bei einer finnischen Familie zum Essen eingeladen ist, bringt man den Gastgebern eine Pflanze oder einen Blumenstrauß mit. Auch eine Flasche Wein ist ein gerngesehenes Geschenk, wenn man schon vorher weiß, daß viel getrunken wird. Es wird keineswegs als unhöflich angesehen, wenn man zu einem zwanglosen Treffen eine bereits angebrochene Flasche mit einem alkoholischen Getränk mitbringt oder den Rest wieder mitnimmt. Dies ist angesichts der hohen Alkoholpreise nur verständlich.

Trinkgeld gibt man nur selten, in Hotels und Restaurants ist die Bedienung im Preis inbegriffen, so daß man das Personal nicht verärgert, wenn man kein Trinkgeld gibt. Wenn ein Trinkgeld gegeben wird, so sind 5 bis 10 % des Preises üblich. Das gleiche gilt für Taxifahrer. Trägt der Fahrer jedoch die schweren Koffer, ist ein Trinkgeld durchaus angebracht. Beim Friseur gibt man normalerweise kein Trinkgeld. In öffentlichen Toiletten, in denen keine Gebühr erhoben wird, ist ein Trinkgeld von vier bis fünf Finnmark für das Personal angemessen.

Neben den allgemeinen Geboten der Höflichkeit gestaltet sich das Zusammenleben der Menschen in Finnland nach dem Jedermannsrecht. Dieses regelt die Nutzung der Natur, der Wälder, Wiesen und Gewässer. Finnen nehmen die Verantwortung sehr ernst, der Umwelt keine Schäden zuzufügen. Die Rechte von Pflanzen und Tieren unter Natur- bzw. Artenschutz werden geachtet. Gleichzeitig genießen die Finnen die größtmögliche Bewegungsfreiheit: sie dürfen wild campen, in Gewässern baden und Waldfrüchte und Pilze sammeln. Die einzige Einschränkung ist das Recht von Privateigentümern: Ländereien und Gewässer in Privatbesitz sollte man meiden.

## Sprache

| | |
|---|---|
| Guten Morgen | *Hyvää huomenta* |
| Guten Tag | *Hyvää päivää* |
| Guten Abend | *Hyvää iltaa* |
| Heute | *Tänään* |
| Morgen | *Huomenna* |
| Gestern | *Eilen* |
| Hallo | *Päivää* oder *terve* |
| Wie geht es? | *Kuinka voit* |
| Auf Wiedersehen | *Näkemiin* oder *hei hei* |
| Danke | *Kiitos* |
| Wieviel kostet das? | *Paljonko tämä maksaa?* |
| Es kostet... | *Se maksaa...* |
| Wie komme ich nach...? | *Miten pääsen...?* |
| Wo ist...? | *Missä on...?* |
| Rechts | *Oikealla* |
| Nach rechts | *Oikealle* |
| Links | *Vasemalla* |
| Nach links | *Vasemalle* |
| Geradeaus | *Suoraan eteenpäin* |
| Frühstück | *Aamiainen* |
| Mittagessen | *Lounas* |
| Abendessen | *Illalinen* |
| Essen | *Syödä* |
| Trinken | *Juoda* |
| Ich möchte bestellen | *Haluaisin tilata* |
| Könnte ich die Rechnung haben? | *Saisinko laskun?* |
| Könnte ich den Schlüssel haben? | *Saisinko avaimen?* |
| Wie spät ist es? | *Paljonko kello on?* |
| Es ist... | *Kello on...* |
| Wie heißen Sie? | *Mikä teidän nimenne on?* |
| Wie heißt Du? | *Mikä sinun nimesi on?* |
| Mein Name ist... | *Nimeni on...* |
| Haben Sie deutsche Zeitungen? | *Onko teillä saksankielisiä sanomalehtiä?* |
| Haben Sie englische Zeitungen? | *Onko teillä englanninkielisiä sanomelehtiä?* |
| Sprechen Sie Deutsch? | *Puhutteko saksaa?* |
| Ich spreche nur Deutsch | *Puhun vain saksaa* |
| Sprechen Sie Englisch? | *Puhutteko englantia?* |
| Ich spreche nur Englisch | *Puhun vain englantia* |
| Kann ich Ihnen helfen? | *Voinko auttaa teitä?* |
| Ich verstehe nicht | *En ymmärrä* |
| Ich weiß nicht | *En tiedä* |
| Es ist verschwunden | *Se on hävinnyt* |
| Toilette | *Vessa* |
| Herren | *Miehet* oder *Herrat* |
| Damen | *Naiset* oder *Damer* |
| Frei | *Vapaa* |
| Besetzt | *Varattu* |
| Eingang | *Sisäänkäynti* |
| Ausgang | *Uloskäynti* |
| Kein Zugang | *Sisäänpääsy kieletty* |
| Offen | *Avoinna, Auki* |
| Geschlossen | *Kiinni* |
| Drücken | *Työnnä* |
| Ziehen | *Vedä* |
| Apotheke | *Apteekki* |
| Krankenhaus | *Sairaala* |
| Arzt | *Lääkäri* |
| Polizeistation | *Poliisilaitos* |
| Parkhaus | *Paikoitus* |
| Kaufhaus | *Tavaratalo* |
| Rauchen verboten | *Tupakointi kieletty* |
| Sprachführer | *Turistien sanakirja* |
| Wörterbuch | *Sanakirja* |
| Auto | *Auto* |
| Bus, Reisebus | *Bussi, Linja-auto* |
| Zug | *Juna* |
| Flugzeug | *Lentokone* |
| Kleidung | *Vaatteet* |
| Mantel | *Päällystakki* |
| Jacke | *Takki* |
| Anzug | *Puku* |
| Schuhe | *Kengät* |
| Rock | *Hame* |
| Bluse | *Pusero* |
| Baumwollpullover | *Puuvillapusero* |
| Wollpullover | *Villa pusero* |
| Kunsthandwerk | *Käsityö* |
| Zu mieten | *Vuokrata* |
| Zu verkaufen | *Myytävänä* |
| Gratis, umsonst | *Ilmainen* |
| Zimmer zu vermieten | *Vuokrattavana huone* |

| | |
|---|---|
| Hütte, Häuschen | *Mökki* |
| | |
| Lebensmittelgeschäft | *Ruoka kauppa* |
| Geschäft, Laden | *Kauppa* |
| Lebensmittel | *Ruoka* |
| Kaufen | *Ostaa* |
| Sauna | *Sauna* |
| Spirituosengeschäft | *Alko* |
| Ja | *Kyllä, joo* |
| Nein | *Ei* |
| Waschen | *Pestä* |
| Waschsalon | *Pesula* |
| Chemische Reinigung | *Kemiallinen pesu* |
| Schmutzig | *Likainen* |
| Sauber | *Puhdas* |
| Fleck | *Tahra* |
| Geld | *Raha* |
| | |
| Montag | *Maanantai* |
| Dienstag | *Tiistai* |
| Mittwoch | *Keskiviikko* |
| Donnerstag | *Torstai* |
| Freitag | *Perjantai* |
| Samstag | *Launantai* |
| Sonntag | *Suununtai* |

| | |
|---|---|
| 1 | *yksi* |
| 2 | *kaksi* |
| 3 | *kolme* |
| 4 | *neljä* |
| 5 | *viisi* |
| 6 | *kuusi* |
| 7 | *seitsemän* |
| 8 | *kahdeksan* |
| 9 | *yhdeksän* |
| 10 | *kymmenen* |
| 11 | *yksitoista* |
| 12 | *kaksitoista* |
| 13 | *kolmetoista* |
| 14 | *neljätoista* |
| 15 | *viisitoista* |
| 16 | *kuusitoista* |
| 17 | *seitsemäntoista* |
| 18 | *kahdeksantoista* |
| 19 | *yhdeksäntoista* |
| 20 | *kaksikymmentä* |
| 21 | *kaksikymmentäyski* |
| 22 | *kakiskymmentäkaksi* |
| 30 | *kolmekymmentä* |
| 40 | *neljäkymmentä* |
| 50 | *viisikymmentä* |
| 60 | *kuusikymmentä* |
| 70 | *seitsemänkymmentä* |
| 80 | *kahdeksankymmentä* |
| 90 | *yhdeksänkymmentä* |
| 100 | *sata* |
| 200 | *kaksisataa* |
| 1000 | *tuhat* |

# Reiseplanung

Bereits bei der Wahl seiner Anreise sollte man mit einkalkulieren, was man im Land selbst vorhat. Es kann sinnvoll sein, sein eigenes Auto mitzunehmen

## Flugzeug

Finnair ist die nationale Fluggesellschaft Finnlands. Ihre Flüge sind mit denen der SAS (Scandinavian Airlines) abgestimmt. Von allen Flughäfen Deutschlands, Österreichs und der Schweiz bestehen gute Verbindungen nach Helsinki. Dabei kooperiert Finnair in Deutschland mit Lufthansa und in der Schweiz mit Swissair. Finnair fliegt täglich von Frankfurt und München nach Helsinki, die Lufthansa täglich von Frankfurt. Insgesamt ist Deutschland durch 93 Flüge pro Woche mit Finnland verbunden. Finnair und Swissair verlassen Genf und Zürich insgesamt 21 mal wöchentlich in Richtung Norden, die Verbindung Wien – Finnland besteht vier mal die Woche. Zu den Zielen der Finnair gehören auch viele inländische Flughäfen, unter anderem in Nordfinnland (siehe hierzu auch unter „Unterwegs", Seite 280).

## Schiff und Auto

Die unabhängigste Form der Anreise ist die Kombination von Schiff und Auto. Man gelangt problemlos zum Ausgangshafen, und kann sich auch im Urlaubsland flexibel fortbewegen. Alle unten aufgeführten Schiffslinien sind Autofähren. Es gibt Direktverbindungen nach Finnland von Schweden, Dänemark, Deutschland, Polen, Estland und Rußland aus.

### Direkt von Deutschland

Die schnellste Schiffsverbindung von Deutschland aus unterhält die Silja Line mit ihren „Finjets", die zwischen Travemünde und Helsinki verkehren. In der Hochsaison (14.6.–27.8.) fahren sie die Strecke dreimal wöchentlich in 23 Stunden, in der Nebensaison zweimal pro Woche in 37,5 Stunden.

Daneben unterhält die Gesellschaft Finnlines-Poseidon vier Fähren zwischen Lübeck und Helsinki (36 Stunden Fahrt), die ab Mitte 1995 täglich in beide Richtungen verkehren sollen.

### Über Schweden

Sogenannte Durchgangstickets können eine preisgünstigere Alternative zu den Direktverbindungen von Deutschland aus darstellen. Interessant sind diese Tickets auch für die, die noch ein bißchen mehr von Skandinavien sehen möchten. Durchgangsverbindungen führen von Deutschland über Schweden oder über Dänemark und Schweden nach Finnland. Die Überlandfahrten erfolgen in eigener Regie mit dem Auto, Bus oder Zug. Durchgangshäfen in Schweden sind Trelleborg und Stockholm, in Dänemark Rödbyhavn oder Gedser im Süden und Kopenhagen oder Helsingör im Norden. Silja Line bietet das Finnjet-Skandinavien-Ticket an, das dem Besucher einen Reiseweg direkt, den anderen über Schweden und Dänemark ermöglicht. Viking Line verbindet Stockholm mit Helsinki oder Turku und bietet Gratis- bzw. sehr billige Zug- und Bustickets für die Anschlußreise über Land.

### Über Polen

Ab Gdansk besteht eine Fährverbindung mit zwei Abfahrten wöchentlich mit Polferries. Die Fahrzeit beträgt 30 bis 40 Stunden.

### Über die baltischen Staaten

Neben dem reinen Landweg, der über Grodno, Vilnius und St. Petersburg zur russisch-finnischen Grenze bei Vaalimaa oder Nuijamaa führt, kann man die Anreise mit Auto und Fähre in Kombination wählen. Von Tallinn legen täglich Fähren der Viking Line nach Helsinki ab, die Fahrzeit beträgt knapp zwei Stunden. Auch Tallink fährt täglich, braucht aber drei bis vier Stunden.

### Nach Finnland außerhalb der großen Städte

Auf die finnischen Ålandinseln gelangt man ebenfalls per Schiff von Stockholm oder Turku aus. Nach Marie-

Was tun Sie, wenn Ihr Partner gerade nicht auftaucht, um für Sie einen Reisescheck zu unterschreiben?
Unterschreiben Sie ihn selbst – den neuen American Express Reisescheck für Zwei.
Erhältlich bei allen American Express Reisebüros und ausgewählten Banken, Sparkassen und Postämtern.
Auch im gemeinsamen Urlaub ist Ihr Partner vielleicht nicht immer zur Stelle, wenn Sie einen Reisescheck einlösen möchten. Doch auf sicheres Geld müssen Sie trotzdem nicht verzichten, denn es gibt jetzt die neuen American Express Reiseschecks für Zwei. Weil sie jeder von Ihnen mit seiner Unterschrift allein einlösen kann, sind Sie in der Nutzung der neuen Reiseschecks voneinander völlig unabhängig. Und sollten Ihnen die Reiseschecks abhanden kommen, sind unsere Ersatz-Reiseschecks schnellstens zur Stelle – weltweit kostenlos und in der Regel innerhalb von nur 24 Stunden.
„Nehmen Sie American Express Reiseschecks für Zwei. So sind Sie beide mit Sicherheit flexibel."
Eduard Zimmermann
AMERICAN EXPRESS
Reiseschecks
Das sicherste Geld der Welt.

hamn, der Hauptstadt der Inseln, fahren täglich Schiffe der Birka Line (Stockholm, Tel. 08/7 14 55 20) oder der Silja Line. Die Fahrt von Stockholm dauert gute sechs Stunden, von Turku aus gute fünf Stunden.

Andere Schiffahrtsunternehmen, wie z. B. Vasa (c/o Sally Line,Tel.: 90/ 1 80 41), verbinden schwedische und finnische Häfen, die nördlich von Stockholm und Turku liegen.

### Reedereien in Deutschland

**Silja Line,** Georgsplatz 1, 20099 Hamburg, Tel. (04 51) 5 89 92 22
**Viking Line,** über DR, Emil-von-Behring-St. 6, 60439 Frankfurt/Main, Tel. (0 69) 95 88/17 55
**Finnlines-Poseidon,** Große Altfähre 24-26, 23552 Lübeck, Tel. (04 51) 15 07 43
**Tallink,** in Travemünde über Hansasway, Tel. (0 45 02) 36 01
**Polferries,** über Reisebüro Darpol, Kaiser-Friedrich-Str. 19, 10585 Berlin, Tel. (0 30) 3 42 00 74

### Reedereien in der Schweiz

**Silja Line,** Ch. des Curtils, 1261 Le Vaud, Tel. (0 22) 3 66 42 30
**Viking Line,** über Touring Club Suisse, Rue Pierre Fation 9, 1211 Geneve, Tel. (0 22) 7 37 15 16

### Reedereien in Österreich

**Silja Line,** über Terra Reisen, Zieglergasse 1, 1070 Wien, Tel. (01) 5 34 04 13)
**Viking Line,** über meine Reise Seetour Austria, Wippingerstr. 35, 1010 Wien, Tel. (01) 53 40 413

## Mit dem Zug

Von fast überall in der Welt ist es ein weiter Weg bis nach Finnland, denn die lange Zugreise in den Norden endet unvermeidlich mit der 15stündigen Überfahrt von Stockholm nach Helsinki. Die einfachste Bahnanreise erfolgt über Kopenhagen nach Stockholm. Im Schlaf- und Liegewagen ab Hamburg hat man die Möglichkeit durchzufahren, ohne in Kopenhagen umzusteigen. Die Fahrt Hamburg – Stockholm dauert 17 Stunden. Auch besteht eine Verbindung über Warschau und St. Petersburg. Billiger als Sonderflüge sind die Zugtickets nur, wenn Sie eine Sonderfahrkarte bekommen (z. B. als Jugendlicher).

## Pass & Visum

Besucher aus Deutschland, Österreich und der Schweiz benötigen lediglich einen gültigen Personalausweis. Erst bei einem Aufenthalt ab drei Monaten ist eine Aufenthaltsgenehmigung erforderlich.

## Geldangelegenheiten

Die finnische Währungseinheit ist die Finnmark (FIM). Eine Finnmark (finn. markka) sind hundert Pfennig (finn. penniä). Münzen unter einer Mark gibt es zu 50, 20, 10 und 5 Pfennigen. Die 1-Pfennig-Münze ist zwar nicht mehr in Umlauf, aber manche Dinge kosten noch einen Betrag, der auf 0 bis 5 Pfennige endet. Dies führte zu einem System des Abrundens. Wenn der Kassenbetrag beispielsweise FIM 50,72 lautet, zahlen Sie FIM 50,70. Beträgt eine Rechnung FIM 50,73, müssen Sie FIM 50,75 zahlen. Die höchste Münze ist die 5-Mark-Münze, dann folgen Banknoten zu FIM 10, 50, 100, 500 und 1000. Die Menge an ausländischer Währung, die Sie nach Finnland einführen, unterliegt keiner Beschränkung. Doch Ausländer, die mehr als FIM 10000 mit sich führen, müssen eine Zollerklärung abgeben.

Kreditkarten werden fast überall in Finnland akzeptiert. Mit der EuroCard, Visa, Diner's Club und American Express werden Sie kaum auf Schwierigkeiten stoßen, wenn Sie Güter und Dienstleistungen bezahlen wollen.

Reiseschecks können Sie leicht in Banken umtauschen; manche Hotels und Restaurants akzeptieren sie auch als Zahlungsmittel.

Die aktuellen Wechselkurse erfragen Sie bitte bei ihrer Bank oder Sparkasse.

## Zoll

Für die Besucher aus Deutschland und Österreich gelten die Bestimmungen der EU. Die Einfuhr besteuerter Waren für den eigenen Bedarf oder zur Weitergabe als Geschenk ist in unbegrenzter Menge erlaubt. Ausnahmen gelten jedoch für Alkohol- und Tabakwaren (die Angaben in Klammern betreffen den Duty-Free-Einkauf dieser Waren). Personen ab 20 Jahren dürfen einen Liter starke alkoholische Getränke (über 22% Vol.) oder, wie Personen ab 18 Jahren, drei (zwei) Liter Aperitifs (bis 22% Vol.) oder Schaumwein und fünf (zwei) Liter Wein und 15 (15) Liter Bier einführen. Für Tabakwaren gelten für alle Personen ab 17 Jahren die Begrenzungen 300 (200) Zigaretten, oder 150 (100) Zigarillos (maximal drei Gramm pro Stück), oder 400 (250) Gramm andere Tabakerzeugnisse.

Die Einfuhr steuerfreier Waren (aus den Duty-Free-Shops am Flughafen, im Flugzeug, am Hafen oder an Bord der Fähre) unterliegt im EU-Reiseverkehr einer Mengenbegrenzung. Außer den obengenannten Bestimmungen für Alkohol- und Tabakwaren gelten die Zollgesetze für Parfüms und Tee und Kaffee. Es ist erlaubt, 50 ml Parfüm, 250 ml Eau de Toilette, 100 g Tee oder 40 g Teeauszüge und 500 g Kaffee oder 200 g Kaffeeauszüge einzuführen. Die Einfuhr von weiteren steuerfreien Produkten ist bis zu einem Wert von 550 FIM erlaubt.

Für Besucher aus der Schweiz werden keine Unterscheidungen nach steuerfreier und besteuerter Ware getroffen. Für sie gelten in Hinblick auf Alkohol- und Tabakwaren dieselben Mengenbegrenzungen wie für EU-Bürger und besteuerte Waren. Auch für Parfüms und Tee richten sich die Höchstmengen an denen für EU-Bürgern, jedoch gilt für die Einfuhr von Kaffee oder Kaffeeauszügen das Mindestalter von 15 Jahren. Schweizer dürfen weitere Produkte im Wert von maximal 1100 FIM steuer- und zollfrei einführen.

Haustiere dürfen mitgenommen werden, wenn die erforderliche Tollwutschutzimpfung mindestens 30 Tage, aber höchstens 12 Monate alt ist.

Lebensmittel dürfen auch eingeführt werden, jedoch nicht mehr als insgesamt 15 Kilogramm. Die Mitnahme von Fleisch- und Wurstwaren ist nur gestattet, wenn diese auf irgendeine Art und Weise haltbar gemacht wurden (Vollkonserve, vakuumverpackt, geräuchert) und sich in einer ungeöffneten Verpackung befinden.

## Gesundheit

Um Ihre Gesundheit brauchen Sie sich in Finnland keine Sorgen zu machen.

Sie müssen höchstens mit einigen Unannehmlichkeiten rechnen, falls Ihr Aufenthalt in die Zeit fallen sollte, in der die Stechfliegen am angriffslustigsten sind. Das ist im nördlichen und zentralen Finnland im Juli und August der Fall. Besonders in feuchten, windstillen Gebieten halten sich die Plagegeister gerne auf. Erprobte Mitttel, auch auf pflanzlicher Basis, finden Sie in Apotheken und Drogerien.

Erkundigen Sie sich vor Reiseantritt bei Ihrer Krankenkasse nach Ihrem Versicherungsstatus in Finnland und schließen Sie gegebenenfalls eine Reisekrankenversicherung ab, die viele Versicherungen im Angebot haben.

Im Notfall rufen Sie den Notarzt unter Tel. 1 12. In weniger dringenden Fällen wenden Sie sich an Einrichtungen des öffentlichen Gesundheitssystems. Die Behandlung in den öffentlichen Polikliniken oder Gesundheitszentren (terveyskeskus) ist umsonst oder kostet nur einen geringen Betrag. Die meisten terveysasema (Kliniken) oder sairaala (Krankenhäuser) behandeln alle mehr oder weniger ernsten Probleme. Sie können in einem terveysasema (siehe Telefonbuch) auch einen Termin mit einem Arzt vereinbaren. Die Notaufnahme heißt ensiapu. Besucher, die im Krankenhaus medikamentös behandelt oder operiert werden müssen, wenden sich an das Meilahti-Krankenhaus in Helsinki, Haartmaninkatu 4, Tel. 90/47 11, oder an das Töölö-Krankenhaus der Universität Helsinki, Topeliuskatu 5, Tel.: 90/4 02 61 (Orthopädie-Spezialisten). In anderen Städten erkundigen Sie sich am besten in Ihrem Hotel nach den Notrufnummern der Krankenhäuser.

Neben dem öffentlichen Gesundheitssystem gibt es auch niedergelassene Ärzte, die meist teurer sind. Zahnbehandlungen werden fast nur in privaten Praxen durchgeführt.

In den Apotheken (apteekki) bedient häufig mehrsprachiges Personal. Medikamente werden oft auch ohne Rezept verkauft. In größeren Städten hat nachts mindestens eine Apotheke Bereitschaftsdienst. In Helsinki ist die Yliopiston Apteekki in der Mannerheimintie 5 täglich zwischen 7 und 24 Uhr geöffnet; die Telefonnummer lautet 90/17 90 92. Unter der Nummer 90/41 57 78 erfährt man, welche Apotheke Bereitschaftsdienst hat.

### Kleidung

Für eine Finnland-Reise sollten Sie in Ihren Koffer viel Kleidung packen, ganz egal, zu welcher Jahreszeit Sie anreisen. Gegen das eisige Winterwetter sollten Sie sich mit Handschuhen, langer Unterwäsche, Hüten, Wollhosen und -socken, Kleidung aus Winterbaumwolle oder Wolle sowie wasserdichter Oberbekleidung rüsten. Im Winter sollten Sie auch feste, ausgediente Stiefel mitbringen, und zwar nicht nur, damit Sie keine nassen Füße bekommen, sondern auch damit Ihre guten Schuhe von Salz und Kies verschont bleiben, die tonnenweise auf die finnischen Fußwege gekippt werden, um das Eis zu schmelzen.

Finnische Sommer sind oft angenehm warm und trocken. Regenschutz für gelegentliche Schauer und Pullover für die Nächte sollte man aber trotzdem bereithalten.

Die Übergangsjahreszeiten Frühling und Herbst sind regnerisch; mehrlagige Kleidung, der man sich je nach Temperaturen entledigen kann, ist jetzt angebracht. Der Regenschutz ist obligatorisch.

Finnen kleiden sich allgemein gerne lässig. Nur bei wenigen Anlässen wird Wert auf förmliche Kleidung gelegt.

## Wissenswertes

### Elektrizität

Wie in den übrigen skandinavischen Ländern stehen im finnischen Stromnetz 220 Volt Wechselspannung zur Verfügung. Die Stecker und Steckdosen orientieren sich an der in Europa weithin geläufigen Norm ( zwei runde Kontaktstifte).

### Öffnungszeiten

In den größeren Städten sind die **Geschäfte** von Montag bis Freitag im allgemeinen von 9 bis 18 Uhr geöffnet. Traditionell sind in Helsinki die Geschäfte am Donnerstag länger geöffnet, viele schließen an diesem Tag erst um 20 Uhr. Die Öffnungszeiten am Samstag sind 9 bis 14 Uhr. Größere Lebensmittelgeschäfte sind von Montag bis Freitag gewöhnlich zwischen 9 und 20 Uhr und an Samstagen zwischen 9 und 16 Uhr geöffnet. Bis spät in die Nacht kann man in den Läden in der Passage unter dem Bahnhof von Helsinki einkaufen, die Montag bis Freitag zwischen 10 und 22 Uhr und am Wochenende zwischen 12 und 22 Uhr geöffnet haben. Außerhalb der Ladenöffnungszeiten kann man seinen Grundbedarf an den Kiosken decken, die in den Städten, aber auch auf dem Land häufig anzutreffen sind. Dort kann man bis 23 Uhr Milch und Säfte, Zigaretten, Toilettenpapier, Zeitungen und vieles mehr einkaufen.

Einkaufszentren, wie das Kaufhaus Stockmann und die schräg gegenüber in der Mannerheimintie in Helsinki gelegenen Geschäfte des Forum-Einkaufszentrums, sind Montag bis Freitag von 9 bis 20 Uhr und samstags von 9 bis 17 Uhr geöffnet.

Die Schalterstunden der **Banken** sind Montag bis Freitag von 9.30 bis 16.30 Uhr. Auf Schiffen, in vielen Häfen und im Hauptbahnhof in Helsinki finden Sie Wechselstuben, die auch außerhalb der üblichen Schalterstunden geöffnet haben.

**Postämter** halten ihre Schalter Montag bis Freitag von 9 bis 17 Uhr geöffnet.

### Feiertage

Die ersten gesetzlichen Feiertage des Jahres sind der Neujahrstag und der Dreikönigstag am 6. Januar. Als nächstes folgen der Karfreitag und Ostern, gefolgt von den weltlichen Feiertagen am 30. April und 1. Mai, die traditionell den Arbeitern und Studenten gewidmet sind; der 30. April ist gewöhnlich ein halber Arbeitstag. Christi Himmelfahrt liegt im Mai, danach folgt Pfingsten Ende Mai oder Anfang Juni. Der wichtigste Feiertag der warmen Jahreszeit ist der Mittsommertag oder Johannistag Ende Juni. Der längste Tag des Jahres wird mit Feuerwerken, Ausflügen aufs Land und reichlich Alkohol begangen. Offiziell wird zwei Tage lang gefeiert, doch wird man feststellen, daß am frühen Nachmittag des Vortages bereits alles geschlossen ist.

Bis Allerheiligen Ende Oktober gibt es danach keine Feiertage mehr. Der finnische Unabhängigkeitstag wird seit 1917 am 6. Dezember gefeiert, und den Abschluß der Feiertage des Jahres bilden Heiligabend und die beiden Weihnachtsfeiertage (24., 25. und 26. Dezember).

## Gottesdienste

Die lutherische Kirche ist die finnische Staatskirche; über 90 % der Finnen gehören ihr an. Daneben gibt es eine kleine griechisch-orthodoxe Bevölkerungsgruppe und nur zwei katholische Kirchen. In Helsinki werden in der Temppeliaukio-Kirche, der Felsenkirche in der Lutherinkatu, Gottesdienste in englischer Sprache abgehalten. Hier finden sowohl lutherische als auch ökumenische Gottesdienste statt. Außerdem gibt es in Helsinki eine Synagoge und eine Moschee.

## Medien & Nachrichten

Einige deutsche, österreichische und schweizer Zeitungen und Zeitschriften sind in Finnland am Erscheinungstag, meist aber erst einen Tag später erhältlich. Fündig wird man in größeren Städten in Buchhandlungen und R-Kiosken, an Bahnhöfen und in größeren Hotels. Zusätzlich ergänzen finnische Zeitungen ihr Angebot im Sommer um Nachrichtenspalten in deutscher Sprache.

Der Finnische Rundfunk sendet täglich deutschsprachige Nachrichten auf UKW um 21.55 Uhr.

## Post

Die Postämter sind täglich von 9 bis 17 Uhr geöffnet. Es besteht die Möglichkeit, sich Sendungen postlagernd nach Helsinki schicken zu lassen. Die Adresse für postlagernde Sendungen ist Mannerheimintie 11, 00100 Helsinki. Der entsprechende Schalter befindet sich auf der Bahnhofsplatzseite des Postamtes und ist Montag bis Samstag von 8 bis 22 Uhr und an Sonntagen von 11 bis 22 Uhr geöffnet.

Briefe und Postkarten innerhalb der EU kosten FIM 3,50. Briefe und Postkarten in die Schweiz benötigen FIM 2,90 Porto. Außerhalb der Schalterstunden stehen vor den Postämtern und im Bahnhof Briefmarkenautomaten zur Verfügung, an denen man für ein Fünf-Finnmark-Stück den Gegenwert in Briefmarken erhält. Die orangefarbenen Briefmarkenautomaten sind wie die gelben Briefkästen an den Wänden montiert. Briefmarken sind auch in Schreibwarenläden und Hotels erhältlich.

## Telefon

Telefonkarten für öffentliche Telefonzellen verkaufen die Postämter und Kioske. Ins Ausland telefoniert man am besten und günstigsten von den großen Post- und Telegraphenämtern aus. Das Schild „Lennätin" bedeutet soviel wie Telekommunikation. Das Hauptpostamt Finnlands befindet sich in Helsinki in der Mannerheimintie 11B; der Lennätin-Bereich ist in diesem Postamt von Montag bis Freitag zwischen 8 und 20 Uhr und am Wochenende zwischen 9 und 21 Uhr geöffnet. Dort kann man auch Telegramme sowie Telefax- und Telex-Mitteilungen aufgeben.

Für einen Anruf im Direktwähldienst geht man im Lennätin-Bereich eines Postamts in eine Zelle, an der ein grünes Licht aufleuchtet, und bezahlt hinterher an der Kasse. Man muß 990 wählen, um das Telefonnetz Finnlands zu verlassen, dann die Auslandsvorwahl, die Ortsvorwahl ohne Null und schließlich die Teilnehmernummer. Die Landeskennzahl für Deutschland ist 49, für Österreich 43 und für die Schweiz 41.

Bei Fragen zum Telefonieren ins Ausland kann man sich unter der Nummer 9 20 20 in englischer Sprache beraten lassen. Auch auf den ersten Seiten der finnischen Telefonbücher stehen Hinweise für das Telefonieren ins Ausland (im Inhaltsverzeichnis sind die normalerweise rot gekennzeichneten Seiten vermerkt).

Bei Gesprächen nach Finnland gilt die Vorwahl 0 03 58, dann die Ortsvorwahl ohne 9 und die Rufnummer.

Da das Telefonsystem zur Zeit umgestellt wird, werden sich in den kommenden Jahren erhebliche Änderungen ergeben. Die Auskunft und ihre sprachkundigen Mitarbeiter helfen unter 02 02 02 gerne weiter.

## Kriminalität

Vandalismus ist die einzige sichtbare Form der Kriminalität in diesem generell sicheren Land. Taschendiebe gibt es aber natürlich auch hier, auch wenn Eigentumsdelikte wesentlich seltener vorkommen als in anderen europäischen Ländern. Die üblichen Vorsichtsmaßnahmen und Verhaltensregeln sollte man auch in Finnland beachten. Der landesweite Polizeinotruf ist 1 00 22.

## Kinder

Finnland ist ein familien- und kinderfreundliches Land, das sich für einen Urlaub mit Kindern geradezu anbietet. Öffentliche Toiletten verfügen gewöhnlich über einen Wickeltisch, und in den meisten Restaurants gibt es hohe Kinderstühle. In Finnland ist es unvorstellbar, daß man mit Kindern in bestimmten Hotels kein Zimmer bekommt, wie es in anderen Ländern manchmal der Fall ist. Das Fremdenverkehrsbüro in Helsinki hält eine Liste mit qualifizierten Babysittern bereit.

Auf dem zwei Wochen dauernden Helsinki-Festival Ende August gibt es viele Veranstaltungen für Kinder. Auch die Festungsinsel Suomenlinna in Helsinki ist für Ausflüge mit Kindern gut geeignet. Das auf der Insel gelegene Puppen- und Spielzeugmuseum findet sicherlich Anklang bei Familien. Ebenfalls in der Hauptstadt befindet sich der Korkeasaari-Zoo, der mit der Richtung Osten nach Kulosaari verkehrenden U-Bahn zu erreichen ist. Gehen Sie durch die Unterführung und folgen Sie anschließend den Schildern, nach 20 Minuten Fußmarsch sind Sie am Ziel. Im Sommer gelangen Sie mit dem Schiff von der Ostseite des Marktplatzes aus in den Tierpark. Eine weitere Insel für einen Familienausflug ist Seurasaari, die bereits unter der Rubrik Museen eingehend beschrieben wurde (Kinderprogramme zur Zeit der Mitternachtssonne). Mit Kindern, die mit einer Achterbahn fahren möchten oder Lust auf Zuckerwatte haben, geht man in den Vergnügungspark Linnanmäki, der sich im Norden an das Stadtzentrum Helsinkis anschließt.

Der bedeutendste Vergnügungspark in Südfinnland außerhalb Helsinkis ist das Kinderparadies Lystiland, das im Norden des Stadtzentrums von Karjaa liegt. Eine Miniatur-Eisenbahn führt durch eine märchenhafte Waldlandschaft.

In der Seenlandschaft nördlich von Helsinki gibt es weitere lohnende Ziele für Reisende mit Kindern. Im Messilä-Ferienzentrum in Hollola in der Nähe von Lahti können Kinder unter Aufsicht auf Ponys und Pferden reiten. Im Winter können Erwachsene und Kinder dort skilaufen (Abfahrtslauf und Skilanglauf). Etwas weiter nördlich von Hollola, Richtung Hartola, befinden sich an der Straße 52 das faszinierende kleine Musta und das Valkea Ratsu (Puppenhaus und Marionettentheater); der Weg dorthin ist ausgeschildert. Die Adresse lautet: 19230 Onkiniemi, Tel. 918/18 69 59.

In Outokumpu, nördlich von Savonlinna, warten der Vergnügungspark „Land des Bergtrolls" sowie eine Erz- und Bergbau-Ausstellung (Informationen unter Tel. 973/5 47 95) auf kleine Gäste. In Mikkeli befindet sich das Touristenzentrum Visulahti mit einem Vergnügungspark zum Thema „Dinosaurier", in dem auch Wachsfiguren zu sehen sind. Der botanische Garten außerhalb von Mikkeli bietet seinen Gästen auch eine kleine Tierschau. Nähere Informationen beim Fremdenverkehrsbüro Mikkeli, Tel. 955/ 15 14 44.

Das Angebot auf den Ålandinseln umfaßt den Vergnügungspark am Westhafen (den früheren Dinosaurierpark mit ein paar verbliebenen Dinosauriern), das Museumsschiff Pommern (am Westhafen) und den Vogelpark Lilla Holmen am Osthafen. Hier findet man Pfauen, Enten und wunderschöne Angorakaninchen.

## Behinderte

Eine Reise durch Finnland ist für Körperbehinderte nicht mit unlösbaren Problemen verbunden. Die meisten neueren Gebäude sind mit Rampen und Aufzügen behindertengerecht ausgestattet. Im Hotelführer für Finnland sind diejenigen Hotels mit einem Symbol gekennzeichnet, die über entsprechende Zugänge und Einrichtungen für Behinderte verfügen. Auch die Beförderung erfolgt reibungslos, wenn sie sorgfältig geplant wird. Wenn ein Taxi bestellt wird, ist auf die besonderen Umstände hinzuweisen (Rollstuhl heißt „Pyörätuoli"). Die Fahrt mit öffentlichen Verkehrsmitteln kann schon eher Probleme bereiten, obwohl bereits einige Stadtbusse beim Einsteigen abgesenkt werden. Bei Fragen zum Reisen als Behinderter wenden Sie sich bitte an Herrn Jens Gellin, Rullaten ry, Malminkatu 38 B223, 00100 Helsinki, Tel. 90/6 94 11 55, Fax 90/ 6 94 18 10.

Auf Anfrage organisiert ein Reisebüro in Helsinki eine größere Tour für Behinderte. Auf der siebentägigen Reise durch die Städte Helsinki, Tampere und Turku lernt man Geschichte, Architektur und Kultur des Landes kennen. Diese Städtereise wird vom Reisebüro Area Travel, Kaisaniemenkatu 13, 00100 Helsinki, Tel. 90/81 83 83, organisiert.

## Nützliche Adressen

### Fremdenverkehrsämter

#### In Finnland

**Finnische Zentrale für Tourismus,** Eteläesplanadi 4, 00130 Helsinki, Tel. 90/40 30 13 00 oder 40 30 12 11, Fax 90/40 30 13 01.

**Finnische Zentrale für Tourismus (Nord),** Maakuntakatu 10, PB 8154, 96101 Rovaniemi.

#### Im Ausland

**Deutschland (auch für Österreich):** Finnische Zentrale für Tourismus, Darmstädter Landstraße 180, 60598 Frankfurt/Main, Tel. 069/9 68 86 70, Fax 069/68 68 60.

**Schweiz:** Finnische Zentrale fur Tourismus, Schweizergasse 6, CH-8001, Zürich, Tel. 01/2 11 13 40, Fax 01/ 2 11 11 19.

### Touristeninformation

In Finnland gibt es Dutzende von Fremdenverkehrsämtern, die in den meisten Orten mit einem „I" für Information gekennzeichnet sind. Außerdem gibt es über 50 Auskunftsbüros für Touristen, und im Sommer werden an der Küste und den Seen weitere eröffnet.

In Helsinki können Sie über das Hotelbuchungszentrum in Asema-aukio 3, 00100 Helsinki, Tel. 90/ 17 11 33, Fax 90/17 55 24, ein Zimmer buchen. Das Touristenbüro der Stadt Helsinki befindet sich in Pohjoisesplanadi 19, 00100 Helsinki, Tel. 90/1 69 37 57 oder 90/17 40 88. Auskunft über ganz Finnland erteilen die oben aufgelisteten finnischen Fremdenverkehrsämter, sie helfen Ihnen bei der Planung Ihrer Reise durch Finnland und empfehlen Ihnen Reisebüros für die Weiterreise in andere Länder.

*Helsinki This Week, The Helsinki Guide* und die verschiedenen Broschüren und Listen der Fremdenverkehrsämter gehören zu den interessantesten Veröffentlichungen in Helsinki, die Sie über Veranstaltungen und Touren der jeweiligen Saison auf dem laufenden halten.

Im Rest des Landes können Sie sich an die örtlichen Touristenbüros wenden. Eine vollständige Liste erhalten Sie bei der Finnischen Zentrale für Tourismus in Helsinki und Rovaniemi. In Turku und Tampere hilft man Ihnen bei den dortigen Büros weiter:

Fremdenverkehrsamt der Stadt Turku, Käsityöläiskatu 3, 20100 Turku, Tel. 921/33 63 66.

Fremdenverkehrsamt der Stadt Tampere, Verkatehtaankatu 2, PB 87, 33211 Tampere, Tel. 931/12 66 52.

# Unterwegs

## Vom Flughafen nach Helsinki

Der wichtigste internationale Flughafen Finnlands in Helsinki-Vantaa ist über Busse der Finnair und örtliche Buslinien mit Helsinki verbunden. Fahrten mit den Bussen der Finnair sind etwas teurer als die mit den öffentlichen Bussen, jedoch erheblich preiswerter als die Fahrt mit dem Taxi.

## Inlandsreisen und Ausflüge

### Nach Rußland

Trotz der politischen und gesellschaftlichen Umwälzungen in Rußland gestaltet sich die Einreise schwierig. Sie brauchen vor allen Dingen eine Einladung von Freunden, Verwandten oder Geschäftspartnern. In Finnland erhalten Sie Ihr Visum in den finnischen Reisebüros. Rechnen Sie mit 10 Tagen für die Bearbeitung Ihres Antrages.

*Sally Lines* (Tel. 90/1 80 41) bietet im Sommer eine Expreß-Reise nach St. Petersburg und nach Estland an, die drei oder vier Tage dauert. Übernachtet wird auf dem Schiff, und für St. Petersburg stehen Reiseführer zur Verfügung. Nach Tallinn, Estland, kommen Sie von Helsinki aus mit der Fähre oder dem Tragflügelboot (nur im Sommer).

Es besteht auch die Möglichkeit, mit dem Flugzeug, Zug oder Bus nach Rußland zu reisen. Auskunft erteilt Area Travel (Tel. 90/81 83 83) oder FinnSov (Tel. 90/6 94 20 11)

## *In Finnland*

### Öffentlicher Verkehr

**Mit dem Flugzeug**

Alle Inlandflüge erfolgen mit der Finnair, die 22 Flughäfen regelmäßig bedient. Die Tickets sind relativ billig; im Juli sind die Preise am niedrigsten. Ein Flug bietet sich an, wenn man beispielsweise vom Süden aus nach Lappland reisen möchte, ohne ein paar Tage auf der Straße zu verbringen. Das **Finnair-Holiday-Ticket** berechtigt den Inhaber zu zehn Inlandsflügen binnen eines Monats. Jugendliche und Kinder zwischen zwei und 16 Jahren zahlen für dieses Ticket nur die Hälfte. Die genauen Preise und Nutzungsbedingungen erhalten Sie im Reisebüro.

**Mit dem Zug**

Das finnische Eisenbahnnetz ist beschränkt, doch der Service ist in den meisten Fällen gut, zwischen Großstädten wie Turku und Helsinki sogar sehr gut. Finnland ist nur im Süden bis Rovaniemi durch die Bahn erschlossen. Nördlich davon wird der öffentliche Verkehr durch Busse betrieben. Es gibt verschiedene Pauschaltickets. Das **Euro-Domino-Ticket** ist für drei, fünf und zehn Tage erhältlich, an denen innerhalb eines Monats Zug gefahren werden kann. Der Preis richtet sich nach Anzahl der Tage und nach dem Alter des Reisenden; vor dem 27. Geburtstag sind die Tickets um die Hälfte billiger. Das **Interrail**-System erlaubt Zugreisen je nach Kombination der Zonen, in die Europa aufgeteilt ist. Für die Länder Finnland, Norwegen und Schweden wird ein 15-Tage-Ticket angeboten. Das **Scanrail-Ticket** gilt für alle vier skandinavischen Länder und für die Altersgruppen ab 26, 12 bis 25 und vier bis elf Jahre. Die Tickets berechtigen zu Fahrten von fünf oder zehn Tagen oder einem Monat. Es gilt keine Kilometerbegrenzung, allerdings müssen die Fahrten innerhalb eines gewissen Zeitraums angetreten werden. Vor Antritt der Reise sollte man sich jedoch im Heimatland informieren; das Euro-Domino-Ticket zum Beispiel ist nur außerhalb Finnlands erhältlich. Der **Finnrailpaß** hingegen bietet ähnliche Konditionen wie das Euro-Domino-Ticket, kann aber vor Ort gekauft werden. Informationen zum Angebot der Bahn erhält man von den Staatlichen Finnischen Eisenbahnen, Vilhonkatu 13, PB 488, 00101 Helsinki, Tel. 90/70 71.

**Mit dem Schiff**

Den Fähren und Passagierschiffen kommt in Finnland vor allem dann eine größere Bedeutung zu, wenn internationale Zielhäfen angesteuert werden. Es gibt jedoch ein paar Routen über Seen, die eine Reise lohnen. Auf den in Tampere beginnenden Routen der Silberlinie und des Dichterweges (Tel. 931/12 48 03, Tampere) befährt man einen Großteil der Seenlandschaft im Westen. Darüber hinaus werden Touren im Päijänne-Seengebiet in Zentralfinnland angeboten (Informationen bei Päijänne-See-Kreuzfahrten, Tel. 941/ 61 88 85, Haapaniemi) sowie Fahrten auf dem größten Seengebiet Finnlands, dem Saimaa-See in Ostfinnland (Informationen bei Roll Ships Ltd., Tel. 971/12 67 44). Auch von vielen anderen Veranstaltern werden Fahrten auf den Seen angeboten; nähere Informationen halten die Finnische Zentrale für Tourismus und die regionalen Fremdenverkehrsbüros bereit.

Der Passagierverkehr vor der Küste wird vom Finnischen Küsten-Passagierschiffverband/Suomen Rannikon Matkustajalaiayhdistys, Telefax 90/ 879 52 17 (kein Telefon), organisiert, der den Schiffsverkehr zwischen wichtigen Küstenorten wie Kotka, Porvoo, Helsinki, Turku, Naantali, Rauma, Pori, Vaasa, Pietarsaari bis hinauf nach Kalajoki abwickelt. Die einzige richtige Pendlerinsel Helsinkis ist Suomenlinna; zwischen der Insel und der Hauptstadt verkehrt jede Stunde eine Fähre (der Fahrplan ändert sich je nach Jahreszeit). Die meisten dieser Fähren gehören zum öffentlichen Nahverkehr Helsinkis. Die nicht so weit von der Küste entfernt liegenden Inseln sind über Straßen erreichbar.

**Regionalbusse**

Der größte Teil des Passagieraufkommens in Finnland wird mit Bussen bewältigt. In Regionen ohne Zugverkehr, insbesondere im Norden und in kleineren Orten, verkehren Busse. Das Hauptbüro für den Überland-Busverkehr ist Matkahuolto in Helsinki, Lauttasaarentie 8, Tel. 90/68 27 01, Fax 90/692 20 82.

Wenn Sie Ihr Ticket erst im Bus kaufen, müssen Sie zwar keinen Aufpreis bezahlen, können aber auch keine Gruppenermäßigung (für Gruppen ab drei Erwachsene über eine Strecke von mehr als 80 Kilometer) in Anspruch nehmen. Einen ermäßigten Preis zahlen auch Personen über 65 und Studenten. Um in den Genuß der Ermäßigung von mindestens 30 % auf Busreisen von mehr als 80 Kilometern zu kommen, müssen sowohl die über 65jährigen als auch die Studenten für eine Berechtigungskarte erwerben; hierzu sind ein Paßbild und der Personalausweis erforderlich. Kinder zwischen 4 und 11 Jahren zahlen den halben Fahrpreis (Fahrkarte im Bus erhältlich), und Kinder bis zu 4 Jahren fahren in Begleitung Erwachsener umsonst.

Für die Überlandbusse kann man sich durch einen Anruf bei Matkahuolto oder am Schalter des zentralen Busbahnhofs, Ecke Mannerheimintie/Simonkatu in Helsinki, gegen eine geringe Gebühr einen Platz reservieren lassen.

**U-Bahn, Stadtbus, Straßenbahn**

Helsinki hat eine einzige U-Bahn-Linie, die in Ost-West-Richtung verläuft. Sie ist schnell und sauber, doch wird der Betrieb bereits um 23.20 Uhr eingestellt, so daß sie sich nicht für nächtliche Unternehmungen eignet. Morgens fährt die erste U-Bahn etwa um 6 Uhr. Die Fahrkarten, die eine Stunde lang gültig sind und mit denen man auch in Busse und Straßenbahnen umsteigen kann, sind vor der Fahrt zu entwerten. Die Züge fahren entweder alle fünf oder alle zehn Minuten.

Die den öffentlichen Nahverkehr beherrschenden Stadtbusse bringen Sie in den meisten Fällen dem Ziel am nächsten, sind jedoch mehr von den Verkehrsverhältnissen abhängig als U-Bahn und Straßenbahn. Die Straßenbahn der Linie 3T eignet sich hervorragend für Stadtrundfahrten, denn auf der Fahrtstrecke in Form einer 8 wird der größte Teil Helsinkis befahren. Dazu werden kurze Erläuterungen in englischer Sprache von einem Tonband abgespielt. Die Straßenbahn ist zwischen 6 Uhr morgens und 1.15 Uhr nachts in Betrieb.

An den Haltestellen von Bussen und Straßenbahnen wird gewöhnlich nur die Endstation angegeben. Es ist daher ratsam, sich vor Antritt der Fahrt über den Streckenverlauf und die einzelnen Haltestellen zu informieren. Die meisten Buslinien werden von 6 Uhr morgens bis kurz vor Mitternacht befahren. Die Fremdenverkehrsbüros informieren über nächtliche Busverbindungen innerhalb Helsinkis sowie nach Espoo und Vantaa.

## INDIVIDUALVERKEHR

### Auto

Auf den Straßen Finnlands ist nicht allzuviel los, wenn man einmal vom Wochenendverkehr absieht, der im Sommer die Straßen zwischen der Hauptstadt und ihrer ländlichen Umgebung verstopft. In Finnland gibt es nur sehr wenige Autobahnen, die über mehr als zwei Fahrspuren verfügen.

Bei allen Fahrzeugen müssen außerhalb geschlossener Ortschaften die Scheinwerfer eingeschaltet werden (geschlossene Ortschaften sind durch ein Schild mit der symbolischen Darstellung einer Stadt gekennzeichnet). Ansonsten muß in der Dämmerung, bei Dunkelheit und bei schlechtem Wetter mit Licht gefahren werden.

Spike-Reifen können von November bis März benutzt werden, spezielle Schneereifen sind für Dezember und Januar sehr empfehlenswert. Das Anlegen der Sicherheitsgurte ist auf allen Plätzen zwingend vorgeschrieben.

Alkohol am Steuer sollte man unbedingt meiden. Der höchstzulässige Wert für den Alkoholgehalt im Blut liegt bereits bei 0,5 Promille, und die Strafen bei Nichteinhaltung sind hoch. Ab 1,2 Promille ist sogar eine Inhaftierung möglich. Taxis stehen im ganzen Land zur Verfügung. Man sollte also dem Beispiel der Finnen folgen und in ein Taxi steigen, wenn man Alkohol getrunken hat.

Wichtige Verkehrsregeln: In Ortschaften gilt immer rechts vor links, es sei denn, ein gelbes Dreieck mit rotem Rand zeigt „Vorfahrt achten" an. Durchgangsstraßen sind in den meisten Fällen vorfahrtsberechtigt. Im Kreisverkehr hat Vorfahrt, wer sich im Kreis befindet. Die Geschwindigkeitsbeschränkungen sind jeweils beschildert; sie reichen von 30 km/h im Bereich von Schulen bis zu 100 km/h auf Autobahnen.

Bei einem Unfall mit Beteiligung eines ausländischen Fahrzeugs ist folgende Telefonnummer zu wählen: 90/68 04 01 (Zentralruf der finnischen Kraftfahrzeugversicherer in Helsinki). Ausländische Fahrzeuge müssen in Finnland mit einem Nationalitätenkennzeichen versehen sein. In den meisten Fällen reicht die übliche Kfz-Versicherung aus, am besten erkundigen Sie sich vor Reiseantritt bei Ihrem Versicherungsunternehmen.

### Mietauto

Schalter und Büros vieler Autoverleiher finden sich im Flughafen bei Helsinki und in den Regionalflughäfen, des weiteren in den Innenstädten größerer Städte. Vorausgesetzt wird der gültige Führerschein des Heimatlandes, ein Mindestalter von 19 bis 24 Jahren und die Hinterlegung eines Geldbetrages, welcher sich an den zu erwartenen Kosten orientiert und teilweise nur mit einer Kreditkarte gezahlt werden kann. Pauschalverträge, die unbegrenzte freie Kilometer oder die Kombination mit Flugtickets zulassen, sind zu empfehlen. Nähere Informationen halten die Reisebüros Ihres Heimatlandes für Sie bereit.

### Taxi

Taxis gibt es in ganz Finnland. Taxistände finden Sie in Helsinki und anderen Großstädten sowie an den größeren Flughäfen, Busbahnhöfen und Bahnhöfen. Andernorts findet man das nächstgelegene Taxiunternehmen im Telefonbuch unter „Taksi"; es lohnt sich, den nächstgelegenen Taxibetreiber herauszufinden, da der Fahrpreis ab Fahrtbeginn (plus Grundgebühr) berechnet wird. Ein Taxi kann man sich auch heranwinken, doch hat man hierzu seltener Gelegenheit.

### Fahrrad

Die gut angelegten Radwege und die nur sanft ansteigenden Hügel machen Finnland zu einem idealen Fahrradland. Dementsprechend steigt auch die Zahl der Fahrradvermietungen. Die bedeutendsten Anlaufstellen sind die Jugendherberge am Olympiastadion von Helsinki und die Ro-No-Vermietung in beiden Häfen von Mariehamn auf den Ålandinseln (im Sommer ein beliebtes Ziel für Fahrradurlauber). Der Finnische Jugendherbergsverband (Yrjönkatu 38B, 00100 Helsinki, Tel. 90/6 94 03 77) bietet darüber hinaus Radtouren zu günstigen Preisen an (teilweise inklusive Übernachtung). Informationen über weitere Anbieter von Radtouren sind beim Finnischen Fremdenverkehrsbüro erhältlich.

### Zu Fuß

Auch wenn Helsinki die größte Stadt Finnlands ist, läßt sie sich hervorragend zu Fuß erkunden. Dies um so mehr, als in dieser recht kompakt angelegten Stadt die Zahl der Fußgängerzonen immer größer wird. Dasselbe gilt für Turku und viele andere größere und kleinere Städte. In manchen werden sogar Besichtigungstouren zu Fuß angeboten.

Es gibt unendlich viele Möglichkeiten für lange und kurze Spaziergänge auf dem Land. Aber auch in Helsinki selbst gibt es schön angelegte Waldwege, beispielsweise den Trimm-Dich-Pfad in Keskuspuisto. Auf dem Land findet man manchmal Wege, die man nur in mehreren Tagesetappen bewältigen kann. Lappland gehört zu den beliebtesten Wanderzielen. Die Steigungen sind weitaus steiler als im restlichen Finnland, und dort, wo die Bäume kleiner sind und weniger dicht stehen, hat man eine wunderschöne Aussicht. Wenn man Glück hat, bekommt man Elche, Rentiere sowie Wald- und Schneehühner zu sehen. Es gibt auch Luchse und Bären, doch sie sind selten geworden. Auskunft erteilt Suomen Ladun Matkapalvelu, Fabianinkatu 7, 00130 Helsinki, Tel. 90/17 01 01, und in Lappland, Tunturikeskus Kiilopää, 99800 Ivalo, Tel. 96 97/8 71 01.

# Unterkunft

Im großen und ganzen kann man sich darauf verlassen, daß die Unterkünfte in Finnland sauber und ordentlich sind, die Preise sind jedoch hoch. Man kann aber auch günstige Angebote aufspüren. Starke Ermäßigungen (bis zu 60 %) gibt es in Hotels an Wochenenden sowie im Sommer, wenn keine Geschäftsreisenden unterwegs sind. Billige Unterkünfte bieten Jugendherbergen, Familienpensionen, Bauernhöfe, Gasthäuser, Familienferiendörfer und Campingplätze. Während der Semesterferien werden einige Studentenheime zu Sommerhotels umfunktioniert, die vom 1. Juni bis zum 31. August geöffnet sind. Die Sommerhotels sind dem Jugendherbergsverband angeschlossen. Erkundigen Sie sich beim SRM-Hostel Booking Center, Yrjönkatu 38, 00100 Helsinki, Tel. 90/693 13 47, Fax 90/693 13 49. Diese und andere preiswerte Übernachtungsalternativen ersehen Sie aus der Broschüre „Günstig Übernachten", die beim Finnischen Fremdenverkehrsamt kostenlos erhältlich ist.

Am Bahnhof in Helsinki können Sie die Hotelvermittlung in Anspruch nehmen: Asemaaukio 3, 00100 Helsinki, Tel. 90/17 11 33, Fax 90/17 55 24.

## Hotels

Übernachtungsgutscheine sind eine Möglichkeit, bei Hotelübernachtungen Geld zu sparen. Das **Finncheque-System** wird von mehreren Hotelketten getragen. Dadurch können die Gutscheine in 260 Hotels in 111 verschiedenen Orten, aber nur in der Hauptsaison von Juni bis September, eingelöst werden. Nähere Auskünfte erteilt Suomen Hotellivaraukset Oy - The Hotel Reservations in Finland Ltd, Nervanderinkatu 5 D 40, 00100 Helsinki, Tel. 98 00-5 51 55 (gebührenfrei in Finnland), Fax 90/44 03 83, oder authorisierte Reisebüros. Die Gutscheinsysteme der Hotelketten Best Western und Arctia bieten ähnliche Konditionen. Informationen erhalten Sie bei Best Western Hotels Finland, Merimiehenkatu 29, 00150 Helsinki, Tel. 90/65 58 55, Fax 90/65 58 70, oder bei Arctia Hotel Partners/Scandic Hotels, Tel. 90/6 94 80 22, Fax 90/6 94 84 71.

Im folgenden finden Sie eine Liste von Hotels in Helsinki, Turku und Tampere. Bei den Fremdenverkehrsämtern und Hotelbuchungszentren erfahren Sie die aktuellen Preise sowie eventuelle Sonderangebote für Übernachtungen an Wochenenden und im Sommer. Die Fremdenverkehrsämter halten auch einen aktuellen Hotelführer bereit.

### Helsinki

**Academica,** Hietaniemenkatu 14, 00180 Helsinki, Tel. 90/4 02 02 06, Fax 90/44 12 01. Dieses Studentenheim ist während der Semesterferien ein einfaches Sommerhotel. Kleine, moderne Zimmer mit eigener Küche. Familienzimmer und Extra-Betten stehen ebenfalls zur Verfügung. Zentrale Lage in Wohngebiet.

**Kalastajatorppa,** Kalastajatorpantie 1, 00330 Helsinki, Tel. 90/4 58 11, Fax 90/4 58 16 68. Aufgrund seiner Nähe zum Meer, in einem hübschen Vorort ungefähr sechs Kilometer westlich vom Zentrum, mutet Kalastajatorppa wie eine Unterkunft auf dem Land an.

**LordHotel,** Lönnrotinkatu 29, 00180 Helsinki, Tel. 90/6 80 16 80, Fax 90/6 80 13 15. Traumhafte, schloßähnliche Außenansicht; mit Konferenz- und Speisesälen im Jugendstil; die meisten Zimmer im modernen Flügel zeigen auf den ruhigen Hof; eine Turmsuite im älteren Teil des Gebäudes. Ein Konferenzzimmer mit Sauna und ein runder Versammlungssaal im Turm. Zentral gelegen.

**Cumulus Kaisaniemi**, Kaisaniemenkatu 7, 00100 Helsinki, Tel. 90/17 28 81, Fax 90/60 53 79. Nicht weit zum Bahnhof und zu umliegenden Geschäften, guter Service, auch Zimmer für Allergiker.

**Omapohja,** Itäinen Teatterikuja 3, 00100 Helsinki, Tel. 90/66 62 11 oder 90/17 62 43. Dieses Gasthaus aus dem Jahre 1906 war einst die Adresse für Schauspieler, die im Nationaltheater um die Ecke auftraten. Große Fenster alten Stils, hervorragende Lage, nur ein paar Schritte vom Hauptbahnhof und dem Botanischen Garten.

**Radisson-SAS Hotel Helsinki,** Runeberginkatu 2, 00100 Helsinki, Tel. 90/6 95 80, Fax 90/69 58 71 00. Sonnige, offene Speisesäle und Bars, der übliche gute Service. Ungefähr zehn Minuten zu Fuß vom Stadtzentrum, U-Bahn-Station direkt vor der Haustür.

**Seurahuone Socis** Kaivokatu 12, 00100 Helsinki, Tel. 90/17 04 41, Fax 90/66 41 70. Einige Zimmer sind mit viktorianischen Antiquitäten ausgestattet, andere wurden im modernen skandinavischen Stil eingerichtet. Die Bar Socis im Untergeschoß ist ein beliebter Treffpunkt in Helsinki. Das Café ist bis spät abends geöffnet. Direkt am Bahnhofsplatz.

**Strand Intercontinental,** John Stenbergin ranta 4, 00530 Helsinki, Tel. 90/3 93 51, Fax 90/3 93 52 55. Dieses südlich des lebendigen Hakaniemi-Marktes und weniger als anderthalb Kilometer nördlich der Esplanade gelegene Hotel der international bekannten Kette wurde im Jahre 1990 eröffnet. Elegante öffentliche Anlagen, Aussicht auf das Universitätsviertel Kruunuhaka.

**Sokos Hotel Torni,** Yrjönkatu 26, 00100 Helsinki, Tel. 90/13 11 31, Fax 90/1 31 13 61. Bekannt als das mit dreizehn Stockwerken höchste Gebäude der Stadt. Dieses kultivierte Hotel verfügt über einen älteren und einen neueren Teil. Die älteren Zimmer sind im Jugendstil eingerichtet. Fragen Sie nach Zimmern mit Blick auf den Hof. Im „neueren" Teil wartet ein Aussichtsturm mit Bar aus den dreißiger Jahren auf Sie, die Fassaden wurden im finnischen Funktionalismus geschaffen.

**Jugendherberge** im Olympia-Stadion, Pohjoinen Stadiontie 3B, 00250 Helsinki, Tel. 90/49 60 71, Fax 90/49 64 66. Es gibt verschiedene andere Sommerherbergen, aber diese Jugendherberge ist das ganze Jahr über geöffnet. Liegt ungefähr drei Kilometer nördlich des Zentrums und ist mit Bus und Tram leicht zu erreichen.

### Turku

**Cumulus Turku,** Eerikinkatu 28, 20100 Turku, Tel. 921/63 82 11, Fax 921/6 38 22 99. Hübsches, zeitgenössisches Hotel, geschaffen für Geschäftsreisende sowie betuchte Touristen. In der Bar Casablanca herrscht jede Nacht eine gute (Tanz-)Stimmung. Einzelzimmer zeigen auf den Innenhof.

**Sokos Hotel Hamburger Börs,** Kauppiaskatu 6, 20100 Turku, Tel. 921/63 73 81, Fax 921/2 31 10 10. Stimmungsvolles, altes Hotel, direkt am Marktplatz. Zu den exzellenten Restaurants gehören das französische Fransmanni und der Hamburger Hof (deutsche Küche).

**Sokos Hotel City Börs,** Eerikinkatu 11 (auf der anderen Seite des Marktplatzes), 20100 Turku, Tel. 921/63 73 81, Fax 921/2 31 10 10. Die etwas billigere, aber hervorragende Alternative zum Hamburger Börs.

**Scandic Hotel Turku,** Matkustajasatama, 20100 Turku, Tel. 921/30 26 00, Fax 921/30 21 69. Fantasievoll restauriertes Lagerhaus aus dem 19. Jahrhundert. Neugotische Fassade. Herrlicher Blick auf Hafen und Burg. Moderne Bäder.

**Turun Kaupungin Retkeilymaja,** Linnankatu 39, 20100 Turku, Tel. 921/2 31 65 78, Fax 921/2 31 17 08. Diese Jugendherberge mit 119 Betten in 16 Zimmern bietet die übliche Qualität das ganze Jahr über.

### Tampere

**Cumulus Koskikatu,** Koskikatu 5, 33100 Tampere, Tel. 931/2 42 41 11, Fax 931/2 42 43 99. Dieses Hotel wurde 1979 in modernem Stil erbaut. Bar und Speisesaal sind besonders schön eingerichtet.

**Sokos Hotel Tammer,** Satakunnankatu 13, 33100 Tampere, Tel. 931/2 22 81 11, Fax 931/2 23 07 57. Der unglaublich hohe Eingang führt in eine Jugendstil-Halle aus dem Jahre 1929. In einem grünen, hügeligen Viertel der Stadt gelegen.

**Sokos Hotel Ilves,** Hatanpäänvaltatie 1, 33100 Tampere, Tel. 931/2 12 12 12, Fax 931/2 13 25 65. 18stöckiges Gebäude mit herrlicher Aussicht auf den Hafen und die Tammerkoski-Wasserfälle. Schön und stilvoll möbliert, mit Swimmingpool und Sauna.

**Victoria,** Itsenäisyydenkatu 1, 33100 Tampere, Tel. 931/2 42 51 11, Fax 931/2 42 51 00. Die Zimmer dieses einfachen, herbergsähnlichen Hotels sind sauber und modern. Im Erdgeschoß versorgt Sie das Tunneli kulinarisch.

## Jugendherbergen

In ganz Finnland gibt es ungefähr 160 Jugendherbergen und Familienpensionen unterschiedlicher Art: kleine Bauernhöfe, Herrenhäuser, Campingplätze und spezielle Zentren. Sie verfügen meist über Familienzimmer (für 2 bis 4 Personen) oder Schlafsäle (5 bis 10 Personen). Ungefähr 60 dieser Unterkünfte haben das ganze Jahr über geöffnet, der Rest nur im Sommer. Auskunft über Jugendherbergen und das Finnische Jugendherbergs-Schecksystem erteilt der Finnische Jugendherbergsverband, Yrjönkatu 38B, 00100 Helsinki, Tel. 90/6 93 13 47, Fax 90/69 313 49.

## Billige Unterkünfte

Bauernhöfe, Bed and Breakfast, Familienferiendörfer, Studentenheime – in Finnland stehen Ihnen viele Möglichkeiten offen, wenn Sie billig reisen möchten. Die Broschüre „Günstig Übernachten“ (Budget Accommodation Holiday Villages) des Fremdenverkehrsverbandes gibt darüber Auskunft. Auf dem Bauernhof wird der Gast meist wie ein Familienmitglied behandelt, manche Bauernhöfe stellen ihren Gästen jedoch Hütten zur Verfügung, in denen sie sich selbst versorgen. Fremdenzimmer mit Frühstück werden von ungefähr 100 Familien angeboten, und in den Feriendörfern der Seenplatte und an der Westküste können Sie in Hütten, gewöhnlich mit eigenem Boot, übernachten. Viele Campingplätze bieten Ferienprogramme an, wie z. B. Angeln, Kanufahren, andere Sportarten und abendliche Grillfeste. Eine Liste mit Bed and Breakfast-Angeboten gibt es bei: Lomarengas, Malminkaari 23 C, 00700 Helsinki, Tel. 90/35 16 13 21, Fax 90/35 16 13 00. Für Ferien auf dem Bauernhof schreiben Sie bitte an: Suomen 4H-liitto, Abrahaminkatu 7, 00180 Helsinki, Tel. 90/64 22 33, Fax 90/64 22 74.

## Camping

In Finnland stehen Ihnen zahlreiche Campingplätze zur Verfügung, die alle in einer Broschüre aufgelistet sind. Diese ist in Buchhandlungen und R-Kiosken erhältlich. Außerdem gibt es Finncamping-Schecks, die das Campen auf angeschlossenen Campingplätzen zu ermäßigten Preisen ermöglichen. Sie können auch außerhalb von Finnland erworben werden und sind vom 1. Mai bis 30. September gültig. Auskünfte bei: Finnische Reisegesellschaft, Abteilung Camping, Mikonkatu 25, PB 938, 00101 Helsinki, Tel. 90/17 08 68, Fax 90/65 43 58.

Wildes Campen ist in Finnland ebenfalls erlaubt, auf Privatländereien muß das Einverständnis des Eigentümers eingeholt werden. Offenes Feuer ist im allgemeinen nicht gestattet.

# Essen & Trinken

## Küche

Früher sagte man, der Salat der Finnen sei die Wurst. Schweinefleisch und Kartoffeln waren einst die Hauptnahrungsmittel der Bewohner des Landesinneren, und der Speiseplan der Küstenbewohner war auch nur um ein paar Fischgerichte reicher.

Schritt für Schritt wurde die finnische Küche vielfältiger und besser, als immer mehr Lebensmittel importiert und die Anbaumethoden in Gewächshäusern fortschrittlicher wurden. Inzwischen entdeckt man auch auf Märkten nördlich des 60. Breitengrades in Finnland angebautes Gemüse, das bis vor kurzem dort noch nicht bekannt war (z. B. Gurken und Tomaten).

Hervorragende finnische Köche zaubern Ihnen mit frischen Zutaten ein wunderbares Mahl. Besonders zu empfehlen sind Wildgerichte, die gewöhnlich mit vorzüglichen Pilz- und Beerensaucen serviert werden.

Die meisten Finnen essen ausgiebig zu Mittag und nehmen abends nur eine kleine kalte Mahlzeit zu sich. Doch das bedeutet nicht, daß Sie in Helsinki und anderen Städten kein Dinner mit mehreren Gängen verzehren können. In den letzten Jahren haben auch immer mehr Lokale mit internationaler Küche eröffnet, heute warten fast in jeder größeren Stadt chinesische, italienische und französische Restaurants auf Gäste.

Im Sommer sollten Sie es nicht versäumen, finnische Langusten (rapu) zu kosten. Lesen Sie auch das Kapitel Früchte des Meeres und des Waldes im Reiseteil dieses Buches.

Das finnische Fremdenverkehrsamt gibt Broschüren heraus, in denen die Spezialitäten der Regionen Lappland und Kainuu erläutert werden. Routenvorschläge machen es dem Reisenden leicht, kulinarisches Neuland zu betreten.

## Restaurants

Es ist schwer, in Finnland wirklich billige Restaurants zu finden, aber es gibt durchaus Lokale, in denen das Essen seinen Preis wert ist – wo es also große Portionen hervorragender Speisen gibt.

Die Tagesmenüs sind oft sehr günstig; auf sie wird gewöhnlich auf Tafeln vor dem Restaurant hingewiesen. In vielen Restaurants stehen die Gerichte auf der Speisekarte auch in englischer Sprache.

Für einen preisgünstigen Schnellimbiß bieten sich die Nakki-Buden (Würstchenbuden) an. Hier werden Bock- und Bratwürste, aber auch Pommes frites und Getränke verkauft. Etwas teurer sind die allgegenwärtigen Hamburger-Ketten wie McDonalds. Auch Pizza ißt man in Finnland sehr gerne.

Die Restaurants vieler Hotels in Helsinki, Turku und Tampere sind sehr gut, hier werden Sie in Gourmet-Lokalen, Weinkellern und Cafés auf finnische, französische, italienische oder internationale Art verwöhnt.

### Helsinki

**Alexander Nevski,** Pohjoisesplanadi 17, Tel. 90/63 96 10. Russische Gerichte und Delikatessen werden in diesem im zaristischen Stil gehaltenen Restaurant mit Blick auf den Marktplatz serviert.

**Cantina West,** Kasarminkatu 23, Tel. 90/6 22 15 00. Unten befindet sich eine Kaktus-Bar, oben in einem sehr hohen Saal ein ruhiges Restaurant, das mit typisch amerikanischen Gegenständen geschmückt ist. Dort kann man sich an einem Büffet ein mexikanisches Essen zusammenstellen.

**El Greco,** Eteläesplanadi 22, Tel. 90/60 75 65. Im unteren Bereich befindet sich ein gepflegtes, geschäftiges Café mit Blick über den Park, im oberen Stockwerk ein griechisch eingerichtetes Restaurant, in dem verschiedene griechische Gerichte serviert werden.

**Kaksi Kanaa,** Kanavakatu 3, Tel. 90/66 92 60. Dieses im Stil einer Brasserie eingerichtete Restaurant wird auch für Kabarett-Vorstellungen und manchmal für Jazz-Konzerte genutzt. Die Veranstaltungen finden gewöhnlich Donnerstag, Freitag und Samstag statt. Über die Einzelheiten kann man sich telefonisch oder in den entsprechenden Veröffentlichungen informieren.

**Kynsilaukka** (Knoblauch-Restaurant), Fredrikinkatu 22, Tel. 90/65 19 39. Hier zaubern drei junge Köche mit frischen Zutaten vom Markt und viel Phantasie Gerichte rund um den Knoblauch. Komfortabel und freundlich, ganz hervorragendes Essen. Kleine und große Portionen.

**LordHotel,** Lönnrotinkatu 29, Tel. 90/6 80 16 80. Dieses schöne und ruhige Jugendstilhotel beherbergt im ersten Stock ein Restaurant, in dem hervorragende Fischgerichte mit wunderbaren Soßen serviert werden.

**Torni Salle de Chevalier,** Kalevankatu 5, Tel. 90/13 11 31. Im Gourmet-Lokal des traditionellen Hotel Torni können Sie an der „Tafel des Knechts" dinieren. – Die **Ateljee Bar** im 13. Stock des Hotels ist der ideale Ort für leichte Zwischenmahlzeiten oder einen Drink (im Sommer auf der Terrasse). Herrliche Aussicht auf Helsinki.

**Walhalla,** Kustaanmiekka, Suomenlinna, Tel. 90/66 85 52. Dieses den Sommer über ständig und den Rest des Jahres nach Vereinbarung geöffnete Restaurant ist in den Bogengängen der alten Festung auf der geschichtsträchtigen Insel Suomenlinna untergebracht. Hier findet man die besten Gerichte der finnischen Küche. Versuchen sollte man die Schneehuhn- und Rentierspezialitäten.

### Turku

**Pinella,** Porthanin puisto, Tel. 921/2 51 75 57. Dieses berühmte Restaurant Turkus wurde 1848 von einem Italiener eröffnet. In einem Raum werden Fisch- und Fleischgerichte serviert, im anderen italienische Speisen.

**Samppalinna,** It, Rantakatu, Sampalinnanpuisto, Tel. 921/31 11 65. Europäische Küche (z. B. Schafsbraten) und nordische Spezialitäten, wie z. B. Lachssuppe. Herrliches viktorianisches Gebäude.

**Seaport,** Matkustajasatama, Tel. 921/30 26 00. In diesem geräumigen, ehemaligen Lagerhaus werden Fisch- und köstliche Wildgerichte serviert, z. B. Rentierschnitzel. Mit Tanzsaal.

**Trattoria Casa Felice,** Linnankatu 3, Tel. 921/2 32 22 65. Hübsches italienisches Restaurant.

**Villa Roman,** Ruissalo 63, Tel. 921/2 58 93 00. Dieses Café gehört zum Atelier Villa Roman (Wanderausstellungen und Spielwarenmuseum) auf der Sommerinsel Ruissalo. Ab 18 Uhr geschlossen.

### Tampere

**Fuuga,** Yliopistonkatu 55, Tel. 931/2 43 46 47. Restaurant in der großartigen Konzerthalle Tamperes. Ideal, falls Sie Ihren Konzertbesuch mit einem Dinner gebührend beenden wollen.

Im **Café Soolo** im selben Gebäude herrscht eine konservative Atmosphäre, hier werden kleine Zwischenmahlzeiten angeboten.

**Katupoika,** Aleksanterinakatu 20, Tel. 931/2 12 22 04. Italienische und mexikanische Spezialitäten.

**Weinbar Mona Lisa,** Koskikatu 5, Tel. 931/2 42 41 11. In dieser Weinbar im Hotel Cumulus können Sie bei Rockmusik internationale Speisen, indonesische, mexikanische und französische Spezialitäten sowie einheimische Forellengerichte verzehren.

**Merirosvo,** Näsinneula, Särkänniemi, Tel. 931/12 46 97. Günstig bei Besuchen des Beobachtungsturmes und des Vergnügungsparks. Berühmt für seine baltischen Heringsgerichte.

## Getränke

Wegen der hohen Alkoholsteuer sind alkoholische Getränke in Finnland außerordentlich teuer, Bier und Wein bilden dabei keine Ausnahme. Das finnische tuoppi sind etwa 0,7 Liter Bier. Pieni tuoppi ist nur etwa zwei Drittel dieser Menge. Wenn man „ein Bier" bestellt, bekommt man ein großes Starkbier (Nr. 4 = 4,5 % Alkohol). Bier mit 3,5 % Alkohol wird als keski-olut (mittelstarkes Bier) bezeichnet. Das Bier Nummer 1 (ykkös olut) ist das schwächste Bier und enthält nur etwas mehr als 1 % Alkohol.

Wein wird importiert und ist im Restaurant sehr teuer. Immerhin ist heute bei den Verkaufsstellen des staatlichen Alkohol-Monopolunternehmens Alko die Auswahl größer als früher.

Harte alkoholische Getränke und Wein kann man nur bei Alko kaufen. Die Alko-Verkaufsstellen sind Montag bis Donnerstag von 9 bis 17 Uhr, freitags vom 9 bis 18 Uhr und samstags von 9 bis 14 Uhr geöffnet. (Im Kaufhaus Stockmann in Helsinki gibt es im

Erdgeschoß eine Alko-Verkaufsstelle, in der nur Wein verkauft wird.) Bier mit mittlerem und geringerem Alkoholgehalt gibt es in den Supermärkten zu kaufen. In den meisten Restaurants wird Alkohol zum Essen serviert. In einem mit dem Schild B-oikeudet versehenen Lokal dürfen nur Bier und Wein ausgeschenkt werden. Die meisten Bars und Kneipen in Helsinki haben bis Mitternacht geöffnet, manche sogar bis 3 oder 4 Uhr morgens.

# Unternehmungen

## Museen & Galerien

In Finnland gibt es viele kleine Museen. Die meisten Museen sind der Kunst gewidmet, wobei Helsinki erwartungsgemäß die größte Vielfalt zu bieten hat. Insgesamt sind mehr zeitgenössische als alte Kunstwerke zu sehen.

Die Eintrittspreise sind hoch, doch werden in den größeren Städten spezielle Städtepässe verkauft (beispielsweise die Helsinki-, die Turku- und die Tampere-Karte), mit denen man freien Eintritt zu vielen Museen hat. Die Karte ist gültig für öffentliche Verkehrsmittel und viele Museen; darüber hinaus berechtigt sie zu Hotelermäßigungen.

Die Öffnungszeiten sind im Winter fast durchweg eingeschränkt.

### Helsinki

**Finnische Nationalgalerie,** Kaivokatu 2-4, Tel. 90/17 33 61 Die Galerie beherbergt das Ateneum mit finnischer Kunst vom 18. Jahrhundert bis in die 1960er Jahre und das Museum für zeitgenössische finnische und internationale Kunst seit 1960. Geöffnet: Mo. geschlossen, Di. 9 bis 17 Uhr, Mi. und Do. 9 bis 21 Uhr, Fr. 9 bis 17 Uhr, Sa bis So 11 bis 17 Uhr.

**Marine-Museum,** Insel Hylkysaari, Tel. 90/1 35 53 79. Im ehemaligen Lotsengebäude kann man mehr über die Geschichte der finnischen Schiffahrt, das Leben an Bord und über die Handelsschiffahrt erfahren. Anfahrt über die Korkeasaari-Insel. Geöffnet: Mai bis September täglich 11 bis 17 Uhr, Oktober bis April nur am Wochenende 10 bis 15 Uhr.

**Museum des Skandinavischen Kunstzentrums,** Suomenlinna. Eintritt frei. In der hübschen, in Rosé-Tönen gehaltenen Marinekaserne und den Gebäuden der Galleria Augusta am Landungssteg der Inselfähre von Suomenlinna werden regelmäßig die Arbeiten von lebenden skandinavischen Künstlern ausgestellt. Stündlich verkehrt eine Fähre zwischen dem Marktplatz von Helsinki und der Insel. Geöffnet: Mai bis September täglich von 11 bis 19 Uhr, von Oktober bis April täglich von 10 bis 18 Uhr.

**Museum der Finnischen Architektur,** Kasarmikatu 24, Tel. 90/66 19 18. Dieses Museum verfügt über ein hervorragendes Archiv von Bauzeichnungen. Wechselnde Ausstellungen befassen sich mit Aspekten der bekannteren und weniger bekannten Strömungen der finnischen Architektur (Nationalromantik, Neo-Klassizismus, Jugendstil, Funktionalismus und Moderne). Geöffnet: Di. bis So. von 10 bis 16 Uhr, Mi. bis 19 Uhr. Die Archive sind nur von Dienstag bis Freitag geöffnet, im Sommer keine verlängerte Öffnungszeit am Mittwoch.

**Museum für Angewandte Kunst,** Korkeavuorenkatu 23, Tel. 90/66 20 89. In diesem hübschen Museum wird eine wechselnde Sammlung berühmter und weniger bekannter Beispiele für Industrie- und Handwerksdesign ausgestellt. Hierzu zählen Aalto-Möbel und Lapponia-Schmuck sowie neuere Arbeiten von internationalen Designern. Cafeteria mit Kunstmagazinen. Geöffnet: Di. bis Fr. von 11 bis 17 Uhr, am Wochenende von 11 bis 16 Uhr.

**Freilichtmuseum Seurasaari,** Seurasaarentie, Meilahti, Tel. 90/48 47 12 . In diesem Freilichtmuseum, das etwa drei Kilometer von der Stadtmitte Helsinkis entfernt auf der Insel Seurasaari liegt, bekommt man einen Eindruck von den Unterkünften und Traditionen vergangener Zeiten. Die karelischen Häuser stammen größtenteils aus Ostfinnland. Auch eine wunderschön erhalten gebliebene Giebelkirche aus dem 17. Jahrhundert ist hier zu sehen. Im Sommer wird ein kleiner Bauernhof mit Tieren aufgebaut. Abends werden häufig Volkstänze, Volksmusik und Volkstheaterstücke dargeboten. Busverbindung mit der Linie 24 vom Schwedischen Theater bis zur Endstation und dann über die Holzbrücke. Geöffnet: 15. - 30. Mai und 1. - 15. September Mo. bis Fr. 9 bis 15 Uhr, am Wochenende 11 bis 17 Uhr; Juni bis August täglich 11 bis 17 Uhr, Mi. bis 19 Uhr.

**Tamminiemi/Präsident-Urho-Kekkonen-Museum,** Seurasaarentie 15, Tel. 90/48 06 84. In diesem Anfang dieses Jahrhunderts im Jugendstil erbauten Herrenhaus mit Blick auf die Insel Seurasaari lebte 20 Jahre lang Urho Kekkonen, der finnische Präsident mit der längsten Amtszeit nach dem Zweiten Weltkrieg. Zu seinen dort ausgestellten persönlichen Gegenständen gehören Möbelstücke und Geschenke aus aller Welt; Besichtigung nur im Rahmen einer Führung möglich. Geöffnet: Mai bis Anfang September täglich von 11 bis 16 Uhr, Mi. nochmals von 18 bis 20 Uhr; Mitte September bis April täglich von 11 bis 15 Uhr, Mi. nochmals von 18 bis 20 Uhr.

**Cygnaeus-Galerie,** Kalliolinnantie 8. Die Bilder und Skulpturen dieser winzigen Galerie im Sommerhäuschen des Dichters Cygnaeus stammen im wesentlichen aus dem 19. Jahrhundert; oberhalb des Hafens von Helsinki gelegen. **Gallen-Kallela-Museum,** Tarvaspää, Espoo. Atelier und Wohnung des Künstlers Akseli Gallen-Kallela, der unter anderem beeindruckende Darstellungen von Szenen aus dem finnischen Epos Kalevala sowie Dutzende von Jugendstil-Plakaten malte. Tarvaspää liegt in Espoo direkt am Meer. Mit der Straßenbahn der Linie 4 fährt man bis Munkkiniemi, dann geht man knapp zwei Kilometer zu Fuß weiter (ist ausgeschildert). Hübsche Cafeteria. Geöffnet: im Sommer von Mo. bis Do. von 10 bis 20 Uhr, von Fr. bis So. von 10 bis 17 Uhr. Öffnungszeiten vom 1. September bis 15. Mai: Di. bis Sa. von 10 bis 16 Uhr, So. von 10 bis 17 Uhr.

### Turku

**Wäinö-Aaltonen-Museum,** Itäinen Rantakatu 38, Tel. 921/2 35 56 90. Skulpturen und Gemälde von Aaltonen, sowie Werke moderner finnischer Maler, Bildhauer und Graphiker.

**Griechisch-orthodoxe Kathedrale,** Kauppatori (Marktplatz), Tel. 921/ 2 31 18 90. Entworfen von C. L. Engel und Kaiserin Alexandra, der römischen Märtyrerin, geweiht. Wunderschöne, reich verzierte Kathedrale.

**Luostarinmäki-Handwerksmuseum,** Vartiovuori 4, Tel. 921/62 03 50. Umfangreiche Ansammlung von Handwerkerhäusern aus dem 19. Jahrhundert in schöner Lage. Herrliches Café.

**Meeres- und Astronomiemuseum,** auf dem Hügel Vartiovuori, Tel. 921/ 62 04 00. Schiffsmodelle und Gemälde in einem von C. L. Engel entworfenen Gebäude.

**Sibelius-Museum,** Piispankatu 17, Tel. 921/65 44 94. Partituren und andere Denkwürdigkeiten des berühmtesten Komponisten Finnlands und anderer musischer Größen.

**Sigyn und Suomen Joutsen** (Schwan von Finnland), Schiffe am Ostufer der Aura. Tel. (Sigyn) 921/65 41 16. Die Bark Sigyn wurde 1887 in Gothenburg, Schweden, erbaut, die Suomen Joutsen 1902 im französischen St. Nazaire.

**Burg von Turku** (Turunlinna), Tel. 921/ 62 01 11. Ein Schmuckstück Turkus. Finnlands Geschichte vom 13. bis ins 16. Jahrhundert, schön restaurierte Räume. Hier ist auch das historische Museum Turkus untergebracht, mit Möbeln, Gemälden, Porzellan aus verschiedenen Epochen.

**Kathedrale von Turku,** Kathedralenhügel, Tel. 921/2 51 06 51. Das bedeutendste Kirchengebäude Finnlands aus dem Mittelalter mit interessanten Kapellen und dem Museum der Kathedrale, in dem Kirchenmodelle und religiöse Kunstwerke ausgestellt sind.

### Tampere

**Finnisches Eishockeymuseum,** im Eisstadion. Die Geschichte des Eishockey in Finnland. Geöffnet: während Spielen und nach Vereinbarung.

**Haihara-Puppenmuseum,** Herrenhaus Haihara, Kaukajärvi, Tel. 931/ 2 22 62 61. Riesige Puppensammlung sowie kostüm- und kulturgeschichtliche Ausstellung.

**Lenin-Museum,** Hämeenpuisto 28, Tel. 931/2 12 73 13. Voller Hinterlassenschaften Lenins, insbesondere in bezug auf seine Zeit in Finnland, Dokumentation der russischen Revolution.

**Moomin Valley-Ausstellung,** Hämeenpuisto 20 (Gebäude der Stadtbücherei), Tel. 931/2 19 65 78 Die Phantasiewelt, die Tove Jansson für ihre berühmten Kinderbücher zeichnete.

**Kunstmuseum Sara Hildén,** Särkänniemi, Tel. 931/2 14 31 34. Wanderausstellungen, größtenteils finnische und internationale Künstler der Nachkriegszeit, z. B. Henry Moore. Geöffnet: im Sommer täglich 11 bis 18 Uhr.

**Arbeitermuseum** von Amuri, Makasiininkatu 12, Tel. 931/2 14 16 33. Restaurierte Gebäude, 25 Wohnungen, zwei Geschäfte und eine Bäckerei, in denen der Lebensstil der Arbeiter Tamperes Anfang des 20. Jahrhunderts dargestellt wird.

## Musik & Oper

In den meisten Städten werden das ganze Jahr über Konzerte gegeben; daneben gibt es in Finnland eine Vielzahl von Musikfestivals, von denen eine ganze Reihe auf dem Land veranstaltet werden. Fast 60 Termine in über 40 Städten füllen den Festspielkalender. Die berühmtesten davon finden im Juli statt: das Opernfestival von Savonlinna, das auf Schloß Olavinlinna in Ostfinnland veranstaltet wird; das Kammermusikfestival von Kuhmo, ebenfalls in Ostfinnland; und das Volksmusikfestival von Kaustinen in Westfinnland. An diesen Festivals nehmen finnische und internationale Künstler teil. Nähere Informationen erteilen die Fremdenverkehrsämter.

### Helsinki

Ebenfalls im Spätsommer finden die Juhlaviikot (Festivalwochen) von Helsinki statt, die ein breitgefächertes Programm mit Künstlern aus dem In- und Ausland bieten und in verschiedenen Teilen der Stadt abgehalten werden. Informationen hierzu sind beim Festivalbüro Helsinki, Rauhankatu 7 E, 00170 Helsinki, Tel. 90/1 35 45 22, Fax 90/2 78 15 78 erhältlich. Einen Besuch wert sind auch die unter der Woche veranstalteten Konzerte in der Felsenkirche Temppeliaukio im Viertel Töölö von Helsinki.

Die großen Musikereignisse der übrigen Monate des Jahres finden im Konzertsaal der Finlandia-Halle statt; viele davon sind Aufführungen des Rundfunk-Sinfonieorchesters unter der Leitung von Jukka-Pekka Saraste. Die finnische Oper besitzt eine große Anhängerschaft, zumal viele der aufgeführten Stücke von finnischen Komponisten stammen.

### Turku

In Turku wird viel Musik gemacht. Konzerte werden vom Orchester der Stadt Turku gegeben, weitere Musikabende finden im Sibelius-Museum, der Kathedrale oder der Burg von Turku statt. Das Musikfestival von Turku gehört zu den ältesten in ganz Finnland. Bei dieser Gelegenheit bekommt man sowohl mittelalterliche Musik als auch Erstaufführungen zu hören. Diese Mitte August stattfindende Veranstaltung zieht sowohl Komponisten als auch internationale Musiker an. Das Ruisrock auf der Insel Ruissalo ist das älteste Rockfestival Finnlands. Informationen zu beiden Veranstaltungen erteilt die Stiftung für die Musikfestivals von Turku, Uudenmaankatu 1, 20500 Turku, Tel. 921/51 11 62.

### Tampere

Auch in Tampere spielte Musik immer eine große Rolle. Seit 1975 veranstaltet die Stadt jedes Jahr ein internationales Chor-Festival. Die Tampere-Biennale, ein Festival der modernen finnischen Musik, wurde 1986 ins Leben gerufen und wird in Zusammenarbeit mit der Gesellschaft finnischer Komponisten veranstaltet. Auskunft erhalten Sie bei: Tampere Biennale, PB 87, 33122 Tampere, Tel. 931/19 61 36.

Seit der Eröffnung der neuen Tampere-Halle stieg das Interesse an der Musik. Das große Auditorium ist eine der größten Konzertsäle der Welt, und die Akustik ist sogar besser als die in der Finlandia-Halle von Helsinki. Das kleine Auditorium ist für Kammermusik-Aufführungen gedacht, und in der Halle werden auch Konferenzen abgehalten. Außerdem werden in der Kathedrale von Tampere sowie in anderen Kirchen und Sälen seit langem schon Konzerte gegeben. Informationen zum jährlich in Tampere stattfindenden Jazz Happening erteilt: Tampere Jazz Happening, PB 71, 33101 Tampere, Tel. 931/19 61 36.

## Theater

### Helsinki

Das Finnische Nationaltheater und das Schwedische Theater können auf eine lange Schauspieltradition in finnischer bzw. schwedischer Sprache zurückblikken. Leider gibt es keine fremdsprachigen Bühnen, doch sind die Theatergebäude selbst schon einen Besuch wert. Man kann aber auch ein Theaterstück besuchen, das man so gut kennt, daß die Sprachbarriere keine Rolle spielt.

Das Finnische Nationaltheater liegt nördlich vom Hauptbahnhof am Rand des Botanischen Gartens. Den hufeisenförmigen Bau des Schwedischen Theaters finden Sie am westlichen Ende des Esplanadenpark.

Die aktuellen Veranstaltungshinweise finden Sie in den Tageszeitungen und Programmzeitschriften oder beim örtlichen Fremdenverkehrsverband.

### *Turku*

In Turku werden zwar sehr gute Schauspiele aufgeführt, aber nur selten in einer anderen Sprache als der finnischen oder schwedischen. Im Winter steht Ihnen das Theater der Stadt Turku am Ufer der Aura offen sowie das Schwedische Theater am Marktplatz. Es ist das älteste Theater in Finnland, in dem noch Aufführungen stattfinden.

### *Tampere*

Tampere hat – wie Helsinki – ebenfalls das ganze Jahr über Theaterveranstaltungen zu bieten. Nur im Pyynikki-Freilichttheater – dem ersten sich drehenden Theater im Freien – werden bei Aufführungen von Mitte Juni bis Mitte August Zusammenfassungen in englischer Sprache gegeben. Ein Besuch des wunderschön am Pyhäjärvi-See gelegenen Theaters lohnt sich. Reservieren Sie sich jedoch im voraus unter der Nummer 931/2 13 45 66 einen Platz. Beim Tampere-Theaterfestival im August treten viele internationale Ensembles auf, die ihre Stücke in ihrer eigenen Sprache aufführen. Auskunft erteilt: Internationales Tampere Theaterfestival, Keskustori 4, 33100 Tampere, Tel. 931/22 85 36.

## *Kino & Film*

In Finnland werden ausländische Filme nicht synchronisiert. Man hat daher in finnischen Städten eine ebenso große Auswahl an Kinofilmen wie in jeder anderen europäischen Stadt mittlerer Größe. Im Nordia (Yrjönkatu 36, Tel. 90/6 94 93 31) in Helsinki wird eine Mischung aus kommerziellen Erfolgsfilmen und anspruchsvolleren Filmen gezeigt, während das Suomen Elokuvaarkisto im Orion, Eerikinkatu 15-17 (Tel. 90/61 54 02 01), eine fast unendliche Palette älterer Filme aus Finnland und dem Ausland bereithält. In der Eerikinkatu 11 (Tel. 90/60 48 73) befindet sich das Andorra, das den Brüdern Kaurismäki gehört, die in letzter Zeit mit Filmen wie *I Hired a Contract Killer* zu einigem Ruhm gelangt sind.

Die Filmvorführungen beginnen gewöhnlich um 18 und um 20.30 Uhr. Am Kiosk vor dem östlichen Bahnhofseingang in Helsinki gibt es ausführliche Informationen zum Kinoprogramm, ebenso in den Tageszeitungen. Hinweise zum Kinoprogramm sind auch beim Fremdenverkehrsbüro erhältlich. Zu den Kinos, die neu herausgekommene Filme zeigen, gehören das Bio-Bio, Mannerheimintie 5, Tel. 90/1 35 45 99; das Forum, Mannerheimintie 16, Tel. 90/13 11 92 35; und das Maxim, Kluuvikatu 1, Tel. 90/13 11 92 45.

Finnland leistet sich über das Jahr verteilt drei Filmfestivals. Im März findet das Internationale Kurzfilmfestival in Tampere statt, Sodankylä ist Veranstaltungsort des Midnight Sun Film Festival Mitte Juni. Internationale Kinderfilme werden im November in Oulu gezeigt.

## *Nachtleben*

### *Helsinki*

Das Nachtleben in Finnland ist nur schwer zu durchschauen. In Helsinki trifft man auf wahre Horden von Zechbrüdern, die bis zum frühen Morgen durch die Kneipen der Stadt ziehen. Die meisten von ihnen sind alte Bekannte, die sich miteinander besaufen. Es gibt mehrere Clubs, in denen hervorragende Musikgruppen auftreten, beispielsweise das Tavastia der Universität. Gelegentlich kommt auch eine gute Jazz- oder Rock-Gruppe nach Helsinki, doch steht diese Stadt normalerweise nicht auf dem Programm der meisten bedeutenden Künstler.

In der Öffentlichkeit darf in Finnland ab 18 Jahren Alkohol getrunken werden, doch in vielen Clubs beträgt das Mindestalter 21 Jahre. Die Eintrittspreise decken den gesamten Bereich von kostenlos bis unverschämt ab. Tanzlokale findet man nur schwer. Leichter ist es dagegen, zwanglose Treffpunkte für Ausländer zu finden. Hierzu gehören die Kneipen Angleterre, O'Malley's und Vanhan (die hauptsächlich von Studenten besucht wird). Im folgenden wird auf sie ausführlich eingegangen:

**Angleterre,** Fredrikinkatu 47, Tel. 90/64 73 71. Finnlands Antwort auf den britischen Pub – Anziehungspunkt vor allem für Briten, aber auch für andere Ausländer; annehmbare Bierpreise.

**Botnia Club** Museokatu 10, Tel. 90/44 69 40. Das Musikprogramm, live und vom DJ, wechselt mit dem Tag: Jam Sessions, lateinamerikanische Musik, Disko.

**Cafe Socis,** Kaivokatu 12, Tel. 90/17 04 41. Bar im viktorianischen Stil; durch die Eingangshalle des Hotels Seurahuone zugänglich. Das Café ist bis spät in die Nacht geöffnet.

**Kuu,** Töölönkatu 27, Tel. 90/44 33 08. Intime, sehr kleine Bar mit Auftritten der örtlichen Jazz-Gruppen jeden zweiten Montag. Kleine Gerichte.

**Kaivohuone,** Kaivopuisto Park, Tel. 90/17 78 81. Bar im Park-Restaurant Kaivohuone im Botschaftsviertel: Sonntag abends Live-Musik mit Soul- und Funk-Konzerten, samstags Diskjockey-Musik, Mittwoch bis Sonntag Musik verschiedener Stilrichtungen.

**O'Malleys,** Yrjönkatu 28, Tel. 90/61 13 31. Kleine, irisch-gemütliche und normalerweise überfüllte Kneipe. Improvisierte Musikdarbietungen.

**Cafe 52,** Fabianinkatu 29, Tel. 90/62 69 40. Tagsüber Brasserie, nachts reger Barbetrieb mit Live-Musik..

**Tavastia,** Urho Kekkonenkatu 4-6, Tel. 90/6 94 85 11. Dieser zur Universität gehörende Club ist Anziehungspunkt für einige der besten Live-Musiker Helsinkis; Rock-Atmosphäre. Unten befindet sich eine in der Regel stark besuchte Selbstbedienungs-Bar, oben wird man von einem Kellner bedient.

### *Turku & Tampere*

In Turku und Tampere sowie in kleineren Städten konzentriert sich das Nachtleben meist auf die großen Hotels, die eine große Auswahl an Restaurants, Bars und Nachtlokalen bieten. In der Burg von Turku werden auch manchmal Bankette und andere Veranstaltungen abgehalten.

Findet in einer Stadt ein Festival statt, auf dem berühmte Musiker auftreten, scheinen Bars und Nachtcafés kaum zu schließen. Es ist jedoch selten, daß international bekannte Rock- oder Jazzmusiker auf ihren Tourneen auch nach Finnland kommen – und wenn einmal, dann höchstens nach Helsinki.

## Einkaufen

### „Made in Finland"

Bei finnischem Design denkt man gewöhnlich an die weichen zeitgenössischen Linien der finnischen Architektur, die auch auf Schmuck, Holzgegenstände, Bekleidung, Haushaltstextilien, Glaswaren und die Bildhauerei übertragen wurden. Um beispielhaftes Design zu bewundern, besucht man am besten zunächst das Museum für Angewandte Kunst in Helsinki.

Schmuckarbeiten von Lapponia und Kaleva Koru sind auf ihre Art ausgesprochen finnisch; Lapponia-Schmuck ist eine im wesentlichen zeitgenössische Kollektion, während die Formen des Kaleva-Koru-Schmucks auf dem finnischen Epos Kalevala basieren. Die Schmuckstücke werden aus Gold, Silber und dem erschwinglicheren Messing gefertigt.

Aarikka bietet sehr schöne Holzarbeiten an, unter anderem Schneidbretter, Weihnachtsschmuck, Babyspielzeug und Holzschmuck. Pentik ist für Keramikartikel und wunderschön gearbeitete Lederbekleidung bekannt. Marimekko ist das finnische Unternehmen für Bekleidungsdesign schlechthin; das Angebot umfaßt Textilien in leuchtenden Farben für Männer, Frauen und Kinder sowie Heimtextilien. Die beeindruckendsten Keramikarbeiten werden von Arabia, einem der ältesten Unternehmen Finnlands, vertrieben. Die Fabrik (vom Stadtzentrum aus in etwa 20 Minuten mit der Straßenbahn zu erreichen) verfügt im oberen Stockwerk über ein kleines Museum; im Erdgeschoß werden Waren erster und zweiter Wahl verkauft. Die Artikel aller in diesem Abschnitt erwähnten Firmen findet man sowohl in kleineren Geschäften als auch in den großen Kaufhäusern der meisten finnischen Städte. Das größte Geschäft dieser Art befindet sich auf der Pohjoisesplanadi in Helsinki.

### Gechäfte

#### Helsinki

Neben den großen Kaufhäusern und den kleinen Geschäften in Helsinki gibt es mehrere Märkte, auf denen sowohl frische Lebensmittel als auch eine Reihe anderer Gebrauchsartikel mit starken Qualitätsunterschieden angeboten werden. Von Gebrauchtkleidung und Schallplatten bis hin zu Designerschmuck, lappländischen Fäustlingen und Pelzmützen ist hier alles zu haben. Der größte Markt Helsinkis ist der Kauppatori, gefolgt vom Hietälahdentori und Hakaniemietori, die alle in Zentrumsnähe gelegen sind. Die Marktstände sind im Sommer bis etwa 20 Uhr geöffnet, nachmittags jedoch von etwa 14 bis 15 Uhr geschlossen.

Das führende Kaufhaus Finnlands heißt Stockmann; dorthin gehen die Finnen, wenn sie ein ausgefallenes Geschenk suchen. Für einen Ausländer ist es vielleicht nur eine große, angenehme Einkaufsstätte, doch für die Finnen stellt Stockmann so etwas wie eine Institution dar. Filialen bestehen in Tampere, Turku und Tapiola (Espoo). Das Kaufhaus Stockmann ist Eigentümer der Akateeminen Kirjakauppa in Helsinki, der bekanntesten (aber teuren) Buchhandlung Finnlands.

Ansonsten bietet die Esplanade unbegrenztes Einkaufsvergnügen in Helsinki. Die in ganz Finnland vertretene Kaufhauskette Sokos verfügt auch über eine Lebensmittelabteilung. Man findet relativ wenige Filialen ausländischer Geschäfte in Finnland. Offensichtlich haben es die Finnen besonders gut verstanden, die Konkurrenz aus den übrigen skandinavischen Ländern auf ein Minimum zu beschränken. Mit der EU-Mitgliedschaft dürfte sich dies ändern.

#### Turku

In der Yliopistonkatu 22 ist die Stockmann-Filiale in Turku zu finden. In der Yliopistonkatu 25 werden Keramikwaren der Firma Pentik verkauft und in Hausnummer 27B Kunstwerke aus Holz von Aarikka.

Stoffe und dekorative Gegenstände stehen bei Sylvi Salonen in der Yliopistonkatu 29 zum Verkauf, handgemachte ryiiy (Wandteppiche) und andere Textilien können Sie im Neoviska in der Juhana Herttuan Puisto 10 erwerben.

Erkundigen Sie sich an Ort und Stelle, an welchen Tagen auf dem hübschen Marktplatz und in den Markthallen aus dem 19. Jahrhundert Markt ist. Im Sommer sind die Stände von 16 bis 20 Uhr noch einmal geöffnet. Das Hansa-Einkaufszentrum befindet sich wie die Markthallen zwischen der Eerikinkatu und der Linnankatu.

#### Tampere

Alle Kaufhäuser mittlerer Größe, die auch in Helsinki und Turku zu finden sind, gibt es auch in Tampere. Im Kehräsaari-Boutiquenzentrum, Laukontrori 1, Kehräsaari, einer umgebauten Mühle, warten mehrere kleine Boutiquen auf kauffreudige Kundschaft. Besuchen Sie auch das Verkaranta-Kunsthandwerkszentrum in der Verkatehtaankatu 2, hier stehen Kunsthandwerk und Spielzeug zum Verkauf. Die Markthalle von Tampere in der Hämeenkatu 19 ist Montag bis Freitag und samstags bis 14 Uhr geöffnet. Das neue Koskikeskus-Einkaufszentrum befindet sich in der Hatanpään Valtatie 1, in der Nähe des Hotel Ilves.

### Steuerfrei einkaufen

Wenn jemand, der seinen Wohnsitz nicht in Finnland hat, bei einem Einkauf mehr als FIM 200 ausgibt, hat er ein Anrecht auf Rückerstattung der Umsatzsteuer in Höhe von 11 bis 15,5 %. (Die volle Umsatzsteuer beträgt 17 %, doch eine vollständige Rückerstattung ist nicht möglich.) Nur in Geschäften mit „Tax Free"-Zeichen werden Steuern zurückerstattet. Dort bekommt man einen Scheck ausgestellt, den man sich bei der Abreise im Hafen oder auf dem Flughafen in bar auszahlen lassen kann. Der Betrag wird auf Anfrage auch in den wichtigsten europäischen Währungen und in US-Dollar ausgezahlt. Die Schecks für die Steuererstattung können auch an den wichtigsten Grenzübergängen nach Schweden, Norwegen und Rußland eingelöst werden. Die Waren sind verpackt vorzuzeigen. Weitere Informationen erteilt das Finnische Zentrum für steuerfreien Einkauf, Tel. 90/6 93 24 33.

## Zum Mitmachen

Finnland hat den Ruf, eine sportliche Nation zu sein. Dieser Ruf bestätigt sich bei allen Olympiaden, wenn die Finnen bei den Sommer- wie bei den Winterspielen vergleichsweise viele Medaillen gewinnen. Trainiert wird viel und regelmäßig. Es ist nicht ungewöhnlich, daß an heißen Sommertagen Scharen jugendlicher Sportler mit Grasskiern trainieren, damit ihnen bis zum nächsten Winter das Gefühl für die Bretter nicht abhanden kommt.

Die Finnen sind für ihre Leistungen bei Langstreckenläufen im Gelände, beim Skilanglauf und beim Skispringen berühmt. Die Trainingseinrichtungen für diese Sportarten sind hervorragend. In den meisten Städten gibt es sogar zusätzliche Stadtpläne mit autofreien Wegen, auf denen trainiert werden kann. Bei den Fremdenverkehrsbüros sind die entsprechenden Ulkoilukartta („Freiluft-Landkarten") erhältlich.

Skilanglauf kann man überall in Finnland betreiben, doch Lappland ist die beliebteste Gegend für diesen typisch skandinavischen Wintersport, gleichzeitig aber auch für den Abfahrtslauf. (Möglichst keinen Urlaub während der finnischen Schulferien buchen!) Im Gegensatz zu Norwegen oder gar Schweden gibt es in Finnland nur sehr wenige Berge, wenn man einmal von den Fjälls in Lappland absieht. Die höchsten tunturi (Fjälls) sind über 1300 Meter hoch.

Viele Skilanglauf-Veranstaltungen werden als Volksläufe organisiert. Auskunft erteilt der Suomen Latu (Finnischer Loipenverband), Fabianinkatu 7, 00130 Helsinki, Tel. 90/17 01 01.

Rad- und Bootfahren ist in Finnland ebenfalls sehr beliebt. Das flache Gelände an der Westküste und das sanft ansteigende Hügelland im Landesinneren eignen sich besonders gut zum Radfahren. Vorschläge für Radtouren können beim Finnischen Jugendherbergsverband angefordert werden. Bootfahren ist in allen Variationen möglich. Die meisten Häfen verfügen über Gast-Anlegestellen, die man günstig über Nacht mieten kann.

Kanufahrten, Orientierungsfahrten, Golf, Jagen, Angeln und Tennis sind weitere beliebte Sportarten. Auch Hallensportarten wie Badminton und Squash haben ihre Anhänger. Grundsätzlich kann man in Finnland nahezu alle Sportarten betreiben, ganz gleich, ob diese verbreitet oder eher unbekannt sind. Informationen zu den Sportmöglichkeiten in Finnland gibt es beim Suomen Valtakunnan Urheiluliitto (Finnischer Sportverband), Radiokatu 20, 00240 Helsinki (Ilmala), Tel. 90/15 81, Fax 90/14 73 04.

## Zum Zuschauen

Die Liste der Zuschauersportarten in Finnland ist nahezu endlos, in jedem Fall müssen aber Skispringen, Regattasegeln und Hockey genannt werden.

Wenn man sich ein Skispringen ansehen möchte, fährt man am besten in das etwa 100 Kilometer nördlich von Helsinki gelegene Lahti. Hier wohnen einige der bekanntesten Skispringer Finnlands, die gelegentlich auch hier trainieren.

Eine der größten Segelveranstaltungen des Jahres ist die Regatta von Hanko, die Anfang Juli vor der Südküste Finnlands abgehalten wird. In Kotka wird darüber hinaus jedes Jahr eine Großschiff-Veranstaltung organisiert. Die größte Segelregatta im Binnenland findet ebenfalls im Juli auf dem Päijänne-See statt. Einzelheiten erfährt man beim Finnischen Segelsportverband, Radiokatu 20, 00240 Helsinki, Tel. 90/15 81. In der ersten Junihälfte werden im Päijänne-Seengebiet die Finlandia-Kanumeisterschaften ausgetragen. Die Wettkampfstrecke von 545 Kilometern wird in fünf Tagen und Nächten befahren. Informationen, auch zu Unterkunftsmöglichkeiten, erhält man bei Kymen Matkailu, Varuskuntkatu 11, 45100 Kuovola, Tel. 951/2 17 63.

Der Finlandia-Skilanglaufwettbewerb, der Mitte Februar ausgetragen wird, gehört zu den wichtigsten Wintersportveranstaltungen. Spitzensportler aus ganz Finnland nehmen an diesem Rennen über 75 Kilometer teil. Entlang der Strecke gibt es viele Plätze, die sich zum Zuschauen eignen. Informationen erhält man beim Finlandia-Büro für Skilanglauf, Urheilukeskus, 15110 Lahti, Tel. 918/4 98 11.

Allgemeine Informationen zu Sportveranstaltungen können bei folgender Stelle eingeholt werden: Suomen Valtakunnan Urheiluliitto (Finnischer Sportverband), Radiokatu 20, 00240 Helsinki (Ilmala),Tel. 90/15 81, Fax 90/14 73 04.

# Literaturhinweise

Haar, Claus. *Gebrauchsanleitung für Finnland.* 1994. (Landeskunde)

Jutikkala, Eino. *Geschichte Finnlands.* 1976.

Mertz, Peter. Finnische Sinfonie. *Fotografische Erzählung aus Europas Norden.*

Trobitzsch, Paivi und Jörg. *Naturwunder Finnland.* 1993.

Albrecht, Wolfgang/ Markku Kantola. *Finnland.* (Landeskunde)

Hellqvist, Hannelore/Helvi Wendeler. *Finnisch kochen, braten, backen. Der finnische Alltag in der Küche.* 1986.

Poole, Scott. *Die neue finnische Architektur.* 1992.

*Kalevala. Das Nationalepos der Finnen.* o.J.

Gert U. Detlefsen. *Kurs Finnland. Vom Dampfer zum Finnjet.* 1992.

Kivi, Aleksis. *Die sieben Brüder.* 1980. (Roman)

Lembcke, Marjaleena. *Mein finnischer Großvater.* 1993. (für Kinder)

Sillanpäa, Frans E. *Das fromme Elend.* 1981. (Roman)

*Finnische und Estnische Märchen.* 1994.

Haavikko, Paavo. *Nur leicht atmen die Bäume.* (Lyrik)

## Visuelle Beiträge

**Amt für Altertumskunde,** 30/31, 38/39, 44, 88
**Marcus Brooke,** 238
**Fritz Dressler,** 139, 224/225
**Finnisches Fremdenverkehrsamt,** 119, 160, 169, 239
**Fremdenverkehrsamt Åland,** 229, 230, 231
**Fremdenverkehrsamt Nurmes,** 268
**Fremdenverkehrsamt Turku,** 175, 180
**Jim Holmes,** 3, 10/11
**Iittala,** 194
**Matti Kolho/Kuvasuomi,** 1, 22, 23, 24, 25, 73, 104, 105, 107, 114/115, 116, 126/127, 150, 217, 220, 222, 223, 240, 241, 247, 250/251, 253, 260, 261
**Lyle Lawson,** Titelbild, 7, 12/13, 14/15, 16/17, 18/19, 20, 21, 26/27, 29, 32, 33, 34, 35, 36, 40, 41, 43, 51, 54, 55, 56, 60, 61, 62, 66, 68/69, 71, 76, 78, 79, 80, 85, 89, 94, 95, 96, 102/103, 106, 108/109, 110, 112, 113, 118, 120/121, 124/125, 128/129, 130, 131, 134, 135, 136, 137, 138, 140, 141, 142, 143, 144, 145, 146, 147L, 147R, 148L, 148R, 149, 152/153, 154, 155, 156/157, 162/163, 164, 166, 167, 168, 170/171, 172, 173, 176, 177, 178, 179, 181, 182/183, 184, 185, 187L, 187R, 188, 189, 190, 191, 192/193, 196, 197, 198, 199, 200/201, 202, 203, 206, 207, 210/211, 212, 213, 215, 216, 219, 232/233, 234/235, 237, 242, 243, 244, 245, 246, 248L, 248R, 249, 254, 255, 262/263, 264, 265, 267, 270, 271
**Nationales Architekturmuseum,** 42
**Anita Peltonen,** 226
**Screen International,** 81
**Robert Spark,** 218
**George Spenceley,** 265
**TM Foto,** 100
**Topham Picture Source,** 28, 45, 46, 47, 48/49, 50, 52, 53, 57, 58/59, 63, 65, 70, 72, 82, 87, 90, 91, 92/93, 97, 98, 99, 101, 208, 209, 221, 252, 256, 257, 259, 269
**Viking Line,** 158
**Zentrales Kunstarchiv/Hannu Aaltonen,** 74/75

***Karten*** Berndtson & Berndtson

***Illustration*** Klaus Geisler

***Design Consulting*** V. Barl

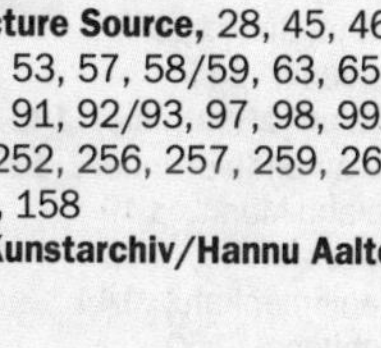

# Index

## A



## B



## D, E



## F



## G, H

## T



## U



## V



## W